Pasta Italia

Pâtes italiennes - Région par région

PASTA ITALIA

PÂTES ITALIENNES - RÉGION PAR RÉGION

Plus de 250 recettes adorées de toutes les régions de l'Italie

GABRIELLA MARI ET CRISTINA BLASI

 **Broquet**

97-B, montée des Bouleaux, Saint-Constant Qc, Canada J5A 1A9
Tél. : 450-638-3338 Téléc : 450-638-4338
Internet : www.broquet.qc.ca Courriel : info@broquet.qc.ca

Catalogage avant publication de Bibliothèque et Archives nationales du Québec et Bibliothèque et Archives Canada

Mari, Gabriella

Pasta Italia

    Traduction de: Pasta Italia.

    Comprend un index.

    Texte en français seulement.

    ISBN 978-2-89000-884-7

    1. Cuisine (Pâtes alimentaires). 2. Cuisine italienne. I. Blasi, Cristina.
II. Titre.

TX809.M17B5214 2007   641.8'22   C2007-941134-7

**Pour l'aide à la réalisation de son programme éditorial,
l'éditeur remercie :**
Le gouvernement du Canada par l'entremise du programme d'aide au développement de l'industrie de l'édition (PADIÉ) ; la Société de développement des
entreprises culturelles (SODEC) ; l'Association pour l'exportation du livre
canadien (AELC) ;
Le gouvernement du Québec – Programme de crédit d'impôt pour l'édition
de livres – Gestion SODEC.

Pour la version originale :
Copyright © McRae Books Srl 2005
Bongo S. Croce, 8 - Florence, Italy.

Pour l'édition en langue française :
Copyright © Ottawa 2007
Broquet inc.
Dépôt légal –Bibliothèque nationale du Québec
3e trimestre 2007

Traduction : Anne-Marie Courtemanche
Révision : Audrey Lévesque, Marcel Broquet
Directrice artistique : Brigit Levesque
Infographie : Émilie Rainville, Sandra Martel, Josée Fortin

Imprimé à Singapour

ISBN 978-2-89000-884-7

TABLE DES MATIÈRES

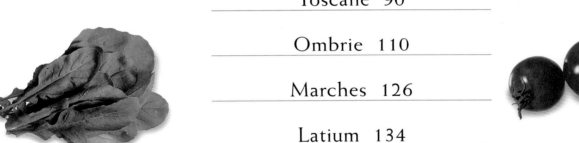

INTRODUCTION

Les pâtes – ce fidèle porte-étendard de la cuisine italienne – fait partie de presque chaque repas italien. Depuis l'unification de l'Italie en 1861, un héritage national moderne de cuisine régionale s'est développé et préservé. Sa variété se manifeste d'ailleurs d'une ville à l'autre. Nous avons compilé dans ce livre les recettes régionales authentiques afin de vous en faire apprécier les saveurs. Des plats de pâtes hivernaux réconfortants des régions nordiques du Piémont, de la Vénétie et de la Lombardie, jusqu'aux sauces ensoleillées et estivales de la Sicile et de la Calabre, la vaste gamme de recettes de *pasta fresca* (pâtes fraîches) et de *pastaciutta* (pâtes sèches), sans oublier les pâtes farcies, plairont à toute la famille. Les Italiens sont fiers de leurs ingrédients locaux, et ils sont passés maîtres dans la transformation des produits saisonniers en plats aussi créatifs qu'alléchants. Dans les deux pages qui suivent, vous trouverez nos recettes de base – passant de la béchamel au fond de légumes – qui constitue l'authentique assise italienne pour votre cuisine. Avec plus de 250 recettes, *Pasta Italia* est l'un des livres de recettes les plus complets traitant dans les pâtes italiennes régionales connues à ce jour.

Recettes de base

FOND DE LÉGUMES

Brodo vegetale

- 4 cuillères à table de beurre en morceaux
- 2 oignons
- 2 carottes
- 1 poireau
- 2 tiges de céleri avec les feuilles
- 3 tomates coupées en deux
- 6 bouquets de persil
- 8 grains de poivre noir
- 1 clou de girofle
- 1 feuille de laurier (facultatif)
- ½ cuillère à thé de sel
- 4 litres d'eau

Faire fondre le beurre dans une grande casserole et ajouter tous les légumes. • Couvrir et laisser mijoter à feu doux pendant 10 minutes, en remuant de temps à autre. • Ajouter le persil, les grains de poivre, le clou de girofle, la feuille de laurier (le cas échéant) et le sel. • Ajouter l'eau et laisser mijoter à feu doux pendant une heure, en retirant l'écume de temps à autre. • Passer le fond et jeter les légumes.

Donne 3 litres • Prép. : 15 min • Cuisson : 1 h 15 • Difficulté : 1

FOND DE POULET LÉGER

Brodo di pollo

Nettoyer et bien ficeler le poulet avec de la ficelle de cuisine. Déposer dans une grande marmite et recouvrir d'eau. • Amener à ébullition et retirer l'écume. • Ajouter les légumes et le sel. Laisser mijoter à découvert pendant environ 2 heures. • Passer le fond.

Donne 2 litres • Prép. : 40 min • Cuisson : 2 h • Difficulté : 1

- 1 poulet moyen pesant environ 1,5 kg ou 2 carcasses
- 4 litres d'eau
- 1 oignon blanc pelé
- 1 tige de céleri
- 1 petite carotte
- 1 clou de girofle
- 1 feuille de laurier
- 4 bouquets de persil frais
- sel

FOND DE POISSON

Brodo di pesce

- 500 g de têtes et os de poisson (par exemple le bar, le flétan, la sole ou le mérou)
- 3 litres d'eau froide
- 1 carotte en gros morceaux
- 1 tige de céleri en gros morceaux
- 1 oignon blanc en gros morceaux
- 1 échalote en gros morceaux
- 1 clou de girofle
- 4 bouquets de persil frais
- 1 tige de thym frais
- 1 feuille de laurier
- 4 grains de poivre blanc
- 1 cuillère à table de gros sel
- 100 ml de vin blanc sec

Faire tremper les têtes et les os de poisson dans l'eau froide pendant 1 heure. Cela nettoiera les os et tout résidu de sang. Égoutter et transférer dans une grande casserole. Verser l'eau et amener à ébullition à feu doux. • Retirer l'écume et ajouter la carotte, le céleri, l'oignon, l'échalote, l'ail, le persil, le thym, la feuille de laurier, le poivre, le sel et le vin. Laisser mijoter à découvert pendant environ 1 h 30. • Passer le fond. Le fond se conserve au réfrigérateur de 4 à 5 jours ou pendant environ 3 mois au congélateur.

Donne 2 litres • Prép. : 40 min + 1 h de trempage des os de poisson • Cuisson : 1 h 30 • Difficulté : 1

SAUCE BÉCHAMEL

Besciamella

La sauce béchamel est un fondement de la cuisine italienne.

Faire fondre le beurre dans un poêlon, ajouter la farine et mélanger sur un feu moyen jusqu'à obtention d'une pâte légère (aussi appelée un roux). Verser un soupçon de lait pour dissoudre le roux. • Verser le reste du lait et mélanger en veillant à ne pas former de grumeaux. • Assaisonner de sel, poivre blanc et de muscade fraîchement râpée, au goût. Amener à ébullition et laisser mijoter à feu doux pendant 20 minutes. Il n'est pas nécessaire de mélanger sans arrêt puisque la farine est complètement cuite. Si la béchamel est utilisée dans un plat cuit au four, le temps de cuisson de la sauce peut être réduit de 10 minutes.

Donne 500 ml • Prép. : 10 min • Cuisson : 10 à 20 min • Difficulté : 2

- 3 cuillères à table de beurre en morceaux
- 3 cuillères à table de farine tout usage
- 500 ml de lait
- sel et poivre blanc fraîchement moulu
- muscade fraîchement râpée

LIGURIE

D e cette région jouxtant la frontière française et caractérisée par des villages juchés au haut de falaises escarpées nous vient une cuisine proposant des plats variés à base d'herbes et de légumes. Rien de mieux qu'un délicieux pansoti accompagné de l'une de nos nombreuses sauces. Le fameux pesto de Gênes, la capitale de la région, a été créé pour mettre en valeur le meilleur basilic de l'Italie, soit celui de la Ligurie dont la saveur est unique. Pour recréer dans votre cuisine les plats de la Ligurie, ayez toujours sous la main les herbes les plus fraîches qui soient.

Tagliatelle rustique
(voir page 21)

Gnocchi de pommes de terre à la
sauce aux champignons et aux échalotes

GNOCCHI DE POMMES DE TERRE À LA SAUCE AUX CHAMPIGNONS ET AUX ÉCHALOTES

Bacialli con sugo di funghi

Gnocchi

- 1,5 kg de pommes de terre pour cuisson au four ou farineuses
- sels
- 400 g de farine tout usage

Sauce

- 40 g de champignons séchés, trempés dans l'eau chaude pendant 15 minutes
- 3 échalotes finement coupées
- 1 oignon finement coupé
- 60 ml d'huile d'olive extra vierge
- 60 ml de vin blanc sec
- 3 cuillères à table de pâte/purée de tomates
- sel et poivre noir fraîchement moulu
- 1 litre de fond ou bouillon de légumes
- 6 cuillères à table de parmesan fraîchement râpé

Gnocchi : faire cuire les pommes de terre dans une eau bouillante salée pendant 15 à 20 minutes ou jusqu'à tendreté. Égoutter et peler les pommes de terre. Utiliser un pilon à pommes de terre ou une fourchette pour les réduire en purée et les étendre sur une surface pour qu'elles refroidissent. • Saler et ajouter la farine. Former des boules avec le mélange. Détacher des morceaux de pâte de 3 cm et les former en billots épais de 1 cm. Les marquer avec les dents d'une fourchette ou les rouler sur une surface côtelée enfarinée (voir pages 130 et 131), et s'assurer qu'ils ne sont pas trop près les uns des autres. • Sauce : égoutter les champignons en filtrant l'eau à l'aide d'un filtre à café ou d'un papier essuie-tout afin d'en éliminer le sable et la terre. Couper finement les champignons. • Dans un poêlon, ajouter de l'huile et faire sauter les échalotes, l'oignon et les champignons, à feu moyen pendant environ 5 minutes. • Augmenter l'intensité et verser le vin. Mélanger la pâte de tomates à ¼ tasse d'eau de champignon filtrée. Ajouter dans le poêlon. Saler et poivrer puis laisser mijoter à feu moyen pendant 20 minutes. Ajouter le fond ou bouillon au fur et à mesure que la sauce commence à épaissir et à adhérer au fond du poêlon. • Faire cuire les gnocchi par petites quantités dans une grande marmite d'eau salée bouillante jusqu'à ce qu'ils montent à la surface, soit environ 2 minutes. • Utiliser une cuillère à rainures pour retirer les gnocchi et les déposer dans la sauce. Saupoudrer de parmesan et servir.

Donne 6 à 8 portions • Prép. : 60 min + temps de trempage des champignons • Cuisson : 60 min • Difficulté : 2

GNOCCHI À LA SAUCE À LA VIANDE

Bacialli con sugo di carne

Gnocchi : préparer la pâte à gnocchi. Façonner en une boule, emballer dans une pellicule plastique et laisser reposer pendant 1 heure. • Rouler la pâte en une surface rectangulaire mince mesurant 30 x 40 cm et couvrir d'un linge propre ou d'une pellicule plastique pour l'empêcher de s'assécher. • Garniture : laver les feuilles d'épinards et les déposer dans un poêlon. Cuire jusqu'à tendreté, uniquement dans l'eau restée sur les feuilles, pendant environ 5 minutes. • Comprimer pour éliminer le surplus d'humidité, puis couper grossièrement. • Avec 2 cuillères à table de beurre dans un poêlon moyen, faire sauter les épinards à feu élevé pendant 2 minutes ou jusqu'à ce que les épinards soient bien enrobés de beurre. • Saupoudrer 1 cuillère à table de parmesan. • Faire sauter les champignons dans 2 cuillères à table de beurre à feu moyen pendant 4 à 5 minutes ou jusqu'à tendreté. • Faire pocher les foies de poulet dans l'eau, à couvert, pendant 3 minutes. Égoutter et couper finement. • Faire fondre 4 cuillères à table de beurre dans une poêle à frire à feu bas et commencer à faire sauter la chair de saucisse, les foies de poulet et le bœuf. Saler et cuire pendant 10 minutes, humecter avec un peu d'eau si la viande adhère au fond de la poêle. • Étendre ce mélange sur la surface de pâte à gnocchi, en laissant une bordure libre de 2 cm tout autour. Couvrir d'une couche uniforme d'épinards. • Rabattre un des deux longs côtés et rouler afin de former une longue saucisse. • Emballer bien serré dans une grande toile à fromage. Attacher les extrémités de la toile avec une ficelle. • Déposer le rouleau dans l'eau bouillante, dans une marmite allant au four ou une poissonnière. Laisser doucement mijoter pendant 50 minutes. • Retirer délicatement de l'eau et réserver pour laisser refroidir. Détacher et retirer la toile. • Préchauffer le four à 450 °F / 220 °C. • Couper en épaisses tranches (1 cm) et déposer dans un plat allant au four légèrement beurré. Faire fondre le reste du beurre et verser sur les tranches. Saupoudrer de parmesan. • Faire cuire de 5 à 10 minutes, ou jusqu'à légèrement doré. • Servir chaud.

Donne 6 à 8 portions • Prép. : 60 min + 60 min de repos pour la pâte • Cuisson : 90 min • Difficulté : 3

- Pâte à gnocchi (voir recette de gauche)

Garniture

- 1 kg de feuilles d'épinards, les tiges les plus coriaces enlevées
- 180 g de beurre
- 90 g de parmesan fraîchement râpé
- 200 g de champignons frais, finement tranchés ou 30 g de champignons porcini séchés, trempés dans l'eau chaude pendant 15 minutes puis égouttés
- 200 g de foie de poulet parés
- 125 g de chair de saucisse fraîche émiettée
- 200 g de bœuf maigre haché
- sel
- eau (facultatif)

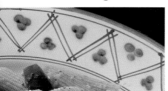

Sauces

Sauce aux noix

Salsa alle noci

- 3 cuillères à table de beurre
- 2 gousses d'ail finement hachées
- 40 noix grossière- ment concassées
- 250 ml de double crème ou crème épaisse
- sel et poivre blanc fraîchement moulu

Cette sauce sera à son meilleur si elle est servie avec des pâtes courtes saupoudrées de parmesan fraîchement râpé.

À feu moyen, faire fondre le beurre avec l'ail dans une poêle à frire. Faire sauter pendant 1 minute, puis ajou- ter les noix. • Poursuivre la cuisson pendant 2 minu- tes, puis ajouter la crème en mélangeant. • Faire cuire à feu doux jusqu'à ce que la sauce épaississe, soit pen- dant environ 12 minutes. Saler et poivrer.

Donne 4 portions • Prép. : 15 min • Cuisson : 15 min • Difficulté : 1

Pesto à la génoise

Pesto alla genovese

Passer au robot culinaire ou au mélangeur le basilic, les noix de pin, l'ail, l'huile d'olive et le sel jusqu'à obtention d'une consistance lisse. Transférer le mélange dans un grand bol de service et ajouter le fromage en mélangeant. • Ajouter l'eau, le beurre et bien mélanger. Servir à la température ambiante.

Donne 4 portions • Prép. : 10 min • Difficulté : 1

- 60 g de feuilles de basilic frais
- 2 cuillères à table de noix de pin
- 2 gousses d'ail
- 125 ml d'huile d'olive extra vierge
- sel
- 2 cuillères à table de parmesan fraîchement râpé
- 2 cuillères à table de pecorino fraîchement râpé
- 2 cuillères à table d'eau de cuisson des pâtes
- 2 cuillères à table de beurre, pour servir

Sauce aux noix

Sauce aux artichauts

SAUCE AUX ARTICHAUTS

Sugo di carciofi

- 3 artichauts moyens
- 1 citron
- 60 ml d'huile d'olive extra vierge
- 1 oignon finement coupé
- 15 g de champignons séchés, trempés dans l'eau chaude pendant 15 minutes, égouttés et grossièrement coupés
- 2 gousses d'ail finement hachées
- 1 cuillère à table de persil frais finement haché
- 60 ml de vin blanc sec
- 3 cuillères à table de sauce tomate non assaisonnée du commerce
- 1 cuillère à table de beurre en morceaux
- sel et poivre noir fraîchement moulu

Cette sauce se prête à tous les types de pâtes.

Retirer les feuilles extérieures les plus coriaces des artichauts en les cassant à la base. Coupez le tiers supérieur de l'artichaut. Couper les artichauts en deux et retirer le foin à l'aide d'un couteau coupant. Frotter avec le citron. • Trancher finement les artichauts à la verticale et les déposer dans un poêlon avec l'huile et l'oignon. Couvrir et cuire à feu moyen pendant 10 minutes. • Ajouter les champignons, l'ail et le persil, puis faire sauter pendant 3 minutes. • Augmenter l'intensité, puis verser le vin et la sauce tomate. Amener à ébullition et poursuivre la cuisson jusqu'à obtention d'une sauce crémeuse, soit environ 10 minutes. • Incorporer le beurre en remuant, saler et poivrer.

Donne 6 portions • Prép.: 30 min • Cuisson: 20 min • Difficulté: 1

SAUCE À LA VIANDE LIGURIENNE

Sugo di carne

Servir avec des pâtes longues, par exemple des trenettes ou des fettuccini.

À feu élevé, faire sauter le bœuf dans l'huile, dans une poêle à frire, jusqu'à ce qu'il soit doré de toutes parts, soit environ pendant 3 minutes. • Ajouter l'oignon, le céleri, la carotte, l'ail et le romarin, et poursuivre la cuisson pendant 5 minutes. • Saler et poivrer. Verser le vin et le laisser évaporer. • Incorporer les tomates et cuire à feu bas/moyen pendant au moins 2 heures, en ajoutant le fond dès que la sauce commence à épaissir et à adhérer au fond du poêlon. • Retirer le romarin et servir la sauce chaude.

Donne 6 à 8 portions • Prép.: 40 min • Cuisson: 2 h 10 • Difficulté: 1

- 500 g de bœuf haché
- 6 cuillères à table d'huile d'olive extra vierge
- 1 oignon finement coupé
- ½ tige de céleri coupée en gros morceaux
- ½ carotte finement coupée
- 1 gousse d'ail finement hachée
- 1 tige de romarin frais
- sel et poivre noir fraîchement moulu
- 125 ml de vin rouge sec
- 3 grosses tomates mûres et fermes, pelées, épépinées et grossièrement coupées
- 250 à 500 ml de fond ou de bouillon de bœuf

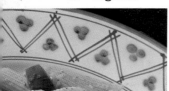

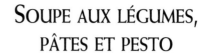

Soupes

SOUPE GÉNOISE AUX POIS CHICHES

Minestra genovese di ceci

- 4 litres d'eau, plus au besoin
- 300 g de pois chiches secs, trempés toute la nuit et égouttés
- sel
- 500 g de cardons ou tiges de céleri tendres, grossièrement coupés et filaments coriaces enlevés
- 30 g de champignons séchés, trempés dans l'eau chaude pendant 15 minutes et égouttés
- 2 saucisses italiennes émiettées
- 6 cuillères à table d'huile d'olive extra vierge
- 1 cuillère à thé de farine tout usage
- poivre noir fraîchement moulu
- 350 g de petites pâtes sèches pour la soupe, par exemple des ditalinis

Faire chauffer l'eau et les pois chiches dans un grand poêlon, sur un feu bas/moyen. Éliminer l'écume. Cuire à feu bas pendant 3 heures ou jusqu'à ce que les pois chiches soient tendres. • Saler et retirer du feu (il devrait rester beaucoup d'eau de cuisson). Égouttez. • Faire cuire les cardons dans une eau bouillante salée pendant 25 à 30 minutes ou jusqu'à tendreté. • Égoutter et réserver. • À feu moyen, faire sauter les champignons et la saucisse dans l'huile, dans un poêlon, jusqu'à ce que la saucisse soit dorée de toutes parts, soit environ 10 minutes. • Saupoudrer de farine, saler et poivrer. Verser un litre d'eau de cuisson des pois chiches. Couvrir et cuire à feu moyen pendant 30 minutes. • Ajouter en remuant les pois chiches et les cardons cuits. • Ajouter les pâtes et poursuivre la cuisson pour obtenir des pâtes *al dente*, soit environ 5 minutes. • Servir individuellement dans des bols.

Donne 6 portions • Prép. : 40 min + temps de trempage des pois chiches • Cuisson : 4 h 15 • Difficulté : 1

SOUPE AUX LÉGUMES, PÂTES ET PESTO

Minestrone col pesto

Amener l'eau à ébullition avec les pois chiches dans un grand poêlon, sur un feu bas. Ajouter le potiron, les zucchinis, les fèves vertes, les pois, la tomate, l'aubergine, le céleri, le persil, l'ail, la carotte et l'oignon. Saler et ajouter quelques gouttes d'huile. • Faire cuire à feu bas pendant 1 heure. • Ajouter les croûtes de parmesan et poursuivre la cuisson pendant 30 minutes, jusqu'à ce que les fèves soient tendres. • À l'aide d'une cuillère de bois, écraser les haricots et les pommes de terre sur le rebord du poêlon pour rendre la soupe plus épaisse. Ajouter les pâtes et poursuivre la cuisson pour obtenir des pâtes *al dente*, soit environ 7 minutes. • À l'aide d'une louche, servir la soupe dans des bols individuels et garnir de 1 cuillère à table de pesto.

Donne 6 à 8 portions • Prép. : 90 min + temps de trempage des pois chiches • Cuisson : 97 min • Difficulté : 1

- 2 litres d'eau froide
- 100 g de haricots cannellino ou borlotti, trempés toute la nuit et égouttés
- 300 g de potiron ou de citrouille, pelé et coupé en dés
- 400 g de pommes de terre tout usage ou cireuses, pelées et coupées en dés
- 4 zucchinis coupés en dés
- 150 g de fèves vertes coupées en petits tronçons
- 90 g de pois frais ou congelés
- 1 tomate ferme et mûre grossièrement coupée
- 1 aubergine pelée et coupée en dés
- 1 tige de céleri finement coupée
- 1 tige de persil finement coupée
- 2 gousses d'ail finement hachées
- 1 carotte pelée et finement coupée
- 1 oignon finement coupé
- sel
- 1 cuillère à table d'huile d'olive extra vierge
- 2 croûtes de parmesan
- 150 g de tagliatelles aux œufs sèches, cassées en morceaux
- 6 à 8 cuillères à table de pesto à la génoise (voir page 16)

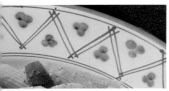

RAVIOLI À LA SAUCE AUX NOIX

Pansôti al preboggion con salsa di noci

Le preboggion est un mélange d'herbes et de feuilles de légumes sauvages qu'on ne retrouve pas hors de la Ligurie. Le prescinsena est un lait entier légèrement caillé, contenant un peu de petit-lait.

<u>Pour faire les pâtes</u> : tamiser la farine et le sel sur la surface de travail puis creuser un puits au centre. Mélanger ensemble l'huile, le vin et suffisamment d'eau pour créer une pâte lisse. Pétrir pendant 15 à 20 minutes, jusqu'à ce qu'elle soit lisse et élastique. • Façonner la pâte en une boule, emballer dans une pellicule plastique et laisser reposer pendant 30 minutes. • <u>Garniture</u> : blanchir les feuilles vertes dans une eau bouillante salée pendant 5 minutes. Égoutter en comprimant pour éliminer le surplus d'humidité, puis couper grossièrement. • Dans un grand bol, mélanger au prescinsena, à l'œuf, au parmesan, et à la marjolaine. Saler et poivrer. • Rouler la pâte sur une surface légèrement enfarinée jusqu'à ce qu'elle ait l'épaisseur d'une feuille de papier. • Couper en forme de *pansôti* (en forme de triangle) de 4 cm de chaque côté ou en carrés de 4 cm. • Déposer une petite quantité de garniture au centre de chaque triangle ou carré et sceller chaque côté. <u>Sauce aux noix</u> : broyer les noix, les miettes de pain, l'ail et le sel à l'aide d'un pilon et d'un mortier jusqu'à obtention d'une consistance crémeuse. • Ajouter le prescinsena et bien mélanger. • Cuire les pâtes par petites portions dans une grande marmite d'eau bouillante salée pendant 3 à 4 minutes, ou jusqu'à ce qu'elles soient *al dente*. • Égoutter et servir avec la sauce.

Donne 6 portions • Prép. : 50 min + 30 min de repos pour la pâte • Cuisson : 15 min • Difficulté : 3

Pour faire les pâtes

- 300 g de farine tout usage
- $1/4$ cuillère à thé de sel
- 2 cuillères à table d'huile d'olive extra vierge
- 2 à 3 cuillères à table de vin blanc sec
- 1 cuillère à table d'eau, plus au besoin

Garniture

- 300 g de feuilles de légumes sauvages, par exemple des feuilles de pissenlits, de betteraves, de chicorée, de bourrache, de pimprenelle ou de cresson
- 200 g de prescinsena ou de ricotta
- 1 gros œuf légèrement battu
- 30 g de parmesan fraîchement râpé
- 1 cuillère à table de marjolaine finement hachée
- sel et poivre noir fraîchement moulu

Sauce aux noix

- 50 g de noix grossièrement coupées
- 2 cuillères à table de miettes de pain frais trempées dans le lait et épongées
- 1 cuillère à table d'ail finement haché
- $1/8$ cuillère à thé de gros sel
- 3 cuillères à table de prescinsena ou de ricotta

Ravioli à la sauce aux noix

Sauce aux palourdes et aux moules

TAGLIATELLES RUSTIQUES

Picagge verdi

Sauce
- 1 gros oignon rouge finement coupé
- 1 tige de céleri finement coupée
- 1 carotte finement coupée
- 60 ml d'huile d'olive extra vierge
- 400 g de bœuf à ragoût coupé en gros cubes
- 15 g de champignons porcini séchés, trempés dans l'eau chaude pendant 15 minutes, égouttés et finement coupés
- 1 cuillère à table de persil frais finement haché
- 1 cuillère à table de farine tout usage
- 125 ml de vin blanc sec
- 310 g de tomates concassées
- sel et poivre noir fraîchement moulu
- eau (facultatif)

Pour faire les pâtes
- 400 g de farine tout usage
- 2 gros œufs
- 2 cuillères à table d'herbes sauvages
- 1 cuillère à table de chair de saucisse italienne émiettée
- 1 cuillère à table de parmesan fraîchement râpé
- 60 ml de vin blanc sec, plus au besoin

Les picagges sont les tagliatelles de la campagne italienne. La version qui suit intègre un mélange classique d'herbes sauvages (preboggion), mais on peut aussi les faire avec de la farine de châtaigne ou de blé entier.

Sauce: dans une cocotte, ajouter l'huile et faire sauter l'oignon, le céleri et la carotte à feu élevé pendant 5 minutes. • Ajouter le bœuf et poursuivre la cuisson jusqu'à ce qu'il soit doré de toutes parts, soit environ 10 minutes. • Ajouter les champignons et le persil, puis cuire pendant 3 minutes. • Ajouter en remuant la farine, la laisser s'imbiber d'huile. Verser le vin et le laisser évaporer. • Ajouter en remuant les tomates, saler et poivrer, et amener à ébullition. Couvrir et laisser mijoter à feu doux, en remuant de temps à autre, pendant environ 1 heure ou jusqu'à ce que la viande soit tendre, en ajoutant de l'eau si la sauce commence à adhérer au fond de la cocotte. • Pour faire les pâtes : déposer les herbes dans un petit bol. Verser suffisamment d'eau bouillante pour couvrir et laisser reposer jusqu'à ce que les herbes soient fanées, soit 5 minutes. Tamiser la farine sur une surface de travail puis creuser un puits au centre. Casser les œufs au centre du puits. Ajouter en mélangeant les herbes, la chair à saucisse, le parmesan et suffisamment de vin pour créer une pâte lisse. Pétrir pendant 15 à 20 minutes, jusqu'à ce qu'elle soit lisse et élastique. • Façonner la pâte en une boule, emballer dans une pellicule plastique et laisser reposer pendant 30 minutes. • Rouler la pâte en une feuille mince, recouvrir d'un linge et laisser reposer pendant au moins 30 minutes. Couper en bandelettes de 20 cm x 1 cm. • Cuire les pâtes dans une grande marmite d'eau bouillante salée jusqu'à ce qu'elles soient *al dente*, soit environ 5 minutes. • Égoutter et ajouter à la sauce à la viande. Servir chaud.

Donne 6 portions • Prép. : 60 min + 60 min de repos pour la pâte • Cuisson : 70 min • Difficulté : 2

SAUCE AUX PALOURDES ET AUX MOULES

Sugo di vongole e cozze

Faire tremper séparément les palourdes et les moules dans de grands bols d'eau chaude salée pendant 1 heure. • Transférer les palourdes dans une grande marmite avec la moitié du vin. Couvrir et cuire jusqu'à ce qu'elles s'ouvrent, soit environ 5 minutes. • Jeter toutes les palourdes qui ne se sont pas ouvertes. • Arracher le foin des moules. • Faire cuire les moules dans ce qui reste de vin jusqu'à ce qu'elles s'ouvrent, soit environ 5 minutes. Jeter toutes les moules qui ne se sont pas ouvertes. Égoutter le liquide et réserver. • Retirer les fruits de mer de leurs coquilles. Couper grossièrement les moules. À feu moyen, faire sauter l'ail dans l'huile, dans une poêle à frire, jusqu'à ce qu'il soit doré de toutes parts, soit environ 2 minutes. • Ajouter les tomates et cuire pendant 3 minutes, toujours à feu moyen. • Ajouter les fruits de mer et ajouter 60 ml du liquide de cuisson réservé. • Saler et poivrer. Cuire pendant 1 minute de plus et retirer du feu. • Saupoudrer de basilic et de persil.

Donne 6 portions • Prép. : 20 min + 60 min de trempage des palourdes et moules • Cuisson : 20 min • Difficulté : 2

- 1 kg de palourdes dans leurs coquilles
- 1 kg de moules dans leurs coquilles
- 200 ml de vin blanc sec
- 2 gousses d'ail finement hachées
- 5 cuillères à table d'huile d'olive extra vierge
- 5 tomates mûres et fermes, pelées, épépinées et grossièrement coupées
- sel et poivre blanc fraîchement moulu
- 1 botte de basilic frais, feuilles déchirées
- 2 cuillères à table de persil frais finement haché

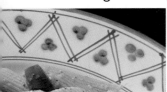

Pâtes fraîches

RAVIOLI À LA GÉNOISE FARCIS AUX LÉGUMES-FEUILLES

Ravioli verdi alla Genovese

Pour faire les pâtes

- 600 g de farine tout usage
- ¼ cuillère à thé de sel
- 2 gros œufs
- 250 ml d'eau, plus au besoin

Garniture

- 1 oignon finement coupé
- 6 cuillères à table de beurre
- 300 g de veau ou de bœuf maigre, coupé en petits morceaux
- sel
- 1 cuillère à table d'eau
- 250 g d'épinards cuits égouttés
- 100 g de bette à cardes cuite égouttée
- 1 tige de persil frais finement coupée
- 6 feuilles déchirées de basilic frais
- 1 gros œuf légèrement battu
- poivre noir fraîchement moulu
- jus de cuisson de la viande grillée (facultatif)
- 2 cuillères à table de beurre fondu
- 2 cuillères à table de parmesan fraîchement râpé

<u>Pour faire les pâtes</u> : tamiser la farine et le sel sur la surface de travail puis creuser un puits au centre. Casser les œufs au centre du puits et intégrer avec suffisamment d'eau pour créer une pâte lisse. Pétrir pendant 15 à 20 minutes, jusqu'à ce qu'elle soit lisse et élastique. • Façonner la pâte en une boule, emballer dans une pellicule plastique et laisser reposer pendant 30 minutes. • <u>Garniture</u> : faire sauter l'oignon avec 3 cuillères à table de beurre dans une grande poêle, à feu moyen, jusqu'à ce qu'il ramollisse, soit environ 5 minutes. • Ajouter le veau et poursuivre la cuisson jusqu'à ce qu'il soit doré de toutes parts, soit environ 8 minutes. • Saler et ajouter l'eau. Couvrir et cuire à feu doux pendant 90 minutes. • Transférer sur une planche et couper grossièrement. • Faire sauter les épinards et la bette à cardes dans les 3 cuillères à table de beurre restantes, dans une autre poêle, cette fois-ci à feu élevé, pendant 3 minutes. Saupoudrer de persil et de basilic. Retirer du feu, laisser refroidir et ajouter la viande coupée en morceaux. • Incorporer l'œuf, saler et poivrer. • Rouler la pâte sur une surface légèrement enfarinée jusqu'à ce qu'elle ait l'épaisseur d'une feuille de papier. Couper en bandelettes de 8 à 10 cm de largeur et déposer une petite quantité de garniture près d'une extrémité, soit à environ 2 cm de distance. Replier chaque bande de pâte sur la longueur pour recouvrir la garniture. Refermer en s'assurant de ne laisser aucune poche d'air, puis couper en carrés à l'aide d'un taille-ravioli. • Cuire les pâtes par petites portions dans une grande marmite d'eau bouillante salée pendant 4 à 5 minutes, ou jusqu'à ce qu'elles soient *al dente*. • Égoutter et ajouter un peu de jus de cuisson et de beurre. Saupoudrer de parmesan et servir.

Donne 4 portions • Prép. : 1 h + 30 min de repos pour la pâte • Cuisson : 2 h • Difficulté : 3

RAVIOLI FARCIS AU POISSON ET AUX LÉGUMES-FEUILLES

Ravioli di magro

Ce plat est particulièrement délicieux lorsque servi avec une sauce aux palourdes (voir page 21) ou vaporisé d'une huile d'olive parfumée à la marjolaine.

<u>Pour faire les pâtes</u> : tamiser la farine et le sel sur la surface de travail puis creuser un puits au centre. Casser les œufs au centre du puits et intégrer avec suffisamment d'eau pour créer une pâte lisse. Pétrir pendant 15 à 20 minutes, jusqu'à ce qu'elle soit lisse et élastique. • Façonner la pâte en une boule, emballer dans une pellicule plastique et laisser reposer pendant 30 minutes • <u>Garniture</u> : déposer le poisson dans une grande cocotte ou dans une poissonnière avec le persil, l'huile et la gousse d'ail entière. Saler et poivrer. Verser l'eau et couvrir de papier ciré. • Amener à ébullition et laisser mijoter à feu doux pendant 20 minutes, en retournant le poisson à la mi-cuisson. Retirer du feu, jeter le papier et désosser le poisson. • Transférer le poisson dans un grand bol et ajouter les légumes-feuilles, la ricotta, l'ail haché, l'œuf et le parmesan. Saler et poivrer. • Rouler la pâte sur une surface légèrement enfarinée jusqu'à ce qu'elle ait l'épaisseur d'une feuille de papier. Couper en bandelettes de 8 à 10 cm de largeur et déposer une petite quantité de garniture près d'une extrémité, soit à environ 2 cm de distance. Replier chaque bande de pâte sur la longueur pour recouvrir la garniture. Refermer en s'assurant de ne laisser aucune poche d'air, puis couper en carrés à l'aide d'un taille-ravioli. Les ravioli devraient être lisses d'un côté et gaufrés sur les trois autres côtés. • Cuire les pâtes par petites portions dans une grande marmite d'eau bouillante salée pendant 4 à 5 minutes, ou jusqu'à ce qu'elles soient *al dente*. • Utiliser une cuillère à rainures pour transférer au plat de service et vaporiser d'huile.

Donne 6 portions • Prép. : 2 h + 30 min de repos pour la pâte • Cuisson : 45 min • Difficulté : 3

Pour faire les pâtes

- 400 g de farine tout usage
- ⅛ cuillère à thé de sel
- 2 gros œufs
- 125 ml d'eau, plus au besoin

Garniture

- 1 kg de poisson blanc à chair ferme (par exemple, le mérou ou le bar)
- 1 tige de persil frais grossièrement coupée
- 2 cuillères à table d'huile d'olive extra vierge
- 1 gousse d'ail légèrement écrasée mais entière + 1 gousse d'ail finement hachée
- sel et poivre blanc fraîchement moulu
- 500 ml d'eau
- 300 g de feuilles de légumes sauvages, par exemple des feuilles de pissenlits, de betteraves, de chicorée, de bourrache, de pimprenelle ou de cresson, finement coupées
- 100 g de ricotta
- 1 gros œuf
- 60 g de parmesan fraîchement râpé
- huile d'olive de qualité supérieure, pour vaporiser

PIÉMONT ET VAL D'AOSTE

Nourrissante et réconfortante, la cuisine piémontaise est le reflet de l'influence de son histoire française. Cette région montagneuse est mère d'un des plus grands délices culinaires, la truffe grise ou truffe des provençaux. Les longs hivers qui caractérisent cette région ont permis la création de plats de pâtes farcies, dont les agnolotti farcis à la viande et servis avec beurre et fromage. Le Val d'Aoste, la plus petite région d'Italie, se spécialise dans les chaleureux plats d'hiver aux forts accents français.

Agnolotti aux épinards
(voir page 30)

PÂTES AUX POIREAUX, POMMES DE TERRE ET CHAMPIGNONS

S-ciancun

Pour faire les pâtes

- 400 g de farine tout usage
- $\frac{1}{8}$ cuillère à thé de sel
- 60 ml d'eau, plus au besoin

Sauce

- 3 poireaux moyens, parties blanches et vert tendre seulement, finement tranchés
- 60 g de beurre
- 3 champignons porcini moyens – ou autre variété de champignons – rincés et finement tranchés
- 6 cuillères à table de lait
- 150 ml de double crème ou crème épaisse
- sel et poivre noir fraîchement moulu
- 500 g de pommes de terre cireuses, pelées et coupées en petits cubes

Pour faire les pâtes : tamiser la farine et le sel sur la surface de travail puis creuser un puits au centre. Incorporer suffisamment d'eau pour créer une pâte lisse. Pétrir pendant 15 à 20 minutes, jusqu'à ce qu'elle soit lisse et élastique. • Façonner la pâte en une boule, emballer dans une pellicule plastique et laisser reposer pendant 30 minutes. • Rouler la pâte à la main sur une surface légèrement enfarinée – ou à l'aide d'une machine à pâtes – à une épaisseur de 3 mm. Couper en bandes de 5 mm de largeur et de 10 cm de longueur à l'aide d'un couteau ou en déchirant la pâte à la main. Déposer sur un linge enfariné en attendant la cuisson. • Sauce : à feu élevé, faire sauter les poireaux dans le beurre, dans une grande poêle, soit pendant 5 minutes. • Ajouter les champignons et saler. Cuire à feu élevé pendant 5 minutes. • Incorporer le lait et la crème, saler et poivrer. • Poursuivre la cuisson jusqu'à ce que les champignons soient tendres, soit environ 10 minutes. • Faire cuire les pommes de terre dans 2 litres d'eau bouillante salée pendant 10 minutes. • Ajouter les pâtes et poursuivre la cuisson pour obtenir des pâtes *al dente*. Égoutter et transférer dans un plat de service. Servir avec la sauce.

Donne 4 à 6 portions • Prép. : 90 min + 30 min de repos pour la pâte • Cuisson : 30 min • Difficulté : 2

Pâtes aux poireaux, pommes de terre et champignons

Pâtes et haricots

GNOCCHI AUX POMMES DE TERRE ET AUX ORTIES

Cabiette

Faire cuire les orties dans une eau bouillante salée pendant 5 à 7 minutes ou jusqu'à ce qu'elles soient fanées. Bien égoutter. Faire cuire les pommes de terre dans une eau bouillante salée pendant 15 à 20 minutes ou jusqu'à tendreté. • Retirer la peau des pommes de terre et les piler à l'aide d'une fouchette ou d'un pilon. Répartir les pommes de terre sur une surface propre. Laisser tiédir. • Utiliser une fourchette pour mélanger les orties, la farine et les œufs. Saler et mélanger pour créer une pâte lisse. • Former des boulettes de 3 cm et réserver sur une surface de travail enfarinée. • <u>Garniture</u> : dans une grande poêle, à feu doux, faire sauter les oignons dans le beurre pendant 30 minutes ou jusqu'à ce qu'ils soient bien dorés. • Préchauffer le four à 400 °F / 200 °C. • Beurrer un plat de cuisson. • Disposer la moitié de l'oignon en une couche dans le plat. • Faire cuire les gnocchi par petites quantités dans une grande marmite d'eau salée bouillante jusqu'à ce qu'ils montent à la surface, soit environ 2 minutes. • Utiliser une cuillère à rainures pour les prendre et les disposer sur le lit d'oignons. • Couvrir du reste de l'oignon et saupoudrer de miettes de pain. • Faire cuire de 20 à 25 minutes, ou jusqu'à légèrement grillé. • Disposer les morceaux de tomme sur le dessus et servir très chaud.

Donne 4 portions • Prép. : 1 h • Cuisson : 1 h • Difficulté : 2

- 100 g de jeunes orties finement coupées (peuvent être remplacées par des rapinis ou des feuilles de pissenlits)
- 1 kg de pommes de terre pour cuisson au four ou farineuses
- 200 g de farine de seigle
- 2 gros œufs légèrement battus
- sel

Garniture
- 4 oignons finement tranchés
- 6 cuillères à table de beurre
- 2 cuillères à table de miettes de pain de seigle frais
- 100 g de tomme ou d'Emmenthal, coupé en petits cubes

PÂTES ET HARICOTS

Tajarin e fagioli

Pour faire les pâtes
- 250 g de farine tout usage
- 3 à 4 gros jaunes d'œufs légèrement battus
- 60 ml d'eau, plus au besoin

Soupe
- 60 g de beurre ou de lard
- 1 oignon moyen
- 3 gousses d'ail
- 1 tige de céleri
- 2 litres d'eau
- sel
- 500 g de haricots cannellino ou borlotti
- 1 botte de basilic frais, feuilles déchirées
- 2 tomates fermes et mûres, pelées et grossièrement coupées
- 2 pommes de terre cireuses, coupées
- 3 cuillères à table d'huile d'olive extra vierge

Il s'agit du pasta e fagioli *classique. On sert souvent ce plat le lendemain de sa préparation, dilué avec un vin Barbera.*

<u>Pour faire les pâtes</u> : tamiser la farine sur une surface de travail puis creuser un puits au centre. Incorporer suffisamment de jaune d'œuf pour créer une pâte lisse. Pétrir pendant 15 à 20 minutes, jusqu'à ce qu'elle soit lisse et élastique. Façonner la pâte en une boule, emballer dans une pellicule plastique et laisser reposer pendant 30 minutes. • Rouler la pâte sur une surface légèrement enfarinée jusqu'à ce qu'elle ait l'épaisseur d'une feuille de papier. Couper en bandelettes d'environ 4 mm de large. • Façonner de petits « nids » avec la pâte et laisser sécher sur un linge enfariné en attendant la cuisson. • <u>Soupe</u> : passer ensemble le lard, l'oignon, l'ail et le céleri au robot culinaire. • Amener l'eau à ébullition dans une grande marmite. • Saler puis ajouter les haricots, le mélange de lard, le basilic, les tomates, les pommes de terre et l'huile. • Faire mijoter à feu doux pendant 40 minutes ou jusqu'à ce que les haricots soient tendres. • Saler. • Ajouter les pâtes et poursuivre la cuisson pour obtenir des pâtes *al dente*. • Servir chaud.

Donne 4 à 6 portions • Prép. : 2 h + 30 min de repos pour la pâte • Cuisson : 45 min • Difficulté : 2

Pâtes fraîches

TAGLIATELLE AU SARRASIN
Tagliatelle di frumentin

Pour faire les pâtes
- 500 g de farine de sarrasin
- $\frac{1}{8}$ cuillère à thé de sel
- 3 gros œufs
- 100 ml d'eau tiède, plus au besoin

Sauce
- 4 pommes de terre cireuses, pelées et coupées en petits cubes
- $\frac{1}{2}$ oignon finement coupé
- 3 gousses d'ail finement hachées
- 60 g de beurre
- 2 cuillères à table de testun (spécialité de la région de Piémont) ou de parmesan fraîchement râpé

<u>Pour faire les pâtes</u> : tamiser la farine de sarrasin et le sel sur la surface de travail puis creuser un puits au centre. Casser les œufs au centre du puits et intégrer avec suffisamment d'eau pour créer une pâte lisse. Pétrir pendant 15 à 20 minutes, jusqu'à ce qu'elle soit lisse et élastique. Façonner la pâte en une boule, emballer dans une pellicule plastique et laisser reposer pendant 30 minutes. • Rouler la pâte sur une surface légèrement enfarinée jusqu'à ce qu'elle ait l'épaisseur d'une feuille de papier. Couper en bandelettes de 20 cm x 1 cm • <u>Sauce</u> : faire cuire les pommes de terre dans une grande marmite d'eau bouillante salée pendant 10 minutes. • Pendant ce temps, faire sauter l'oignon et l'ail dans le beurre, dans une grande poêle, jusqu'à ce que l'oignon ramollisse, pendant environ 10 minutes. • Cuire les pâtes dans la marmite avec les pommes de terre jusqu'à ce qu'elles soient *al dente*, soit environ 8 minutes. Égoutter et transférer dans un bol de service. Garnir d'oignons et d'ail. • Saupoudrer de testun ou de parmesan et servir chaud.

Donne 6 portions • Prép. : 90 min + 30 min de repos pour la pâte • Cuisson : 30 min • Difficulté : 1

AGNOLOTTI FARCIS À LA SAUCISSE
Agnolotti alla marengo

<u>Garniture</u> : mariner la viande dans un grand bol avec le vin, la carotte, l'oignon, le céleri, l'ail, la cannelle, le clou de girofle, la sauge, le romarin, le laurier et le poivre. Couvrir d'une pellicule plastique et réfrigérer pendant 12 heures. • <u>Pour faire les pâtes</u> : tamiser la farine et le sel sur la surface de travail puis creuser un puits au centre. Intégrer les œufs, les jaunes d'œufs et l'eau, au besoin, pour faire une pâte. Pétrir pendant 15 à 20 minutes, jusqu'à ce qu'elle soit lisse et élastique. Façonner la pâte en une boule, emballer dans une pellicule plastique et laisser reposer pendant 30 minutes. • Égoutter la viande et les légumes ; réserver le liquide. À feu moyen, faire sauter la pancetta dans du beurre, dans une poêle à frire, jusqu'à ce qu'elle soit dorée de toutes parts, soit environ 3 minutes. • Ajouter la viande marinée, les légumes et la chair de saucisse, puis cuire à feu élevé pendant 5 minutes ou jusqu'à ce que le tout soit bien doré. • Ajouter le chou et le liquide de la marinade et cuire jusqu'à évaporation, soit environ 5 minutes. • Saler. Couvrir et cuire à feu doux pendant 45 minutes, en remuant à l'occasion et en ajoutant progressivement le fond ou le bouillon pendant la cuisson. • Retirer du feu et laisser refroidir complètement. • Retirer la sauge, le romarin, la cannelle, le clou de girofle et le laurier. Réserver les jus de cuisson. • Passer la viande au robot culinaire ou au mélangeur jusqu'à ce qu'il soit finement haché. Transférer dans un grand bol et intégrer le parmesan, les œufs et la muscade. • Rouler la pâte sur une surface légèrement enfarinée jusqu'à ce qu'elle ait l'épaisseur d'une feuille de papier. Couper en bandelettes de 4 cm de largeur et déposer une petite quantité de garniture près d'une extrémité, soit à environ 2 cm de distance. Recouvrir avec une bandelette de pâte vierge. Refermer en s'assurant de ne laisser aucune poche d'air, puis couper en carrés de 4 cm à l'aide d'un taille-ravioli. Faire fondre le beurre dans une petite casserole et ajouter les jus réservés. • Cuire les pâtes par petites portions dans une grande marmite d'eau bouillante salée jusqu'à ce qu'elles soient *al dente*, soit environ 5 minutes. • Utiliser une cuillère à rainures pour transférer au plat de service et badigeonner d'un peu de beurre. • Saupoudrer de parmesan et servir chaud.

Donne 8 à 10 portions • Prép. : 60 min + 30 min de temps de repos pour la pâte + 12 h pour faire mariner la viande • Cuisson : 80 min • Difficulté : 3

Garniture
- 250 g de bœuf coupé en gros cubes
- 250 g de porc coupé en gros cubes
- 500 ml de vin rouge sec
- $\frac{1}{2}$ carotte hachée
- $\frac{1}{2}$ oignon haché
- $\frac{1}{2}$ tige de céleri hachée
- 1 gousse d'ail finement hachée
- 1 bâton de cannelle
- 1 clou de girofle
- 1 tige de sauge fraîche
- 1 tige de romarin frais
- 1 feuille de laurier
- 5 grains de poivre noir

Pour faire les pâtes
- 500 g de farine tout usage
- $\frac{1}{8}$ cuillère à thé de sel
- 2 gros œufs + 4 gros jaunes d'œufs, légèrement battus
- eau (facultatif)

Pour servir
- 60 g de pancetta en dés
- 5 cuillères à table de beurre
- 100 g de chair de saucisse italienne fraîche émiettée
- 200 g de chou de Savoie effiloché
- sel
- 250 ml de fond ou bouillon de bœuf (facultatif)
- 60 g de parmesan fraîchement râpé
- 2 gros œufs
- $\frac{1}{8}$ cuillère à thé de muscade fraîchement râpée
- 5 cuillères à table de beurre
- 215 g de parmesan fraîchement râpé

Pâtes fraîches

AGNOLOTTI PLISSÉS
Agnolotti col plin

Pour faire les pâtes
- 450 g de farine tout usage
- ⅛ cuillère à thé de sel
- 4 gros œufs légèrement battus

Garniture
- 200 g de chou de Savoie
- 1 pomme de laitue beurre (laitue Boston)
- 400 g de veau ou bœuf, en un morceau
- 60 g de beurre
- ½ oignon
- 1 feuille de laurier
- 1 tige de céleri
- 500 ml de fond ou bouillon de viande
- 2 gousses d'ail finement hachées
- 2 cuillères à table d'huile d'olive extra vierge
- 1 gros œuf
- 60 g de parmesan fraîchement râpé
- sel et poivre noir fraîchement moulu
- ½ cuillère à thé de muscade fraîchement râpée
- 125 g de beurre fondu
- 3 tiges de marjolaine finement hachée
- 60 g de parmesan fraîchement râpé

Ces agnolotti sont inhabituels puisqu'ils sont refermés à l'aide d'une petite pince qui joint les deux extrémités, donnant à la pâte une forme spéciale.

Pour faire les pâtes : tamiser la farine et le sel sur la surface de travail puis creuser un puits au centre. Casser les œufs dans le puits et bien incorporer pour en faire une pâte. Pétrir pendant 15 à 20 minutes, jusqu'à ce qu'elle soit lisse et élastique. Façonner la pâte en une boule, emballer dans une pellicule plastique et laisser reposer pendant 30 minutes. • Garniture : faire cuire le chou et la laitue dans une eau bouillante salée pendant 5 à 7 minutes ou jusqu'à ce qu'ils soient fanés. • Égoutter, hacher finement et réserver. • Braiser le veau dans 2 cuillères à table de beurre avec l'oignon, le laurier et le céleri à feu moyen, jusqu'à ce que la viande devienne tendre, en ajoutant le bouillon au fur et à mesure que la viande commence à s'assécher. • Jeter l'oignon, la feuille de laurier et le céleri, puis passer le veau au robot culinaire jusqu'à ce qu'il soit finement haché. • Dans une poêle à frire, faire sauter l'ail, le romarin et le persil avec les 2 cuillères à table de beurre et d'huile restantes, sur un feu moyen, jusqu'à ce que l'ail soit légèrement doré, soit environ 1 minute. • Ajouter la viande hachée et faire sauter à feu élevé pendant 5 minutes ou jusqu'à ce que la viande soit bien brunie de toutes parts. • Ajouter le chou et la laitue, puis cuire pendant 3 minutes. • Retirer du feu et laisser tiédir. • Incorporer l'œuf et le parmesan, saler, poivrer et assaisonner de muscade. • Rouler la pâte sur une surface légèrement enfarinée jusqu'à ce qu'elle ait l'épaisseur d'une feuille de papier. Couper en bandelettes de 4 cm de largeur et déposer une petite quantité de garniture près d'une extrémité, soit à environ 3 cm de distance. Replier chaque bande de pâte sur la longueur pour recouvrir la garniture. Refermer en s'assurant de ne laisser aucune poche d'air, puis couper en carrés à l'aide d'un taille-ravioli. Pincer comme si vous alliez le replier en deux. • Cuire les pâtes par petites portions dans une grande marmite d'eau bouillante salée jusqu'à ce qu'elles soient *al dente*, soit environ 4 minutes. • Utiliser une cuillère à rainures pour transférer au plat de service et badigeonner d'un peu de beurre. Saupoudrer de marjolaine, de parmesan et servir.

Donne 6 à 8 portions • Prép. : 2 h + 30 min de repos pour la pâte • Cuisson : 60 min • Difficulté : 3

AGNOLOTTI AUX ÉPINARDS
Agnolotti di spinaci

Ces agnolotti sont particulièrement savoureux lorsque servis avec une sauce au foie ou à la viande rôtie. Vous pouvez aussi les servir tout simplement dans un bouillon.

Garniture : mariner le bœuf et le porc dans un grand bol avec l'oignon, la carotte, le céleri, l'ail, les clous de girofle et le poivre. Ajouter l'huile et le vin. Réfrigérer pendant 12 heures. • Transférer la viande et les légumes marinés avec le liquide dans une grande poêle à frire profonde. Saler. Ajouter la pancetta, couvrir et cuire à feu doux pendant 4 heures, jusqu'à ce que la viande soit tendre, en ajoutant du bouillon ou de l'eau si la viande commence à se dessécher. • Cuire le riz avec le lait dans une casserole à feu moyen pendant 15 à 20 minutes ou jusqu'à ce que le riz soit tendre. Saler. Bien égoutter. • Passer la viande au robot culinaire jusqu'à ce qu'elle soit finement hachée. Transférer dans un grand bol et intégrer le riz, les épinards, le parmesan et les œufs. Saler et assaisonner de muscade. • Pour faire les pâtes : tamiser la farine et le sel sur la surface de travail puis creuser un puits au centre. Mélanger ensemble les œufs, les jaunes d'œufs et suffisamment d'eau pour créer une pâte lisse. Pétrir pendant 15 à 20 minutes, jusqu'à ce qu'elle soit lisse et élastique. Façonner la pâte en une boule, emballer dans une pellicule plastique et laisser reposer pendant 30 minutes. • Rouler la pâte sur une surface légèrement enfarinée jusqu'à ce qu'elle ait l'épaisseur d'une feuille de papier. Couper en bandelettes de 4 cm. Répartir de petites quantités de garniture à intervalles de 2,5 cm le long des bandelettes et couvrir d'une autre bandelette de pâte. Refermer en s'assurant de ne laisser aucune poche d'air, puis couper en carrés de 3 cm à l'aide d'un taille-ravioli. • Cuire les pâtes par petites portions dans une grande marmite d'eau bouillante salée jusqu'à ce qu'elles soient *al dente*, soit environ 4 à 5 minutes. • Utiliser une cuillère à rainures pour transférer dans un plat de service et badigeonner de beurre fondu aromatisé à la sauge ou au romarin. Saler. Saupoudrer de parmesan et servir.

Donne 8 à 10 portions • Prép. : 2 h + 30 min de repos pour la pâte • Cuisson : 4 h 15 min + 12 h pour faire mariner la viande • Difficulté : 3

Garniture
- 250 g de bœuf maigre
- 150 g de porc maigre
- ½ oignon finement tranché
- 1 carotte coupée en rondelles
- 1 tige de céleri finement hachée
- 1 gousse d'ail légèrement écrasée mais entière
- 2 clous de girofle
- 5 grains de poivre noir
- 3 cuillères à table d'huile d'olive extra vierge
- 310 ml de vin rouge sec
- sel
- 50 g de pancetta tranchée
- 60 ml de bouillon de viande ou d'eau (facultatif)
- 50 g de riz à grains longs
- 150 ml de lait
- 200 g d'épinards cuits égouttés
- 2 cuillères à table de parmesan fraîchement râpé
- 2 gros œufs
- ½ cuillère à thé de muscade

Pour faire les pâtes
- 500 g de farine tou usage
- ⅛ cuillère à thé de sel
- 2 gros œufs + 4 gros jaunes d'œufs, légèrement battus
- 1 cuillère à table d'eau, plus au besoin

Pour servir
- 150 g de beurre fondu
- 2 petits bouquets de sauge fraîche ou 1 tige de romarin frais
- sel
- 60 g de parmesan fraîchement râpé

Gnocchi aux épinards

GNOCCHI AUX ÉPINARDS

Chicche al verde

- 1 kg de pommes de terre pour cuisson au four ou farineuses
- 50 g d'épinards cuits, égouttés et finement hachés
- 300 g de farine tout usage
- 2 gros jaunes d'œufs légèrement battus
- sel
- 1 cuillère à table de persil frais finement haché

Faire cuire les pommes de terre dans une eau bouillante salée pendant 15 à 20 minutes ou jusqu'à tendreté. • Les peler et les piler à l'aide d'une fourchette ou d'un pilon à pommes de terre. Répartir les pommes de terre sur une surface. Laisser tiédir. • Utiliser une fourchette pour incorporer les épinards, 250 g de farine et les jaunes d'œufs. Saler, saupoudrer de persil et mélanger pour créer une pâte lisse. • Former des retailles de pâte de 1 cm de longueur et couper en morceaux de 3 cm. • Rouler dans le reste de farine (50 g), en effilant légèrement. • Faire cuire les gnocchi par petites quantités dans une grande marmite d'eau salée bouillante jusqu'à ce qu'ils montent à la surface, soit environ 2 minutes. • Utiliser une cuillère à rainures pour transférer dans les assiettes de service. Servir chaud comme braise, dans une sauce à la viande ou toute autre sauce que vous aimez.
Donne 4 portions • Prép.: 40 min • Cuisson: 45 min • Difficulté: 1

LASAGNE MAISON CUITE DANS LE LAIT ET LE BEURRE

Lasagne al latte

Pour faire les pâtes: tamiser la farine et le sel sur la surface de travail puis creuser un puits au centre. Mélanger ensemble le blanc d'œuf, le lait et suffisamment d'eau pour créer une pâte lisse. Pétrir pendant 15 à 20 minutes, jusqu'à ce qu'elle soit lisse et élastique. Façonner la pâte en une boule, emballer dans une pellicule plastique et laisser reposer pendant 30 minutes. • Rouler la pâte sur une surface légèrement enfarinée pour former un cercle de l'épaisseur d'une feuille (ou des rectangles si vous utilisez une machine à pâtes). Couper en bandes de 5 cm de largeur aussi longues que désiré. • Déchirer la pâte avec les mains pour former des morceaux irréguliers. Les laisser sécher sur une surface enfarinée, pendant environ 1 heure. • Sauce: amener le lait et l'eau à ébullition dans une grande casserole. Ajouter le sel. • Cuire les pâtes jusqu'à ce qu'elles soient *al dente*, soit environ 3 minutes. • Égoutter, mais pas complètement, et servir en couches avec le beurre fondu et le poivre.
Donne 4 portions • Prép.: 60 min + 1 h 30 de repos pour la pâte • Cuisson: 15 min • Difficulté: 2

Pour faire les pâtes
- 400 g de farine tout usage
- 1/8 cuillère à thé de sel
- 1 gros blanc d'œuf
- 100 ml de lait
- 60 ml d'eau
- 1 litre de lait

Sauce
- 500 ml d'eau
- 1/8 cuillère à thé de sel
- 3 cuillères à table de beurre fondu
- poivre noir fraîchement moulu

GNOCCHI CUITS DANS LE LAIT

Gnocchi al latte

- 1 kg de pommes de terre pour cuisson au four ou farineuses
- 2 cuillères à table d'huile d'olive extra vierge
- 450 g de farine tout usage
- 2 litres de lait
- sel
- 400 g de ricotta

Faire cuire les pommes de terre dans une eau bouillante salée pendant 15 à 20 minutes ou jusqu'à tendreté. • Les peler et les piler à l'aide d'une fourchette ou d'un pilon à pommes de terre. Répartir les pommes de terre sur une surface. Laisser tiédir. • Utiliser une fourchette pour incorporer l'huile et 400 g de farine. Saler et mélanger pour créer une pâte lisse. • Rouler la pâte pour créer des languettes minces de 1 cm de largeur et couper en morceaux. • Rouler les gnocchi dans le reste de farine (50 g). Les écraser avec le pouce contre les dents d'une fourchette pour créer des rainures. • Amener le lait à ébullition dans une grande marmite. Saler. • Cuire les gnocchi par petites quantités jusqu'à ce qu'ils flottent à la surface, soit environ 2 minutes. • Utiliser une cuillère à rainures pour les retirer du lait et les déposer dans des assiettes avec la ricotta.

Donne 6 à 8 portions • Prép.: 45 min • Cuisson: 45 min • Difficulté: 2

Gnocchi cuits dans le lait

AGNOLOTTI FARCIS AU BŒUF

Agnolotti canavesani

<u>Garniture</u>: mariner la viande avec le vin dans un petit bol. • Couvrir d'une pellicule plastique et réfrigérer pendant au moins 12 heures. • <u>Pour faire les pâtes</u>: tamiser la farine et le sel sur la surface de travail puis creuser un puits au centre. Mélanger ensemble les œufs, les jaunes d'œufs et suffisamment d'eau pour créer une pâte. Pétrir pendant 15 à 20 minutes, jusqu'à ce qu'elle soit lisse et élastique. Façonner la pâte en une boule, emballer dans une pellicule plastique et laisser reposer pendant 30 minutes. • Faire brunir le bœuf dans 2 cuillères à table de beurre, dans une casserole moyenne, sur un feu élevé pendant 5 minutes. • Ajouter le liquide de la marinade et le laisser évaporer, pendant environ 5 minutes. Saler. • Couvrir et cuire à feu doux pendant 1 heure, le retournant à l'occasion et ajoutant du bouillon si le mélange commence à s'assécher. • Retirer du feu et laisser refroidir complètement. Réserver les jus de cuisson. • Passer le bœuf et le jambon au robot culinaire jusqu'à ce qu'ils soient finement hachés. Transférer dans un grand bol et intégrer le parmesan, les œufs et la muscade. Saler. • Dans une casserole moyenne et à feu doux, amener le lait à ébullition et saler. • Ajouter le riz et cuire de 15 à 20 minutes ou jusqu'à tendreté. • Égoutter et ajouter à la viande. Faire fondre 2 cuillères à table de beurre dans une poêle à frire, sur feu moyen. Faire sauter la chair de saucisse, le chou et l'ail pendant 5 minutes ou jusqu'à ce que le chou ramollisse, en ajoutant du bouillon au fur et à mesure que le mélange commence à s'assécher. • Jeter l'ail et ajouter le persil. • Retirer du feu et laisser refroidir complètement. • Ajouter à la viande et bien remuer. • Rouler la pâte sur une surface légèrement enfarinée jusqu'à ce qu'elle ait l'épaisseur d'une feuille de papier. Couper en bandelettes de 4 cm de largeur et déposer une petite quantité de garniture près d'une extrémité, soit à environ 2 cm de distance. Recouvrir avec une bandelette de pâte vierge. Refermer en s'assurant de ne laisser aucune poche d'air, puis couper en carrés de 4 cm à l'aide d'une roulette à pâtisserie rainurée. Faire fondre le beurre dans une petite casserole et ajouter les jus de cuisson réservés, la sauge ou le romarin. • Cuire les pâtes par petites portions dans une grande marmite d'eau bouillante salée jusqu'à ce qu'elles soient *al dente*, soit environ 4 minutes. • Utiliser une cuillère à rainures pour transférer au plat de service et badigeonner du mélange à base de beurre. Saupoudrer de parmesan et servir chaud.

Donne 8 à 10 portions • Prép.: 2 h + 30 min de repos pour les pâtes • Cuisson: 2 h + 12 h pour faire mariner la viande • Difficulté: 3

Garniture

- 250 g de bœuf à ragoût coupé en gros cubes
- 250 à 375 ml de vin rouge sec

Pour faire les pâtes

- 500 g de farine tout usage
- $\frac{1}{8}$ cuillère à thé de sel
- 2 gros œufs + 4 gros jaunes d'œufs, légèrement battus
- eau (facultatif)

Garniture (suite)

- 60 g de beurre
- sel
- 125 à 500 ml de fond ou de bouillon de bœuf
- 150 g de jambon en cubes
- 60 g de parmesan fraîchement râpé
- 2 gros œufs
- $\frac{1}{8}$ cuillère à thé de muscade fraîchement râpée
- 200 ml de lait
- 80 g de riz à grains longs
- 100 g de chair de saucisse italienne fraîche émiettée
- 100 g de chou de Savoie finement effiloché
- 1 gousse d'ail légèrement écrasée mais entière
- 1 cuillère à table de persil frais finement haché

Pour servir

- 60 g de beurre fondu
- 2 tiges de sauge fraîche ou 1 tige de romarin frais
- 215 g de parmesan fraîchement râpé

RAVIOLI AU RIZ ET AU CHOU
Ravioli di riso e cavolo

Pour faire les pâtes

- 400 g de farine tout usage
- 1/8 cuillère à thé de sel
- 4 gros œufs

Garniture

- 100 g de riz à grains longs
- 100 g de chou de Savoie finement effiloché
- 1 oignon finement coupé
- 3 cuillères à table de beurre
- 1/8 cuillère à thé de sel
- 2 gousses d'ail finement hachées
- sel et poivre blanc fraîchement moulu
- 5 cuillères à table de parmesan fraîchement râpé
- 1 gros œuf

Pour servir

- 125 g de beurre fondu
- 125 g de parmesan fraîchement râpé

Pour faire les pâtes : tamiser la farine et le sel sur la surface de travail puis creuser un puits au centre. Casser les œufs dans le puits et bien incorporer pour faire une pâte lisse. Pétrir pendant 15 à 20 minutes, jusqu'à ce qu'elle soit lisse et élastique. Façonner la pâte en une boule, emballer dans une pellicule plastique et laisser reposer pendant 30 minutes. • Garniture : faire cuire le riz dans l'eau et le lait bouillants salés pendant 12 à 15 minutes, ou jusqu'à ce qu'il soit ferme sous la dent. Dans une grande casserole, faire cuire le chou dans une eau bouillante salée pendant 5 à 7 minutes ou jusqu'à tendreté. Bien égoutter en comprimant pour assécher, puis hacher finement. À feu élevé, faire brunir l'oignon dans le beurre, dans une grande poêle, pendant 5 minutes. Saler. Cuire à feu doux pendant 15 minutes. • Ajouter le chou et laisser mijoter pendant 5 minutes. • Ajouter l'ail et le riz, puis saler et poivrer. • Retirer du feu et transférer dans un grand bol. Incorporer le parmesan et l'œuf, puis laisser tiédir. • Rouler la pâte sur une surface légèrement enfarinée jusqu'à ce qu'elle ait l'épaisseur d'une feuille de papier. Couper en bandelettes de 4 cm de largeur et déposer une petite quantité de garniture près d'une extrémité, soit à environ 2 cm de distance. Replier chaque bande de pâte sur la longueur pour recouvrir la garniture. Refermer en s'assurant de ne laisser aucune poche d'air, puis couper en carrés de 5 cm à l'aide d'un taille-ravioli. Les ravioli devraient être lisses d'un côté et gaufrés sur les trois autres côtés. • Disposer les pâtes sur un linge de cuisine enfariné. • Cuire les pâtes par petites portions dans une grande marmite d'eau bouillante salée jusqu'à ce qu'elles soient *al dente*, soit environ 4 à 5 minutes. • Utiliser une cuillère à rainures pour transférer au plat de service et badigeonner d'un peu de beurre. Saupoudrer de parmesan et servir.

Donne 6 portions • Prép. : 60 min + 30 min de repos pour la pâte • Cuisson : 60 min • Difficulté : 3

AGNOLOTTI AUX TRUFFES
Agnolotti con tartufo

Pour faire les pâtes : tamiser la farine et le sel sur la surface de travail puis creuser un puits au centre. Casser les œufs au centre du puits et intégrer avec suffisamment d'eau pour créer une pâte lisse. Pétrir pendant 15 à 20 minutes, jusqu'à ce qu'elle soit douce et élastique. Façonner la pâte en une boule, emballer dans une pellicule plastique et laisser reposer pendant 30 minutes. • Garniture : à feu élevé, faire brunir le veau et le porc dans le beurre, dans une poêle moyenne, pendant 5 minutes ou jusqu'à ce que la viande soit brunie de toutes parts. • Incorporer le bouillon et saler. • Cuire à feu doux jusqu'à ce que le liquide s'évapore, soit environ 5 minutes. • Retirer du feu et laisser refroidir. • Passer la viande et le prosciutto au robot culinaire ou au mélangeur jusqu'à ce qu'ils soient finement hachés. Transférez dans un grand bol. • Hacher grossièrement un tiers des truffes. • Ajouter les œufs, le parmesan et les truffes hachées. • Saler, couvrir de pellicule plastique et réfrigérer pendant la préparation des pâtes. • Rouler la pâte sur une surface légèrement enfarinée jusqu'à ce qu'elle ait l'épaisseur d'une feuille de papier. Couper en bandelettes de 3 cm de largeur et déposer une petite quantité de garniture près d'une extrémité, soit à environ 2 cm de distance. Recouvrir avec une bandelette de pâte vierge. Refermer en s'assurant de ne laisser aucune poche d'air, puis couper en carrés de 3 cm à l'aide d'une roulette à pâtisserie rainurée. • Disposer les pâtes sur un linge de cuisine sec et enfariné. • Cuire les pâtes par petites portions dans une grande marmite d'eau bouillante salée jusqu'à ce qu'elles soient *al dente*, soit environ 4 à 5 minutes. • Utiliser une cuillère à rainures pour transférer dans le bol de service et badigeonner de beurre fondu et d'une pincée de sel. • Saupoudrer de parmesan et servir chaud en garnissant de flocons de truffes.

Donne 8 à 10 portions • Prép. : 1 h 15 min + 30 min de repos pour la pâte • Cuisson : 30 min • Difficulté : 3

Pour faire les pâtes

- 500 g de farine tout usage
- 1/8 cuillère à thé de sel
- 3 gros œufs
- 125 ml d'eau, plus au besoin

Garniture

- 250 g de bœuf ou veau coupé en gros cubes
- 250 g de porc coupé en gros cubes
- 125 g de beurre coupé en morceaux
- 60 ml de fond ou de bouillon de bœuf
- sel
- 150 g de prosciutto ou jambon de Parme finement tranché
- 30 à 50 g de truffes grises, préférablement des truffes Alba
- 2 gros œufs
- 125 g de parmesan fraîchement râpé

Pour servir

- 150 g de beurre fondu
- sel
- 60 g de parmesan fraîchement râpé

GNOCCHI PIÉMONTAIS À LA POLENTA
Gnocchi di polenta piemontesi

- 1 litre + 2 cuillères à table de lait
- sel et poivre blanc fraîchement moulu
- ¼ cuillère à thé de muscade fraîchement râpée
- 6 cuillères à table de beurre
- 150 g de semoule de maïs grossièrement broyée
- 100 g de semoule de maïs finement broyée
- 2 gros jaunes d'œufs
- 150 g de fromage suisse, par exemple du gruyère, en petits cubes
- 30 g de parmesan fraîchement râpé
- 1 petite truffe grise coupée en petits flocons (facultatif)

Faire frémir 1 litre de lait dans une casserole (en cuivre si possible). Saler, poivrer et assaisonner de muscade, puis ajouter 2 cuillères à table de beurre. • Incorporer doucement au fouet les semoules de maïs grossièrement et finement broyées, en veillant à ne pas atteindre le point d'ébullition. • Cuire à feu doux pendant 20 minutes, en remuant à l'occasion pour empêcher la formation de grumeaux et éviter que le mélange n'adhère au fond de la casserole. • Retirer du feu et laisser refroidir. • Battre légèrement les jaunes d'œufs et 2 cuillères à table de lait dans un petit bol. • Incorporer le mélange de fromage suisse et de jaunes d'œufs à la semoule. • Saler, poivrer et étendre sur une surface beurrée. Rouler à l'aide d'un rouleau à pâtisserie beurré et laisser refroidir complètement. • Préchauffer le four à 400 °F / 200 °C. • Beurrer un plat de cuisson. • Couper en tranches de 1 cm d'épaisseur et disposer dans le plat de service, en les faisant se chevaucher légèrement. • Déposer les 4 cuillères à table de beurre et saupoudrer de parmesan. • Faire cuire pendant 15 à 20 minutes ou jusqu'à ce que le fromage bouillonne. • Servir chaud avec de fins copeaux de truffe grise sur le dessus, au goût.

Donne 6 portions • Prép. : 30 min + 60 min pour refroidir • Cuisson : 40 min • Difficulté : 2

AGNOLOTTI TRADITIONNELS
Agnolotti

Pour faire les pâtes : tamiser la farine et le sel sur la surface de travail puis creuser un puits au centre. Intégrer les œufs, les jaunes d'œufs et l'eau, au besoin, pour faire une pâte. Pétrir pendant 15 à 20 minutes, jusqu'à ce qu'elle soit lisse et élastique. Façonner une boule, emballer dans une pellicule plastique et laisser reposer pendant 30 minutes. • Garniture : hacher la viande et la mortadelle au mélangeur. Transférer dans un grand bol et intégrer le parmesan, l'œuf, la crème, les miettes de pain et la muscade. Saler et poivrer. Le mélange devrait être relativement mou. • Rouler la pâte sur une surface légèrement enfarinée jusqu'à ce qu'elle ait l'épaisseur d'une feuille de papier. Couper en bandelettes de 4 cm de largeur et déposer une petite quantité de garniture près d'une extrémité, soit à environ 2 cm de distance. Replier chaque bande de pâte sur la longueur pour recouvrir la garniture. Refermer en s'assurant de ne laisser aucune poche d'air, puis couper en carrés à l'aide d'un taille-ravioli. Les agnolotti devraient être lisses d'un côté et gaufrés sur les trois autres côtés. • Disposer les pâtes sur un linge de cuisine enfariné. • Cuire les pâtes par petites portions dans une grande marmite d'eau bouillante salée pendant 4 à 5 minutes, ou jusqu'à ce qu'elles soient *al dente*. • Répartir en plusieurs couches, ajouter un peu de jus de cuisson, le cas échéant, de beurre et de parmesan entre chaque couche.

Donne 6 portions • Prép. : 60 min + 30 min de repos pour la pâte • Cuisson : 20 min • Difficulté : 3

Pour faire les pâtes
- 500 g de farine tout usage
- ⅛ cuillère à thé de sel
- 2 œufs + 5 jaunes d'œufs
- 60 ml d'eau, plus au besoin

Garniture
- 310 g de viande maigre rôtie en cubes
- 100 g de mortadelle
- 90 g de parmesan fraîchement râpé
- 1 gros œuf
- 100 ml de double crème ou crème épaisse
- 60 g de miettes de pain frais trempées dans 250 ml de lait et asséchées
- ⅛ cuillère à thé de muscade fraîchement râpée
- sel et poivre noir fraîchement moulu
- 150 ml de jus de cuisson de la viande rôtie (facultatif)
- 3 cuillères à table de beurre fondu
- 125 g de parmesan fraîchement râpé

FABRIQUER DES GNOCCHI À LA SEMOULE DE MAÏS

1. Amener le lait à ébullition à feu doux et utiliser un fouet rond pour battre la semoule.

2. Poursuivre la cuisson pendant environ 20 minutes ; remuer à l'aide d'une cuillère de bois.

3. Après avoir ajouté les œufs et le fromage au mélange à base de semoule, répartir le mélange sur une surface de marbre légèrement huilée d'une épaisseur d'environ 1,5 cm. Laissez refroidir complètement.

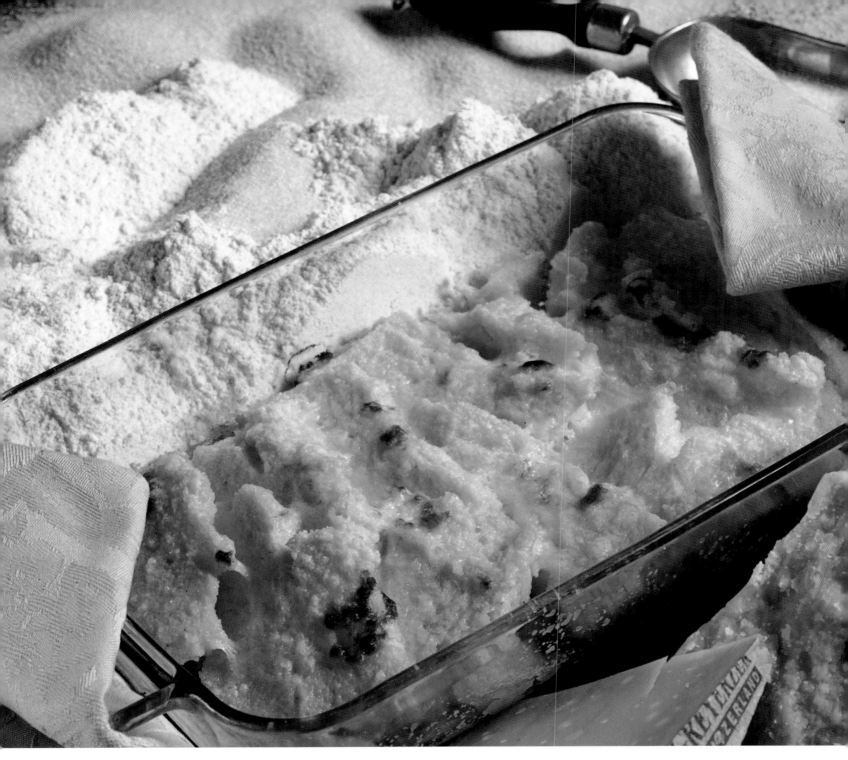

4. Utiliser un emporte-pièce rond de 4 cm pour découper les gnocchi. Disposer les gnocchi dans un plat de cuisson graissé, sur les retailles de pâte. Cuire jusqu'à ce qu'ils soient légèrement dorés.

Pour faire des gnocchetti (petits gnocchi): Avec cette pâte, vous pouvez aussi faire des gnocchetti de 0,5 cm grâce à des billots de 2,5 cm coupés en morceaux.

Une autre façon de les servir: Faire sauter les gnocchetti dans du beurre ou de l'huile à feu élevé jusqu'à ce qu'ils soient légèrement dorés. Servir avec la sauce de votre choix.

GNOCCHI À LA TOMME AVEC SAUCE TOMATE ET BASILIC

Raviöl

Gnocchi
- 500 g de farine tout usage
- 1 gros œuf
- 150 g de tomme émiettée ou d'Emmenthal grossièrement râpé
- 60 ml de double crème ou crème épaisse
- 60 ml d'eau, plus au besoin

Gnocchi: tamiser la farine sur une surface de travail puis creuser un puits au centre. Casser les œufs au centre du puits et y intégrer la tomme, la crème et suffisamment d'eau pour créer une pâte ferme. Pétrir pendant 15 à 20 minutes jusqu'à l'obtention d'une pâte lisse et façonner en languettes de 1 x 3 cm.
• Sauce tomate et basilic : faire fondre le beurre à feu doux dans une casserole de format moyen. • Ajouter les tomates en remuant et cuire pendant environ 10 minutes, jusqu'à ce qu'elles se brisent. • Saler.

Ajouter le basilic et cuire pendant 1 minute. • Retirer du feu et réserver. • Faire cuire les gnocchi par petites quantités dans une grande marmite d'eau salée bouillante jusqu'à ce qu'ils montent à la surface, soit 4 à 5 minutes. Retirer à l'aide d'une cuillère à rainures et disposer sur un plat de service. Verser la sauce sur les gnocchi cuits.

Donne 6 portions • Prép. : 40 min • Cuisson : 20 min • Difficulté : 2

Sauce tomate et basilic
- 60 g de beurre
- 700 g de tomates pelées, épépinées et grossièrement coupées
- sel
- Feuilles déchirées de 1 tige de basilic frais

Gnocchi à la tomme
avec sauce tomate et basilic

FAIRE DES GNOCCHI FARCIS AUX PRUNES (OU AUTRE GARNITURE)

1. Rouler la pâte pour les gnocchi (voir recette ci-dessus) avec davantage de farine ou découper en disques de la taille souhaitée.

2. Farcir de prunes ou de la garniture de votre choix.

3. Replier et former un gros gnocchi rond.

Cannelloni

CANNELLONI

Pour faire les pâtes
- 300 g de farine tout usage
- $1/8$ cuillère à thé de sel
- 3 gros œufs

Garniture
- 400 g de veau ou bœuf rôti
- 100 g d'épinards cuits égouttés
- 150 g de prosciutto ou jambon de Parme
- 2 gros œufs
- 30 g de parmesan fraîchement râpé
- sel et poivre noir fraîchement moulu
- $1/4$ cuillère à thé de muscade

Pour servir
- 180 ml de ragoût toscan (page 103)
- 500 ml de sauce béchamel (voir page 10)
- 1 cuillère à table de beurre
- 30 g de parmesan fraîchement râpé

Pour faire les pâtes : tamiser la farine et le sel sur la surface de travail puis creuser un puits au centre. Casser les œufs dans le puits et bien incorporer pour en faire une pâte lisse. Pétrir pendant 15 à 20 minutes, jusqu'à ce qu'elle soit élastique. Façonner une boule, emballer dans une pellicule plastique et laisser reposer pendant 30 minutes. • Préchauffer le four à 400 °F / 200 °C. • Beurrer un plat de cuisson. • Rouler la pâte sur une surface légèrement enfarinée jusqu'à ce qu'elle ait l'épaisseur d'une feuille de papier. Couper la pâte en rectangles de 10 x 12 cm. • Blanchir la pâte dans une grande marmite d'eau bouillante salée pendant 1 minute. Égoutter et disposer sur un linge humide (voir page 222). • Remplissage : hacher finement le veau, les épinards et le prosciutto, puis déposer dans un bol. Intégrer les œufs et le parmesan. Saler, poivrer et assaisonner de muscade. • Répartir la garniture sur la pâte, en laissant une bordure de chaque côté. • Rouler et répartir sur le plat de cuisson, sans créer plus de deux couches. Recouvrir de sauce à la viande et garnir de sauce béchamel. Déposer quelques morceaux de beurre et saupoudrer de parmesan. • Faire cuire de 15 à 20 minutes, ou jusqu'à ce que le mélange bouillonne. Servir chaud.

Donne 6 portions • Prép. : 90 min + 30 min de repos pour la pâte • Cuisson : 25 à 30 min • Difficulté : 2

FAIRE DES CANNELLONI

1. Étendre sur les rectangles de pâte de 10 x 12 cm la garniture de votre choix (par exemple, de la ricotta et des épinards), et les rouler en longueur..

2. Continuer de rouler suffisamment serré pour que la pâte conserve sa forme, mais pas trop afin d'éviter que la garniture n'en ressorte.

LOMBARDIE

Polenta, risotti au safran, panettone – les Lombards savent comment bien manger. D'ailleurs, le gorgonzola et le mascarpone figurent parmi les excellents fromages de cette région. Les pizzoccheri sont de consistantes pâtes de farine de sarrasin. Lorsque cuites *al dente* avec du chou et des pommes de terre, elles se transforment en un plat classique de cette région. Milan, capitale de la mode en constant essor économique, accentue l'excellence culinaire de la Lombardie grâce à sa grande variété de restaurants, aussi sophistiqués que variés.

Penne au gorgonzola (voir page 42)

Soupes et sauces

PÂTES POUR LA SOUPE AVEC BOUILLON DE HARICOTS

Pasta rasa o minestra rasida

- 2 litres d'eau froide
- 300 g de haricots borlotti, trempés toute la nuit et égouttés
- ½ oignon
- sel

Pour faire les pâtes

- 300 g de miettes de pain frais
- 2 gros œufs
- 2 cuillères à table de parmesan fraîchement râpé
- ⅛ cuillère à thé de muscade fraîchement râpée
- sel

Fond

- 60 g de beurre ou de lard finement haché
- 1 gousse d'ail finement hachée
- 1 cuillère à table de persil frais finement haché
- 300 g de tomates mûres et fermes, pelées, épépinées et grossièrement coupées
- sel et poivre noir fraîchement moulu
- 90 g de parmesan fraîchement râpé

On retrouve ce type de pastina da brodo (fines pâtes pour la soupe), sous différents vocables, aussi bien dans la région du Piémont que dans la région de l'Émilie-Romagne. Elles accompagnent très bien les fonds de viande et les soupes très goûteuses.

Amener l'eau à ébullition avec les haricots égouttés et l'oignon. Faire cuire à feu doux pendant 1 heure. • Saler. • Égoutter les haricots et réserver le liquide de cuisson. • Pour faire les pâtes : mélanger les miettes de pain, les œufs, le parmesan, la muscade et le sel dans un grand bol pour créer une pâte ferme. • Râper grossièrement la pâte sur une surface enfarinée et le laisser sécher jusqu'au moment de la faire cuire. • Bouillon : faire fondre le lard dans un poêlon allant au four avec l'ail et le persil, puis faire sauter à feu doux pendant 5 minutes, soit jusqu'à ce que l'ail soit légèrement doré. • Intégrer en remuant les tomates et cuire pendant environ 10 minutes ou jusqu'à ce qu'elles commencent à se défaire. • Ajouter les haricots et verser 1,5 litre d'eau de cuisson des haricots. Saler, poivrer et poursuivre la cuisson pendant 30 minutes. • Ajouter les pâtes au bouillon et cuire pendant 1 à 2 minutes, jusqu'à ce qu'elles soient *al dente.* Saupoudrer de parmesan et servir.

Donne 6 portions • Prép. : 60 min + temps de trempage des pois chiches • Cuisson : 2 h • Difficulté : 2

PENNE AU GORGONZOLA

Penne al Gorgonzola

Cette recette simple peut servir d'assise aux milliers de variations de la sauce quattro formaggi (quatre fromages), un classique très facile à réaliser. Suivre la recette, faire fondre les fromages jusqu'à obtention d'une pâte molle et ajouter les cubes de fromage à cette pâte avant d'ajouter les penne. Si vous utilisez de la mozzarella, l'ajouter juste avant de servir. Sinon, il sera difficile de créer des portions égales !

- 1 cuillère à table de beurre
- 180 g de gorgonzola crémeux émietté
- 150 ml de double crème ou crème épaisse
- sel
- 350 g de penne secs
- 5 cuillères à table de parmesan fraîchement râpé

Faire fondre le beurre et le gorgonzola avec la crème dans un bain-marie déposé sur une eau frémissante, jusqu'à ce que le fromage soit fondu. Saler. • Cuire les pâtes dans une grande marmite d'eau bouillante salée pendant 10 minutes, ou jusqu'à ce qu'elles soient *al dente.* • Égoutter et incorporer au mélange de fromage. Saupoudrer de parmesan. • Servir très chaud.

Donne 4 portions • Prép. : 5 min • Cuisson : 10 min • difficulté : 1

Pâtes pour la soupe avec bouillon de haricots

Boulettes de viande dans le bouillon

BOULETTES DE VIANDE DANS LE BOUILLON

Mariconda di carne

- 60 g de beurre
- 250 g de veau ou bœuf tranché
- 1,75 litre de fond ou bouillon de poulet
- sel et poivre blanc fraîchement moulu
- 80 g de parmesan fraîchement râpé
- 1 petit œuf
- $1/8$ cuillère à thé de muscade fraîchement râpée
- 60 g de chapelure fine (facultatif)
- 75 g de farine tout usage

Les boulettes de viande utilisées dans cette soupe peuvent aussi servir de garniture aux cappelletti, tout comme les garnitures à base de viande des tortellini, agnolotti et anolini peuvent être transformées en boulettes de viande.

Dans une grande poêle, faire fondre le beurre et braiser le veau pendant environ 15 minutes ou jusqu'à ce qu'il soit cuit, en ajoutant environ 180 ml de bouillon afin d'éviter que la viande ne s'assèche. Saler et poivrer. Retirer du feu et laisser refroidir. Passer le veau au robot culinaire jusqu'à ce qu'il soit finement haché. Transférer dans un grand bol et intégrer l'œuf, la muscade et environ $2/3$ du parmesan. Saler. Si le

mélange est trop mou, ajouter de la chapelure. Recouvrir de pellicule plastique et laisser reposer pendant 1 heure à température ambiante, ou jusqu'au lendemain au réfrigérateur. • Façonner des boulettes de la taille d'une noix de Grenoble et enduire légèrement de farine. • Amener le reste du bouillon à ébullition dans une grande marmite. Ajouter les boulettes et cuire pendant environ 5 minutes ou jusqu'à ce qu'elles soient bien cuites. • Servir dans des bols à soupe et saupoudrer de parmesan.

Donne 4 portions • Prép. : 45 min + 60 min de repos
• Cuisson : 30 min • Difficulté : 2

Pizzoccheri aux pommes de terre
et au chou de Savoie

Pizzoccheri aux pommes de terre et au chou de Savoie

Pizzoccheri valtellinesi

Pour faire les pâtes

- 300 g de farine de sarrasin
- 150 g de farine tout usage
- $1/8$ cuillère à thé de sel
- 180 ml d'eau tiède, plus au besoin

Sauce

- 7 pommes de terre, pelées et coupées en petits cubes
- $1/2$ chou de Savoie finement effiloché
- 150 g de beurre
- 3 gousses d'ail légèrement écrasées mais entières
- 1 tige de sauge fraîche
- sel et poivre noir fraîchement moulu
- 125 g de parmesan fraîchement râpé
- 150 g de fromage Bitto émietté ou de Fontina râpé

Le Bitto est un fromage de lait de chèvre et de vache très souvent utilisé dans la Valteline, une région montagneuse de l'Italie. Pour réaliser cette recette, nous recommandons l'utilisation d'un Bitto âgé de 3 à 8 mois. Un Bitto plus âgé peut être saupoudré sur le plat.

<u>Pour faire les pâtes</u> : Tamiser la farine de sarrasin, la farine tout usage et le sel sur la surface de travail puis creuser un puits au centre. Incorporer suffisamment d'eau pour créer une pâte lisse. Pétrir pendant 15 à 20 minutes, jusqu'à ce qu'elle soit élastique. Façonner la pâte en une boule, emballer dans une pellicule plastique et laisser reposer pendant 30 minutes. • Rouler la pâte sur une surface légèrement enfarinée afin d'obtenir une épaisseur de 5 mm. La pâte sera alors très fragile. Couper en languettes de 1 cm, puis en rectangles de 5 cm. Laisser reposer jusqu'au moment de faire cuire. • Sauce : Faire cuire les pommes de terre et le chou dans une eau bouillante salée pendant 15 minutes. • Dans une petite poêle, faire fondre le beurre avec l'ail, la sauge et un peu de sel pendant 1 minute, puis retirer l'ail et la sauge. • Ajouter les pâtes aux pommes de terre et au chou, puis faire cuire pendant 7 à 10 minutes, jusqu'à ce qu'elles soient *al dente* et que les légumes soient tendres. • Égoutter les pâtes et les légumes. • Transférer les pâtes et les légumes dans un bol de service avec le parmesan, le Bitto et le beurre fondu. Poivrer et servir.

Donne 6 portions • Prép. : 90 min + 30 min de repos pour la pâte • Cuisson : 25 min • Difficulté : 2

Bigoli aux anchois

Bigoli con le sardelle

Les bigoli sont traditionnellement confectionnées avec de la farine de blé entier et sont légèrement plus larges que les spaghetti.

<u>Pour faire les pâtes</u> : tamiser la farine et le sel sur la surface de travail puis creuser un puits au centre. Casser les œufs au centre du puits et intégrer avec suffisamment d'eau pour créer une pâte lisse. Pétrir pendant 15 à 20 minutes, jusqu'à ce qu'elle soit élastique. Façonner la pâte en une boule, emballer dans une pellicule plastique et laisser reposer pendant 30 minutes. • Faire les bigoli à l'aide d'une machine à pâtes et disposer sur une surface enfarinée pour les faire sécher, soit environ 30 minutes. • <u>Sauce</u> : à feu moyen, faire brunir l'oignon dans l'huile, dans une grande poêle, pendant 2 à 3 minutes, jusqu'à ce qu'il ramollisse. • Ajouter l'ail, le persil et les anchois. À l'aide d'une fourchette, émietter le poisson et cuire pendant environ cinq minutes, jusqu'à ce que les anchois soient cuits. Saler et retirer du feu. • Cuire les pâtes dans une grande marmite d'eau bouillante salée pendant 2 à 3 minutes, ou jusqu'à ce qu'elles soient *al dente*. • Égoutter, réserver 2 cuillères à table d'eau de cuisson et déposer, à l'aide d'une cuillère, la sauce aux anchois sur les pâtes. Ajouter l'eau de cuisson réservée. Moudre du poivre noir sur les pâtes et servir.

Donne 6 portions • Prép. : 1 h 15 min + 60 min de repos et de temps de séchage pour la pâte • Cuisson : 20 min • Difficulté : 1

Pour faire les pâtes

- 400 g de farine de blé entier
- $1/4$ cuillère à thé de sel
- 4 gros œufs
- 60 ml d'eau froide

Sauce

- 1 oignon finement haché
- 5 cuillères à table d'huile d'olive extra vierge
- 1 gousse d'ail légèrement écrasée mais entière
- 2 cuillères à table de persil frais finement haché
- 300 g d'anchois frais nettoyés, étêtés et grossièrement hachées
- sel
- poivre noir fraîchement moulu

Pizzoccheri et pâtes fraîches

Pizzoccheri à la bette à cardes
et aux deux fromages

PIZZOCCHERI À LA BETTE À CARDES ET AUX DEUX FROMAGES

Pizzoccheri con bietola

- 300 g de farine tout usage
- 1/8 cuillère à thé de sel
- 1 gros œuf
- 125 ml de lait
- 125 ml d'eau
- 500 g bette à cardes, tiges les plus coriaces retirées, finement déchiquetée
- 500 g de pommes de terre à bouillir, pelées et coupées en petits cubes

Les pizzoccheri sont un type de gnocchi ou de pâtes faites avec de la farine de sarrasin ou de la farine tout usage.

Tamiser la farine et le sel dans un bol puis creuser un puits au centre. Utiliser un fouet rond pour battre l'œuf et incorporer le lait et l'eau. Bien battre afin d'éviter la formation de grumeaux. Laisser reposer à la température ambiante pendant 30 minutes. • Amener à ébullition 2 litres d'eau salée, dans une grande marmite. Ajouter la bette à cardes et les pommes de terre, et cuire pendant 20 à 25 minutes ou jusqu'à tendreté. Pendant ce temps, à feu élevé, faire sauter l'oignon dans le beurre, dans une grande poêle, pendant 2 à 3 minutes ou jusqu'à ce qu'il ramollisse. Saler.

Couvrir et cuire à feu doux pendant 15 minutes. • En travaillant rapidement, déposer des cuillères à thé de pâte dans la marmite avec la bette à cardes et les pommes de terre, jusqu'à ce qu'il ne reste plus de pâte. Tous les pizzoccheri devraient cuire plus ou moins en même temps. • Faire bouillir pendant encore environ 5 minutes, une fois la dernière cuillère de pâte ajoutée, ou jusqu'à ce que les derniers soient amollis. • À l'aide d'une cuillère à rainures, les retirer de la marmite. Disposer dans un grand bol, en alternant avec l'oignon et les fromages. Poivrer et servir immédiatement.

Donne 4 portions • Prép. : 40 min + 30 min de repos pour la pâte • Cuisson : 60 min • Difficulté : 1

- 1 oignon finement haché
- 125 g de beurre
- sel
- 60 g de parmesan ou Grana fraîchement râpé
- 60 g de ricotta fraîche
- poivre blanc fraîchement moulu

TORTELLI FARCIS À LA CITROUILLE

Tortelli di zucca

- 1 kg de potiron non pelé, coupé en gros morceaux et épépiné

Garniture

- 100 g de biscuits amaretti écrasés en petites miettes
- 2 gros œufs
- 90 g de parmesan fraîchement râpé
- 100 g de mostarda di cremona ou de chutney aux fruits finement hachés

Une zucca barucca est montrée en photo, mais n'importe quelle courge d'hiver dont la chair est ferme et sucrée fera l'affaire. La mostarda di cremona est une savoureuse conserve de fruits que l'on retrouve dans les épiceries fines italiennes.

Préchauffer le four à 400 °F / 200 °C. • Faire cuire les morceaux de courge sur une grande plaque de cuisson pendant 40 à 45 minutes ou jusqu'à tendreté. • Retirer du four et laisser refroidir. À l'aide d'une petite cuillère, retirer la chair de la peau et réduire en purée au mélangeur. Si la courge reste humide, l'enrouler dans un linge de cuisine et éliminer le surplus d'humidité. • Garniture : transférer la purée de courge dans un grand bol et incorporer les biscuits amaretti, les œufs, le parmesan, la mostarda di cremona et la muscade. Saler. Si le mélange semble trop brut, continuer de mélanger jusqu'à l'obtention d'une

consistance plus lisse. • Laisser reposer pendant au moins une heure à température ambiante ou jusqu'au lendemain au réfrigérateur. <u>Pâte</u> : pétrir pendant 15 à 20 minutes, jusqu'à ce qu'elle soit lisse et élastique. • Rouler la pâte sur une surface légèrement enfarinée afin d'obtenir une épaisseur de 3 mm. Couper en carrés de 5 cm. Façonner des tortelli en suivant les instructions de la page 70. Les disposer sur un linge de cuisine légèrement enfariné. • Cuire les pâtes par petites portions dans une grande marmite d'eau bouillante salée pendant 2 à 3 minutes. • Utiliser une cuillère à rainures pour transférer dans le plat de service et badigeonner de beurre fondu. Saupoudrer d'une pincée de sel.

Donne 4 portions • Prép. : 60 min + 60 min de repos pour la garniture • Cuisson : 60 min • Difficulté : 3

- ⅛ cuillère à thé de muscade fraîchement râpée
- sel
- 80 g de beurre fondu

Pâtes

- Pâte maison faite avec 4 gros œufs et 400 g de farine tout usage (voir page 64)

Tortelli farcis à la citrouille

Pâtes fraîches

TORTELLI AMARETTI ET ÉPICES

Tortelli alla cremasca

Pour faire les pâtes

- 300 g de farine tout usage
- 1/8 cuillère à thé de sel
- 1 gros œuf
- environ 60 ml d'eau tiède

Garniture

- 3 cuillères à table de miettes de pain frais
- 2 cuillères à table de beurre coupé en morceaux + 150 g de beurre fondu
- 150 g de biscuits amaretti émiettés
- 210 g de parmesan fraîchement râpé
- 50 g de raisins secs blonds (Sultana)
- 50 g de zeste de citron confit finement haché
- 1 gros œuf
- 1 cuillère à thé de piment de la Jamaïque (égale quantité de cannelle, clou de girofle et muscade)
- sel et poivre blanc fraîchement moulu
- 1 à 2 cuillères à table de fond ou de bouillon de légumes (facultatif)

Pour faire les pâtes : tamiser la farine et le sel sur la surface de travail puis creuser un puits au centre. Casser l'œuf au centre du puits et intégrer avec suffisamment d'eau pour créer une pâte lisse. Pétrir pendant 15 à 20 minutes, jusqu'à ce qu'elle soit élastique. Façonner la pâte en une boule, emballer dans une pellicule plastique et laisser reposer pendant 30 minutes. • Garniture : à feu moyen, faire griller les miettes de pain dans 2 cuillères à table de beurre, dans une poêle de format moyen, pendant 5 minutes, jusqu'à ce qu'elles soient croustillantes. • Transférer dans un grand bol avec les biscuits amaretti, 150 g de parmesan, les raisins secs, le zeste de citron confit, l'œuf et les épices. Saler et poivrer. Si le mélange est sec et granuleux, ajouter du bouillon. • Rouler la pâte sur une surface enfarinée jusqu'à ce qu'elle soit très fine. À l'aide d'une roulette à pâtisserie rainurée, couper en carrés de 5 cm et déposer une cuillère à thé de garniture au centre de chacun. Replier pour former des triangles et bien refermer. • Cuire les pâtes dans une grande marmite d'eau bouillante salée pendant 3 à 5 minutes, ou jusqu'à ce qu'elles soient *al dente*. • Retirer avec une cuillère à rainures et déposer dans un plat de service. Ajouter le reste (150 g) du beurre fondu et saupoudrer du reste de parmesan (60 g).

Donne 6 portions • Prép. : 60 min + 30 min de repos pour la pâte • Cuisson : 20 min • Difficulté : 3

PÂTES AU MASCARPONE

Pasta al Mascarpone

Mélanger le mascarpone et les jaunes d'œufs dans un grand bol. Placer le mélange au dessus d'une eau à peine frémissante et cuire jusqu'à ce que le mélange à base d'œufs inscrive une température de 160 °F / 80 °C sur le thermomètre. Retirer du feu et plonger dans une casserole d'eau froide. • Ajouter le parmesan, saler et assaisonner de muscade. • Cuire les pâtes dans une grande marmite d'eau bouillante salée jusqu'à ce qu'elles soient *al dente*. • Verser un peu d'eau de cuisson des pâtes dans le plat de service pour le réchauffer, puis retirer l'eau. Égoutter les pâtes et transférer dans un plat de service. • Incorporer le mélange à base de mascarpone dans les pâtes, en diluant avec quelques cuillères à table d'eau pour empêcher les pâtes de coller ensemble. Servir chaud.

Donne 4 portions • Prép. : 10 min • Cuisson : 15 min • Difficulté : 1

- 150 g de mascarpone frais
- 2 gros jaunes d'œufs très frais
- 30 g de parmesan fraîchement râpé
- sel
- 1/8 cuillère à thé de muscade fraîchement râpée
- 300 g de pâtes aux œufs maltagliati ou pappardelle sèches

Tortelli amaretti et épices

Tortelli aux épinards,
pommes de terre et mortadelle

TORTELLI AUX ÉPINARDS, POMMES DE TERRE ET MORTADELLE

Casonsei della Valcamonica

Pour faire les pâtes

- 300 g de farine
  tout usage
- 1/8 cuillère à thé de sel
- 3 gros œufs

Garniture

- 2 pommes de
  terre farineuses
- 2 cuillères à table
  de beurre coupé en
  morceaux + 125 g
  de beurre fondu
- 1 petit oignon
  finement haché

Pour faire les pâtes : Tamiser la farine et le sel sur la surface de travail puis creuser un puits au centre. Casser les œufs dans le puits et bien incorporer pour faire une pâte lisse. Pétrir pendant 15 à 20 minutes, jusqu'à ce qu'elle soit élastique. Façonner la pâte en une boule, emballer dans une pellicule plastique et laisser reposer pendant 30 minutes. • Garniture : faire cuire les pommes de terre dans une eau bouillante salée pendant 15 à 20 minutes ou jusqu'à tendreté. Égoutter et peler les pommes de terre. Utiliser un pilon ou une fourchette pour les réduire en une purée lisse. • Faire fondre 2 cuillères à table de beurre dans une grande poêle. Ajouter l'oignon, couvrir et faire cuire pendant 5 minutes à feu doux, jusqu'à ce qu'il ramollisse. • Augmenter l'intensité du feu et ajouter les épinards. Faire sauter pendant 2 minutes, saler et poi-

vrer. • Passer le mélange à base d'épinards, de mortadelle, de persil, de 60 g de parmesan, des miettes de pain et d'œuf dans le mélangeur ou le robot culinaire jusqu'à l'obtention d'une consistance lisse. • Rouler la pâte sur une surface enfarinée jusqu'à ce qu'elle soit très fine. Couper en rondelles de 10 cm et déposer une généreuse cuillère à thé de garniture au centre de chacune. Les refermer en plusieurs pointes (voir photo) et bien sceller. • Cuire les pâtes par petites portions dans une grande marmite d'eau bouillante salée pendant 4 à 5 minutes. • Utiliser une cuillère à rainures pour transférer au plat de service et badigeonner de beurre fondu (125 g). Saupoudrer du reste (60 g) de parmesan et servir.

Donne 6 portions • Prép. : 50 min + 30 min de repos pour la pâte • Cuisson : 42 à 50 min • Difficulté : 3

- 150 g de feuilles
  d'épinards cuites,
  finement hachées,
  puis asséchées
- sel et poivre blanc
  fraîchement moulu
- 90 g de mortadelle
  en dés
- 1 tige de persil frais
  finement coupée
- 125 g de parmesan
  fraîchement râpé
- 3 cuillères à table de
  miettes de pain sec
- 1 gros œuf

CONFECTIONNER DES TORTELLI PLISSÉS

1. Découper des rondelles de pâte d'environ 10 cm de diamètre. Déposer une généreuse cuillère à thé de garniture au centre des rondelles. Replier un volet de pâte sur la garniture.

2. Continuer de replier les volets de pâte en alternant de gauche à droite jusqu'à ce que toute la garniture soit bien emprisonnée.

3. La pâte, une fois terminée, devrait avoir une surface plissée et ressembler à un épi de blé.

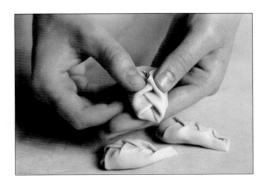

Gnocchi

GNOCCHETTI AVEC CHOU DE SAVOIE
Gnocchetti di farina bianca

Gnocchetti
- 500 ml d'eau
- 100 ml de lait
- 1/8 cuillère à thé de sel
- 300 g de farine tout usage
- 60 g de beurre coupé en morceaux
- 30 g de parmesan fraîchement râpé
- 3 gros jaunes d'œufs légèrement battus
- 200 g de chou de Savoie finement effiloché
- 100 g de beurre
- 1 tige de sauge fraîche hachée
- 60 g de parmesan fraîchement râpé

<u>Gnocchetti</u> verser l'eau dans une grande poêle non adhésive et profonde, puis ajouter le lait et le sel. Placer sur un feu doux et amener à ébullition. • Ajouter la farine, retirer du feu et remuer vigoureusement à l'aide d'une cuillère de bois. • Transférer dans un grand bol et incorporer graduellement le beurre, le parmesan et les jaunes d'œufs. • Déchirer de petites quantités de pâte et former des boulettes de 1,5 cm. Les déposer sur une surface légèrement enfarinée. Dans une grande casserole, faire cuire le chou dans une eau bouillante salée pendant 5 à 7 minutes ou jusqu'à tendreté. • Ajouter les gnocchetti par petites portions et faire cuire pendant 3 à 4 minutes jusqu'à ce qu'ils remontent à la surface, puis laisser cuire 1 minute de plus. • Utiliser une cuillère à rainures pour retirer les gnocchetti et le chou, et transférer dans un plat de service. • Faire fondre le beurre avec la sauge dans une petite casserole et verser sur les gnocchetti. Saupoudrer de parmesan et servir.
Donne 4 à 6 portions • Prép.: 30 min • Cuisson: 30 min • Difficulté: 2

GNOCCHI AU FOUR À LA BETTE À CARDES
Strangolapreti bergamaschi

Préchauffer le four à 400 °F / 200 °C. • À feu moyen, cuire la bette à cardes dans une grande casserole d'eau bouillante salée pendant 7 à 10 minutes ou jusqu'à tendreté. • Laisser refroidir, assécher et hacher finement. • Beurrer le plat de cuisson. • Faire tremper le pain dans le lait pendant 15 minutes ou jusqu'à ce qu'il ramollisse. • Extraire le surplus de lait et passer le pain au mélangeur ou au robot culinaire. Ajouter la bette à cardes, les jaunes d'œufs et réduire jusqu'à l'obtention d'une consistance lisse et uniforme. • Incorporer les miettes de pain, la muscade, saler et poivrer. • Séparer en morceaux de la grosseur d'une noix de Grenoble et former des gnocchi allongés de 4 cm. • Faire cuire les gnocchi par petites quantités dans une grande marmite d'eau salée bouillante jusqu'à ce qu'ils montent à la surface, soit environ 5 minutes. • À l'aide d'une cuillère à rainures, les retirer de la marmite et les répartir sur le plat préparé. Saupoudrer de parmesan. • Faire fondre le beurre avec la sauge dans une petite casserole et verser sur les gnocchi. Saler. • Faire cuire pendant 8 à 10 minutes ou jusqu'à ce que le fromage bouillonne. • Servir chaud.
Donne 6 portions • Prép.: 60 min + 15 min de trempage pour le pain • Cuisson: 35 min • Difficulté: 2

- 300 g de bette à cardes
- 400 g de pain vieux d'un jour émietté
- 500 ml de lait
- 2 gros jaunes d'œufs
- 6 cuillères à table de miettes de pain sec
- 1/8 cuillère à thé de muscade fraîchement râpée
- sel et poivre noir fraîchement moulu
- 90 g de parmesan fraîchement râpé
- 100 g de beurre
- 1 tige de sauge fraîche hachée

Gnocchi à la courge, sauce à la saucisse

GNOCCHI À LA COURGE, SAUCE À LA SAUCISSE

Gnocchi di zucca

Gnocchi

- 1,25 kg de courge d'hiver ou de citrouille coupée en gros morceaux non pelée mais épépinée
- 2 gros œufs
- 50 g de biscuits amaretti émiettés
- 4 cuillères à table de miettes de pain frais
- 30 g de parmesan fraîchement râpé
- $\frac{1}{4}$ cuillère à thé de muscade moulue
- sel et poivre blanc fraîchement moulu

Sauce à la saucisse

- 1 petit oignon finement haché
- 60 g de beurre
- 100 g de saucisse italienne fraîche émiettée
- 1 gousse d'ail légèrement écrasée mais entière
- 1 cuillère à table de pâte/purée de tomate mélangée à 1 cuillère à table d'eau
- sel
- 30 g de farine tout usage

Gnocchi : préchauffer le four à 400 °F / 200 °C. • Faire cuire les morceaux de courge sur une grande plaque de cuisson pendant 40 à 45 minutes ou jusqu'à tendreté. • Retirer du four et laisser refroidir. À l'aide d'une petite cuillère, retirer la chair de la peau et réduire en purée au mélangeur. Si la courge reste humide, l'enrouler dans un linge de cuisine et éliminer le surplus d'humidité. • Transférer la purée de courge dans un grand bol et y incorporer les œufs, les miettes de biscuits amaretti, les miettes de pain et le parmesan. Saler, poivrer et assaisonner de muscade. • Sauce à la saucisse : À feu moyen, faire sauter l'oignon dans du beurre, dans une grande poêle, pendant 5 minutes, jusqu'à ce qu'il ramollisse. Ajouter la saucisse émiettée et l'ail puis faire cuire à feu doux pendant 10 minutes. • Jeter l'ail et ajouter le mélange de pâte de tomate. Saler et retirer du feu. • Prendre des cuillères à table du mélange à gnocchi et former des boulettes de la taille d'une noix de Grenoble en écrasant pour leur donner la forme d'un ovale. • Bien les enduire de farine. • Faire cuire les gnocchi par petites quantités dans une grande marmite d'eau salée bouillante jusqu'à ce qu'ils montent à la surface. • Utiliser une cuillère à rainures pour transférer au plat de service et napper de sauce.

Donne 4 portions • Prép. : 45 min • Cuisson : 75 min • Difficulté : 2

AGNOLINI AU BŒUF DANS LE BOUILLON

Agnolini ripieni di stufato

Pour faire les pâtes : tamiser la farine et le sel sur la surface de travail puis creuser un puits au centre. Casser les œufs au centre du puits et intégrer avec suffisamment d'eau pour créer une pâte lisse. Pétrir pendant 15 à 20 minutes, jusqu'à ce qu'elle soit élastique. Façonner la pâte en une boule, emballer dans une pellicule plastique et laisser reposer pendant 30 minutes • Garniture : pratiquer 3 entailles dans le bœuf et insérer une gousse d'ail dans chacune d'elles. • Saisir le bœuf dans 2 cuillères à table de beurre et dans l'huile, dans une poêle moyenne, jusqu'à ce qu'il soit bruni de toutes parts. Ajouter l'oignon et cuire jusqu'à ce qu'il ramollisse. • Verser 125 ml de vin et saler. • Couvrir et cuire à feu doux pendant au moins 3 heures, jusqu'à ce qu'il soit bien cuit et très tendre, en le retournant à l'occasion et en ajoutant davantage de vin lorsque le liquide de cuisson commence à s'évaporer. • Dans une petite poêle, faire sauter la saucisse dans les 2 cuillères à table de beurre restantes, pendant 5 à 10 minutes, jusqu'à ce qu'elle soit bien dorée. • Passer la viande et la saucisse au robot culinaire ou au mélangeur jusqu'à ce qu'elles soient finement hachées. Transférer dans un grand bol et y incorporer le parmesan, les œufs et la muscade. Saler. • Rouler la pâte sur une surface légèrement enfarinée jusqu'à ce qu'elle ait l'épaisseur d'une feuille de papier. Couper en languettes de 4 cm de largeur, puis en carrés de 4 cm. Déposer une petite quantité de garniture au centre de chaque carré et refermer de la même manière que pour les tortellini (voir page 70). • Cuire les pâtes par petites quantités dans un bouillon à ébullition pendant 4 à 5 minutes. • Utiliser une cuillère à rainures pour transférer dans les bols de service. Saupoudrer de parmesan et servir avec le bouillon.

Donne 8 à 10 portions • Prép. : 2 h + 30 min de repos pour la pâte • Cuisson : 3 h 10 • Difficulté : 3

Pour faire les pâtes

- 500 g de farine tout usage
- $\frac{1}{4}$ cuillère à thé de sel
- 4 gros œufs
- 60 ml d'eau, plus au besoin

Garniture

- 500 g de bœuf à ragoût en un morceau
- 3 gousses d'ail finement tranchées
- 60 g de beurre
- 2 cuillères à table d'huile d'olive extra vierge
- 1 petit oignon finement haché
- 500 ml de vin blanc sec
- sel
- 200 g de saucisse salamelle fraîche (saucisse de porc non épicée), grossièrement hachée
- 5 cuillères à table de parmesan fraîchement râpé
- 2 gros œufs
- $\frac{1}{8}$ cuillère à thé de muscade fraîchement râpée
- 250 ml + 3 litres de fond ou bouillon de bœuf
- 215 g de parmesan fraîchement râpé

NORD-EST DE L'ITALIE

La cuisine de la Vénétie, du Frioul-Vénétie Julienne et du Trentin-Haut-Adige est très influencée par son climat nordique. Les pêcheurs vénitiens sont nombreux et ce, depuis des générations. Leurs prises varient de l'araignée de mer au baccalà (morue salée séchée), laissant place à une myriade de plats les plus exquis les uns que les autres. Le plat de pâtes le plus traditionnel est sans contredit le bigoli – ce spaghetti large et rond fait de farine de blé entier – servi avec de la volaille ou des oignons et des anchois. La très versatile chicorée rouge provient de la ville de Trévise. On l'y ajoute souvent aux salades, à l'étuvée dans les pâtes ou cuite et servie comme légume d'accompagnement.

Gnocchi aux herbes
(voir page 59)

PÂTES ET HARICOTS
Pasta e fasioi di lamon

- 100 g de couenne de porc frais ou os de jambon
- 2 gousses d'ail finement hachées
- 1 cuillère à table de persil frais finement haché
- 1 tige de sauge fraîche finement hachée
- 6 cuillères à table d'huile d'olive extra vierge
- 2 litres d'eau froide
- 200 g de haricots borlotti secs, trempés toute la nuit et égouttés
- 1 oignon finement haché
- 1 feuille de laurier
- sel
- 100 g de pâtes de blé ou tagliatelle aux œufs sèches
- poivre noir fraîchement moulu

Si vous utilisez de la couenne de porc, la faire blanchir dans l'eau bouillante pendant 5 minutes. Bien égoutter et gratter pour éliminer les poils. • Dans une poêle, à feu doux, faire sauter l'ail, le persil et la sauge dans 60 ml d'huile pendant 5 minutes, jusqu'à ce que l'ail soit légèrement doré. Amener l'eau à ébullition avec les haricots égouttés, dans un grand poêlon, à feu doux. Ajouter l'oignon, la feuille de laurier, la couenne de porc ou l'os de jambon et les herbes sautées. Faire mijoter à feu doux pendant environ 2 heures, en écumant le gras du bouillon au fur et à mesure de la cuisson. Saler. • Réduire en purée la moitié de la soupe au mélangeur ou au robot et verser la purée dans la soupe. • Amener à ébullition et poursuivre la cuisson pendant 20 à 25 minutes, jusqu'à ce que le mélange épaississe. • Ajouter les pâtes et cuire de 7 à 10 minutes, jusqu'à ce qu'elles soient *al dente*. • Utiliser une cuillère à rainures pour retirer la couenne de porc et la couper en languettes. • Verser la soupe dans des bols et garnir de languettes de couenne de porc. Poivrer et ajouter l'huile d'olive restante (2 cuillères à table).

Donne 4 portions • Prép.: 30 min + temps de trempage des pois chiches • Cuisson: 2 h 40 • Difficulté: 1

GNOCCHI DE SEMOULE DANS LE BOUILLON
Gnocchi de gries

• Amener le lait presque à ébullition dans une grande casserole profonde. Incorporer en fouettant le sel et la semoule. • Amener à ébullition puis laisser mijoter à feu doux pendant 15 à 20 minutes, en remuant continuellement avec une cuillère de bois. Si le mélange devient gluant et difficile à remuer, ajouter du lait. • Verser dans un grand bol et laisser refroidir en remuant de temps à autre. • Incorporer les jaunes d'œufs, puis le beurre, et bien mélanger. • Battre les blancs d'œufs dans un autre bol jusqu'à ce qu'ils moussent et les ajouter au mélange. • Façonner des gnocchi de 1,5 cm. • Amener le bouillon à ébullition dans une grande marmite. Faire cuire les gnocchi, en petites quantités, pendant 3 à 4 minutes ou jusqu'à ce qu'ils montent à la surface. • Utiliser une cuillère à rainures pour transférer dans des bols et servir. Saupoudrer de parmesan.

Donne 4 à 6 portions • Prép.: 30 min • Cuisson: 40 min • Difficulté: 2

- 1 litre de lait, plus au besoin (facultatif)
- 1/8 cuillère à thé de sel
- 250 g de semoule
- 2 gros œufs séparés + 2 gros jaunes d'œufs
- 3 cuillères à table de beurre ramolli

Pour servir
- 1,5 litre de fond ou bouillon de viande
- 125 g de parmesan fraîchement râpé

GARGANELLI AU SPECK
Garganelli allo speck

- 1 oignon finement haché
- 4 cuillères à table de beurre
- 120 g de speck ou bacon fumé coupé en fines lanières
- 350 g de garganelli ou penne secs

Le speck vient de la région du Haut-Adige où l'on parle l'allemand et l'italien. Même si speck signifie bacon en allemand, ce produit du porc est traité avec du sel et de l'ail.

Faire sauter l'oignon dans 2 cuillères à table de beurre, dans une grande poêle, à feu moyen, pendant environ 10 minutes. • Dans une autre poêle, faire sauter le speck ou le bacon dans les 2 autres cuillères à table de beurre, à feu moyen, pendant 2 à 3 minutes (un peu plus longtemps si vous utilisez du bacon), jusqu'à ce qu'il soit légèrement croustillant. • Ajouter le speck ou le bacon à l'oignon. • Cuire les pâtes dans une grande marmite d'eau bouillante salée et interrompre la cuisson avant qu'elles ne soient à point. • Égoutter et réserver 5 cuillères à table d'eau de cuisson. Ajouter les pâtes et l'eau de cuisson dans la poêle et cuire jusqu'à ce qu'elles soient *al dente*. • Servir chaud.

Donne 4 portions • Prép.: 15 min • Cuisson: 15 min • Difficulté: 1

DUMPLING DE SEIGLE AU BACON
Canederli neri (schwarze Knödel)

Déposer le pain dans un grand bol et incorporer la pancetta, l'oignon, le poireau et l'ail. • Mélanger ensemble, dans un petit bol, le lait, l'eau et le sel. • Verser sur le mélange de pain et laisser reposer pendant 1 heure. • Utiliser vos mains pour incorporer la semoule en pétrissant. • Façonner des boulettes de 4 cm et les enfariner légèrement. • Amener le bouillon à ébullition dans une grande casserole et ajouter les dumpling. Faire cuire pendant 20 minutes à feu doux, jusqu'à ce qu'ils soient bien cuits. • Déposer dans des bols et servir.

Donne 4 portions • Prép.: 40 min + 60 min de repos • Cuisson: 30 min • Difficulté: 2

- 300 g de pain de seigle, croûtes enlevées
- 180 g de pancetta ou bacon fumé finement hachés
- 1 petit oignon rouge finement haché
- 1 gros blanc de poireau finement haché
- 1 gousse d'ail hachée
- 3 cuillères à table de lait
- 3 cuillères à table d'eau
- sel
- 30 g de semoule de maïs finement broyée
- 30 g de farine tout usage
- 1,25 litre de fond ou bouillon de viande

Dumpling et gnocchi

DUMPLING AU SPECK

Canederli allo speck

- ½ oignon finement coupé
- 7 cuillères à table de beurre fondu
- 2 gros œufs
- 250 ml de lait, plus au besoin
- 300 g de pain vieux d'un jour coupé en petits cubes
- 150 g de speck ou bacon fumé en cubes
- 1 petite botte de ciboulette finement hachée
- 1 cuillère à thé de persil frais finement haché
- 30 g de farine tout usage
- sel

Faire sauter l'oignon dans 1 cuillère à table de beurre, dans une grande poêle, à feu moyen, pendant environ 20 minutes ou jusqu'à ce qu'il soit bien amolli et doré. • Dans un bol moyen, battre les œufs avec le lait. • Ajouter le pain, le speck, 1 cuillère à table de ciboulette et le persil. Laisser reposer pendant 30 minutes. • Ajouter l'oignon, 2 cuillères à table de farine et le sel. • Pétrir afin de former une pâte molle, ajoutant du lait au besoin. • Façonner des boulettes de 5 cm et tremper dans les 2 cuillères à table de farine restantes jusqu'à ce qu'elles en soient bien enduites. • Cuire les dumpling dans une grande marmite d'eau bouillante salée pendant 15 à 18 minutes, jusqu'à ce qu'ils soient bien cuits. • Égoutter et ajouter un trait de beurre grâce aux 6 cuillères à table de beurre fondu qu'il reste. Saupoudrer de ciboulette et servir.

Donne 6 portions • Prép. : 60 min + 30 min de repos • Cuisson : 40 min • Difficulté : 2

DUMPLING À LA TRENTINOISE

Canederli di magro

Faire tremper le pain dans le lait pendant 10 minutes ou jusqu'à ce qu'il ramollisse. Égoutter et écraser pour éliminer le surplus de lait. Faire sauter l'oignon dans 2 cuillères à table de beurre, dans une grande poêle, à feu moyen, pendant environ 20 minutes, ou jusqu'à ce qu'il soit bien amolli et doré. • Saler, retirer du feu et laisser refroidir. • Utiliser une cuillère à rainures pour battre le reste du beurre dans un grand bol, jusqu'à ce qu'il ramollisse. • Ajouter le pain trempé au beurre avec l'oignon sauté, 1 cuillère à table de persil, les œufs et la muscade. Façonner des boulettes de 4 cm. • Cuire les dumpling dans une grande marmite de bouillon amené à ébullition pendant environ 7 minutes, jusqu'à ce qu'ils soient bien cuits. • Déposer dans des bols à soupe individuels et saupoudrer du reste de persil.

Donne 4 portions • Prép. : 40 min • Cuisson : 30 min • Difficulté : 1

- 500 g de pain vieux d'un jour, émietté et croûte enlevée
- 310 ml de lait
- ½ oignon finement coupé
- 80 g de beurre
- sel
- 125 g de farine tout usage
- 1 petite botte de persil finement haché
- 5 gros œufs
- ⅛ cuillère à thé de muscade fraîchement râpée
- 680 ml de bouillon ou fond de viande

Dumpling au speck

Gnocchi à la noix de coco et à la ricotta

Gnocchi à la noix de coco et à la ricotta

Gnocchi con il cacao

Mélange à la noix de coco

- 1 cuillère à table de noix de coco
- 2 cuillères à table de raisins secs
- 90 g de parmesan fraîchement râpé
- 60 g de ricotta salata fraîchement râpée
- 175 g de beurre fondu
- 30 g de zeste de citron confit haché
- $\frac{1}{8}$ cuillère à thé de cannelle moulue
- sel et poivre blanc fraîchement moulu

Gnocchi

- 1,5 kg de pommes de terre pour cuisson au four ou farineuses, en dés
- 2 gros œufs battus
- 2 cuillères à table de parmesan fraîchement râpé
- sel et poivre blanc fraîchement moulu
- 500 g de farine tout usage
- 60 g de parmesan fraîchement râpé, pour saupoudrer

Mélange à la noix de coco : mélanger la noix de coco, les raisins secs, 90 g de parmesan, la ricotta salata, 125 g de beurre, le zeste de citron confit, la cannelle, le sel et le poivre dans un grand bol. • Gnocchi : faire cuire les pommes de terre dans une eau bouillante salée pendant 15 à 20 minutes ou jusqu'à tendreté. Égoutter et peler les pommes de terre. Utiliser un pilon ou une fourchette pour les réduire en une purée lisse. Étendre les pommes de terre sur une surface et incorporer les œufs, le parmesan, le sel et le poivre. Ajouter suffisamment de farine pour créer une pâte épaisse. Détacher des morceaux de pâte et façonner des billots d'environ 2 cm de largeur. Couper en petites bûches de 3 cm de longueur. Saupoudrer du reste de farine. Ne pas laisser les gnocchi trop longtemps sur la surface parce qu'ils y adhèreront.
• Faire cuire les gnocchi par petites quantités dans une grande marmite d'eau salée bouillante jusqu'à ce qu'ils montent à la surface, soit 3 à 5 minutes.
• Transférer les gnocchi dans le mélange à la noix de coco à l'aide d'une cuillère à rainures, et mélanger très délicatement. Déposer dans un plat de service, ajouter le reste du beurre fondu (60 g) et saupoudrer de parmesan. Servir chaud.

Donne 6 portions • Prép. : 60 min • Cuisson : 35 à 40 min
• Difficulté : 2

Gnocchi aux herbes

Gnocchi con le erbe

Laver et nettoyer les herbes, puis les faire bouillir dans l'eau salée pendant 5 à 10 minutes, jusqu'à tendreté. Égoutter en comprimant pour éliminer le surplus d'humidité, puis hacher grossièrement. Faire cuire les pommes de terre dans une eau bouillante salée pendant 15 à 20 minutes ou jusqu'à tendreté. Bien égoutter. Utiliser un pilon à pommes de terre ou une fourchette pour les réduire en purée et les étendre sur une surface propre. Laisser tiédir. • Faire sauter les herbes dans l'huile, à feu moyen, pendant 2 minutes. • Saler et poivrer les pommes de terre, et utiliser une fourchette pour incorporer la moitié des herbes, l'œuf et 150 g de farine.
• Détacher des morceaux de pâte de la taille d'une noix de Grenoble et façonner de petits billots. Tremper dans le reste de farine jusqu'à ce qu'ils en soient bien enduits. À feu moyen, faire sauter l'oignon dans le beurre, dans une grande poêle, pendant 5 minutes. Verser le vin et le laisser s'évaporer. • Ajouter l'ail et le reste des herbes, puis cuire pendant 10 minutes.
• Faire cuire les gnocchi par petites quantités dans une grande marmite d'eau salée bouillante jusqu'à ce qu'ils montent à la surface, soit 3 à 5 minutes. • Utiliser une cuillère à rainures pour transférer dans les assiettes de service ; napper de sauce. Saupoudrer de parmesan.

Donne 4 à 6 portions • Préparation : 60 min • Cuisson : 60 min
• Difficulté : 2

- 300 g d'herbes mélangées (préférablement des herbes sauvages, soit l'asperge, la menthe poivrée, la menthe verte, le fenouil amer, le persil et la sauge)
- 1,5 kg de pommes de terre à bouillir/farineuses, pelées et coupées en petits cubes
- 60 ml d'huile d'olive extra vierge
- sel et poivre blanc fraîchement moulu
- 1 gros œuf légèrement battu
- 200 g de farine tout usage
- $\frac{1}{2}$ oignon finement coupé
- 2 cuillères à table de beurre
- 60 ml de vin blanc sec
- 1 gousse d'ail finement hachée
- 6 cuillères à table de parmesan ou pecorino fraîchement râpé

Ravioli aux épinards et au chocolat

RAVIOLI AUX ÉPINARDS ET AU CHOCOLAT
Cialzons

Pour faire les pâtes

- 400 g de farine tout usage
- $\frac{1}{4}$ cuillère à thé de sel
- 2 gros œufs
- 2 cuillères à table de beurre fondu
- 1 cuillère à table d'eau, plus au besoin

Garniture

- $\frac{1}{2}$ oignon moyen finement haché
- 1 cuillère à table de beurre
- 250 g d'épinards cuits, égouttés et finement hachés
- 2 cuillères à table de chocolat mi-sucré/noir finement râpé
- 45 g de raisins secs
- 30 g de miettes de pain de seigle (plus au besoin), vieux d'un jour
- 2 cuillères à table de zeste de citron confit finement haché
- 1 gros œuf
- 1 cuillère à table de persil frais finement haché
- 1 cuillère à thé de sucre
- $\frac{1}{8}$ cuillère à thé de cannelle moulue
- sel et poivre noir fraîchement moulu
- 6 cuillères à table de beurre fondu
- 100 g de ricotta salata fumée finement râpée
- $\frac{1}{8}$ cuillère à thé de sucre

Pour faire les pâtes : tamiser la farine et le sel sur la surface de travail puis creuser un puits au centre. Casser les œufs au centre du puits et incorporer avec le beurre et suffisamment d'eau pour créer une pâte lisse. Pétrir pendant 15 à 20 minutes, jusqu'à ce qu'elle soit élastique. Façonner la pâte en une boule, emballer dans une pellicule plastique et laisser reposer pendant 30 minutes. • Garniture : à feu moyen, faire sauter l'oignon dans le beurre, dans une grande poêle, pendant 5 minutes, jusqu'à ce qu'il ramollisse. • Ajouter les épinards et faire sauter pendant 1 minute. • Retirer du feu et transférer dans un grand bol. • Incorporer le chocolat, les raisins secs, les miettes de pain, le zeste de citron, l'œuf, le persil, le sucre et la cannelle. Saler et poivrer. • Le mélange devrait garder sa forme. S'il semble trop liquide, ajouter davantage de miettes de pain. • Rouler la pâte sur une surface légèrement enfarinée jusqu'à ce qu'elle ait l'épaisseur d'une feuille de papier. Couper en cercles de 8 cm. Déposer deux cuillères à thé de garniture au centre des rondelles. Replier en deux et sceller, puis former une bordure gaufrée. • Cuire les pâtes dans une grande marmite d'eau bouillante salée pendant 3 à 4 minutes, jusqu'à ce qu'elles soient *al dente*. • Utiliser une cuillère à rainures pour transférer dans un bol de service et répartir en couches avec le beurre fondu, la ricotta salata et le sucre.

Donne 4 portions • Prép. : 2 h + 30 min de repos pour la pâte • Cuisson : 15 min • Difficulté : 3

TAGLIATELLE AUX POIS
Tagliatelle coi bisi

À feu moyen, dans une grande poêle, faire sauter l'oignon dans 60 g de beurre pendant environ 10 minutes ou jusqu'à ce qu'il soit amolli et doré. • Ajouter la pancetta ou le bacon et l'ail, puis cuire pendant 3 à 4 minutes, jusqu'à ce que l'ail soit légèrement doré. • Ajouter les pois, saler, poivrer et ajouter le sucre. • Verser l'eau et laisser cuire pendant 15 minutes. • Retirer le couvercle et poursuivre la cuisson pendant environ 10 minutes, jusqu'à ce que la sauce réduise de moitié. • Cuire les pâtes dans une grande marmite d'eau bouillante salée jusqu'à ce qu'elles soient *al dente*. • Égoutter et ajouter à la sauce. Déposer quelques morceaux de beurre et saupoudrer de parmesan et de persil.

Donne 4 portions • Prép. : 20 min • Cuisson : 45 min • Difficulté : 1

- 1 oignon finement haché
- 80 g de beurre
- 60 g de pancetta ou bacon en dés
- 1 gousse d'ail hachée
- 300 g de pois
- sel et poivre blanc fraîchement moulu
- $\frac{1}{8}$ cuillère à thé de sucre
- 500 ml d'eau chaude
- 300 g de tagliatelle
- 30 g de parmesan fraîchement râpé
- 1 cuillère à table de persil frais finement haché

RAVIOLI AUX POMMES DE TERRE ET BETTERAVES
Casonsei

Pour faire les pâtes : tamiser la farine et le sel sur la surface de travail puis creuser un puits au centre. Casser les œufs au centre du puits et intégrer avec suffisamment d'eau pour créer une pâte lisse. Pétrir pendant 15 à 20 minutes, jusqu'à ce qu'elle soit élastique. Façonner une boule, emballer dans une pellicule plastique et laisser reposer pendant 30 minutes. • Garniture aux pommes de terre et betteraves : faire cuire les betteraves dans une eau bouillante salée pendant 20 à 25 minutes, ou jusqu'à tendreté. Laissez refroidir. Faire cuire les pommes de terre dans une eau bouillante salée pendant 15 à 20 minutes ou jusqu'à tendreté. Égoutter et peler les pommes de terre. Transférer dans un grand bol et réduire en une purée lisse. Laisser tiédir. • Peler les betteraves et les hacher grossièrement. Dans une grande poêle, à feu moyen, faire sauter les betteraves dans le beurre, pendant 10 minutes, et les écraser à la fourchette jusqu'à ce qu'elles soient réduites en purée. • Retirer du feu et laisser tiédir. • Mélanger ensemble les betteraves et les pommes de terre. Ajouter l'œuf, le pecorino et les miettes de pain. Saler. • Rouler la pâte sur une surface légèrement enfarinée jusqu'à ce qu'elle soit très fine. Utiliser un emporte-pièce pour couper en rondelles de 6 cm et déposer la garniture au centre. Plier en deux et sceller. • Cuire les pâtes par petites portions dans une grande marmite d'eau bouillante salée pendant 2 à 3 minutes, jusqu'à ce qu'elles soient *al dente*. Napper d'un peu de beurre. Saupoudrer de parmesan et de graines de pavot.

Donne 6 portions • Prép. : 1 h + 30 min de repos pour la pâte • Cuisson : 60 min • Difficulté : 3

Pour faire les pâtes

- 400 g de farine tout usage
- $\frac{1}{4}$ cuillère à thé de sel
- 3 gros œufs
- 60 ml d'eau ou de lait, plus au besoin

Garniture aux pommes de terre et betteraves

- 350 g de pommes de terre pour cuisson au four ou farineuses
- 600 g de betteraves
- 60 g de beurre
- 1 gros œuf
- 60 g de pecorino fraîchement râpé
- 2 cuillères à table de miettes de pain sec
- sel
- 100 g de beurre fondu
- 125 g de parmesan fraîchement râpé
- 2 cuillères à table de graines de pavot

Pâtes fraîches et sauces

SPAGHETTI ET SAUCE AUX FOIES DE POULET

Bigoli con ragù di fegatini

- 400 g de foies de poulet parés
- 125 ml d'eau
- 125 ml de vinaigre de vin blanc
- 60 g de beurre
- 3 cuillères à table d'huile d'olive extra vierge
- 3 feuilles de sauge fraîche finement hachée
- sel et poivre blanc fraîchement moulu
- 180 ml de fond ou de bouillon de poulet
- 500 g de pâtes bigoli fraîches
- 90 g de parmesan fraîchement râpé

Faire tremper le foie de poulet dans l'eau et le vinaigre pendant 15 minutes. Égoutter. • Faire chauffer le beurre et l'huile à feu doux dans une poêle moyenne avec la sauge. • Ajouter le foie de poulet et faire cuire à feu élevé pendant 2 à 3 minutes ou jusqu'à ce qu'il soient bien bruni de toutes parts. Saler et poivrer. • Retirer le foie de poulet et le hacher grossièrement. Remettre le foie de poulet dans la poêle et ajouter le bouillon. Cuire à feu élevé pendant 5 minutes ou jusqu'à ce que la sauce ait réduit de moitié. • Cuire les pâtes dans une grande marmite d'eau bouillante salée jusqu'à ce qu'elles soient *al dente*. • Égoutter et ajouter à la sauce. Saupoudrer de parmesan et servir.

Donne 4 portions • Prép. : 10 min + 15 min de trempage des foies • Cuisson : 25 min • Difficulté : 1

DUMPLING AU FOIE

Canederli di fegato

Faire tremper le pain dans le lait pendant 10 minutes ou jusqu'à ce qu'il ramollisse. Égoutter et écraser pour éliminer le surplus de lait. À feu moyen, faire sauter l'oignon dans le beurre, dans une grande poêle, pendant 10 minutes ou jusqu'à ce qu'il soit amolli et doré. • Ajouter le foie et cuire de 2 à 3 minutes, jusqu'à ce qu'il soit bien bruni. (Il devrait être rose à l'intérieur.) • Ajouter le persil et la marjolaine, saler, poivrer et assaisonner de muscade. Retirer du feu et laisser refroidir. Transférer le mélange dans un grand bol. Incorporer le pain détrempé au mélange de foie avec l'œuf et le zeste de citron. • Passer le mélange au robot culinaire jusqu'à ce qu'il soit finement haché. • Façonner des boulettes de 4 cm. • Amener le bouillon à ébullition dans une grande marmite. Ajouter les dumpling et cuire pendant 6 à 7 minutes, jusqu'à ce qu'ils soient bien cuits. • Déposer à la cuillère dans des bols de service avec le bouillon et saupoudrer de ciboulette.

Donne 4 portions • Prép. : 60 min • Cuisson : 30 min • Difficulté : 2

- 100 g de pain vieux d'un jour émietté
- 100 ml de lait
- ½ oignon finement coupé
- 2 cuillères à table de beurre
- 200 g de foie de veau paré et coupé en gros morceaux
- 1 cuillère à table de persil frais finement haché
- 1 cuillère à table de marjolaine finement hachée
- sel et poivre noir fraîchement moulu
- ⅛ cuillère à thé de muscade fraîchement râpée
- 1 gros œuf
- zeste de ¼ citron

Pour servir
- 1 litre de fond ou bouillon de viande
- 1 cuillère à table de ciboulette finement hachée

Spaghetti et sauce
aux foies de poulet

Pâtes fraîches à la chicorée
et à la saucisse

PÂTES FRAÎCHES À LA CHICORÉE ET À LA SAUCISSE

Mlinci

Pour faire les pâtes : tamiser la farine, la semoule de maïs et le sel sur la surface de travail puis creuser un puits au centre. Casser les œufs dans le puits et bien incorporer pour faire une pâte lisse. Pétrir pendant 15 à 20 minutes, jusqu'à ce qu'elle soit élastique. Façonner la pâte en une boule, emballer dans une pellicule plastique et laisser reposer pendant 30 minutes. • Radicchio – Sauce à la saucisse : pour faire les pâtes : sauce à la chicorée et à la saucisse • À feu doux, faire sauter l'ail dans l'huile, dans une poêle à frire, jusqu'à ce qu'il soit doré de toutes parts, soit pendant environ 3 minutes. • Jeter l'ail. Ajouter la chair des saucisses et faire sauter pendant 3 minutes, jusqu'à ce qu'elle soit grillée de toutes parts. • Ajouter l'oignon et cuire pendant 10 minutes, jusqu'à ce qu'il soit amolli et doré. • Ajouter la chicorée et cuire pendant 3 minutes. • Préchauffer le four à 400 °F / 200 °C. • Rouler la pâte sur une surface légèrement enfarinée jusqu'à ce qu'elle devienne très fine. Couper en rectangles de 8 cm x 4 cm. • Faire griller les pâtes sur une plaque de cuisson pendant 5 minutes, ou jusqu'à ce qu'elles soient dorées. • Cuire les pâtes dans une grande marmite d'eau bouillante salée pendant 2 à 3 minutes, ou jusqu'à ce qu'elles soient al dente. • Égoutter et ajouter à la sauce. Servir chaud.

Donne 6 portions • Prép. : 60 min + 20 min de repos pour la pâte • Cuisson : 30 min • Difficulté : 2

Pour faire les pâtes
• 500 g de farine tout usage
• 75 g de semoule de maïs blanche finement broyée
• ¼ cuillère à thé de sel
• 5 gros œufs

Sauce à la chicorée et à la saucisse
• 1 gousse d'ail légèrement écrasée mais entière
• 60 ml d'huile d'olive extra vierge
• 2 saucisses italiennes, membranes enlevées, émiettées
• ½ oignon finement coupé
• 500 g de chicorée rouge effilochée

TAGLIOLINI À LA CHICORÉE

Tagliolini al radicchio rosso di Treviso

• 1 oignon rouge finement haché
• 100 g de beurre
• 100 g de pancetta ou bacon fumés coupés en tranches fines
• 400 g de chicorée rouge ou chicorée frisée finement effilochée
• sel et poivre noir fraîchement moulu
• 250 ml de vin rouge sec
• 350 g de tagliolini ou tagliatelle aux œufs sèches

Cette recette très simple combine l'amertume de la chicorée et l'arôme fumé de la pancetta. Vous pouvez aussi remplacer la pancetta par de la truite fumée, du speck ou du saumon fumé.

À feu moyen, faire sauter l'oignon dans le beurre, dans une grande poêle, pendant environ 10 minutes ou jusqu'à ce qu'il soit amolli et doré. • Ajouter la pancetta et cuire pendant 5 minutes, jusqu'à ce qu'elle soit croustillante. • Ajouter la chicorée, saler et poivrer. Verser le vin et le laisser s'évaporer. • Cuire les pâtes dans une grande marmite d'eau bouillante salée jusqu'à ce qu'elles soient al dente. • Égoutter et ajouter à la chicorée. Servir chaud.

Donne 4 portions • Prép. : 20 min • Cuisson : 20 min • Difficulté : 1

Pâtes fraîches

LASAGNE AUX GRAINES DE PAVOT

Lasagne da fornel

Pour faire les pâtes

- 200 g de farine de blé dur
- 200 g de farine tout usage
- $1/4$ cuillère à thé de sel
- 2 gros œufs + 1 gros jaune d'œuf
- cuillère à table d'huile d'olive extra vierge
- cuillère à table d'eau, plus au besoin

Garniture

- 2 pommes acidulées, par exemple Granny Smith
- jus de $1/2$ citron
- 50 g de figues sèches grossièrement hachées
- 2 cuillères à table de raisins secs gonflés dans l'eau chaude pendant 1 heure
- 100 g de noix de Grenoble grossièrement coupées
- 150 g de beurre fondu
- $1/2$ cuillère à thé de cannelle moulue
- 50 g de graines de pavot

Pour faire les pâtes : tamiser les farines et le sel sur la surface de travail puis creuser un puits au centre. Mélanger ensemble l'œuf, l'huile et suffisamment d'eau pour créer une pâte souple. Pétrir pendant 15 à 20 minutes, jusqu'à ce qu'elle soit élastique. Façonner une boule, emballer dans une pellicule plastique et laisser reposer pendant 30 minutes. • Garniture : couper une pomme en petits cubes et l'autre en tranches fines. Déposer les cubes et les tranches de pommes dans des bols individuels d'eau et de jus de citron. Laissez reposer pendant 15 minutes. Bien égoutter. •Mélanger ensemble les cubes de pomme, les figues, les raisins et les noix. • Préchauffer le four à 325 °F / 170 °C. • Beurrer un plat de cuisson. • Rouler la pâte sur une surface légèrement enfarinée jusqu'à ce qu'elle ait l'épaisseur d'une feuille de papier. Couper en rectangles de 2 cm x 8 cm. • Cuire les pâtes dans une grande marmite d'eau bouillante salée jusqu'à ce qu'elles soient *al dente*. • Égoutter et ajouter 6 cuillères à table de beurre. • Répartir les pâtes dans le plat avec le mélange aux pommes. • Égoutter les tranches de pomme et les disposer sur les pâtes. • Ajouter le reste du beurre et saupoudrer de graines de pavot et de cannelle. • Faire cuire pendant 25 à 30 minutes ou jusqu'à ce que les pommes ramollissent sans toutefois qu'elles brûlent. • Laisser refroidir pendant 15 minutes avant de servir.

Donne 4 portions • Prép. : 90 min + 30 min de repos pour la pâte • Cuisson : 40 min • Difficulté : 2

SPÄTZELE

L'outil que l'on utilise pour faire des spätzele ressemble à une mandoline, mais on y retrouve des trous au lieu des lames, et un contenant en forme d'entonnoir glissant dessus, pour retenir la pâte. Si vous n'en possédez pas, vous pouvez utiliser un presse-purée. Vous pouvez aussi créer une pâte plus épaisse (en ajoutant plus de farine, soit environ 50 g), puis en coupant la pâte en bandelettes de 5 cm, à l'aide d'un couteau. Vous pouvez ensuite faire cuire les spätzele.

Dans un grand bol, battre les œufs et ajouter la farine, le lait, l'eau et $1/8$ cuillère à thé de sel jusqu'à l'obtention d'une consistance lisse. • Dans une grande casserole, amener l'eau à ébullition et ajouter le sel. • Placer l'outil vous permettant de créer les spätzele au-dessus de la casserole et laisser la pâte tomber directement dans l'eau. • Cuire la pâte pendant 2 minutes, jusqu'à ce qu'elle remonte à la surface. • Égoutter et napper de beurre fondu. Saupoudrer de $1/8$ cuillère à thé de sel et de parmesan.

Donne 4 portions • Prép. : 10 min • Cuisson : 15 min • Difficulté : 2

- 2 gros œufs
- 200 g de farine tout usage
- 100 ml de lait
- 100 ml d'eau
- 2 cuillères à thé de sel
- 80 g de beurre fondu
- 125 g de parmesan fraîchement râpé

FAIRE SA PÂTE MAISON

1. Casser les œufs au centre d'un puits de farine tamisée, sur une planche à pâtisserie en bois.

2. Avec vos mains, commencer à mélanger la farine de l'intérieur du puits avec les œufs.

3. Mélanger ensemble la farine et les œufs pour créer une pâte ferme.

4. Pétrir avec la paume des mains, en roulant la boule de pâte et en la repliant sur elle-même. Pétrir pendant 15 à 20 minutes.

5. La pâte est suffisamment pétrie lorsqu'elle est lisse et sans stries ou feuilletage. La laisser reposer pendant 30 minutes avant de l'utiliser.

Lasagne aux graines de pavot

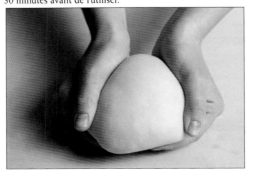

Pâtes au four

Tarte au four à la chicorée

Pasticcio di radicchio rosso di Treviso

- 1 gousse d'ail légèrement écrasée mais entière
- 5 cuillères à table de beurre
- 60 ml d'huile d'olive extra vierge
- 1 oignon finement haché
- 300 g de luganega, ou saucisse de porc italienne très fraîche, émiettée
- 1,5 kg de chicorée rouge finement effilochée
- 150 ml de vin blanc sec
- sel et poivre noir fraîchement moulu
- 250 g de lasagne fraîches
- 1 litre de sauce béchamel (faite avec 6 cuillères à table de beurre, 6 cuillères à table de farine tout usage et 1 litre de lait), en page 10
- 90 g de parmesan fraîchement râpé
- Chicorée effilochée, pour le service

• Préchauffer le four à 400 °F / 200 °C. • Beurrer un grand plat allant au four. À feu doux, faire sauter l'ail dans du beurre, dans une poêle à frire, jusqu'à ce qu'il soit doré de toutes parts, soit pendant 2 à 3 minutes. • Ajouter l'oignon et la saucisse, puis cuire à feu doux pendant 10 minutes. • Jeter l'ail et passer à feu moyen. Faire sauter la chicorée pendant 5 minutes ou jusqu'à ce qu'elle soit légèrement fanée. Verser le vin et le laisser s'évaporer pendant 5 minutes. Saler et poivrer. Couvrir et cuire pendant 15 minutes. • Blanchir les pâtes (voir page 222) dans une eau bouillante salée. • Égoutter et répartir les pâtes en une couche dans le plat allant au four. Saupoudrer d'un quart de chicorée, d'un cinquième de la béchamel et de 2 cuillères à table de parmesan. Continuer jusqu'à ce que tous les ingrédients soient épuisés, et terminer avec une couche de pâtes recouverte de béchamel et de parmesan. • Faire cuire pendant 20 à 25 minutes ou jusqu'à ce que le fromage bouillonne. • Laisser refroidir pendant au moins 30 minutes avant de servir. • Garnir de chicorée crue effilochée.

Donne 6 portions • Prép.: 30 min + 30 min pour refroidir • Cuisson: 60 min • Difficulté: 2

Gnocchi gratinés

Gnocchi gratinati

• Préchauffer le four à 400 °F / 200 °C. • Beurrer un plat de cuisson. Faire cuire les pommes de terre dans une eau bouillante salée pendant 15 à 20 minutes ou jusqu'à tendreté. Égoutter et peler les pommes de terre. Transférer dans un grand bol et utiliser une fourchette ou un pilon à pommes de terre pour réduire en une purée lisse. Laissez refroidir. • Incorporer le beurre, la farine, le parmesan et l'œuf. Saler et poivrer. • Étendre le mélange sur une surface beurrée, à une épaisseur de 1 cm et laisser complètement refroidir. • Incorporer l'emmenthal, la crème et le jaune d'œuf dans la sauce béchamel. Saler, poivrer et assaisonner de muscade. • Couper le mélange à base de pommes de terre en carrés de 3 cm. Disposer les gnocchi dans le plat allant au four en alternant avec la sauce béchamel. Saupoudrer de parmesan. • Faire cuire pendant 15 à 20 minutes ou jusqu'à ce que le fromage bouillonne. • Servir chaud.

Donne 6 portions • Prép.: 30 min • Cuisson: 40 min • Difficulté: 1

- 1 kg de pommes de terre pour cuisson au four ou farineuses
- 100 g de beurre en morceaux
- 200 g de farine tout usage
- 3 cuillères à table de parmesan fraîchement râpé
- 1 gros œuf
- sel et poivre blanc fraîchement moulu
- 60 g d'emmenthal fraîchement râpé
- 60 ml de double crème ou crème épaisse
- 1 gros jaune d'œuf
- 500 ml de sauce béchamel (faite de 2 cuillères à table de beurre, 2 cuillères à table de farine et 500 ml de lait)
- sel et poivre blanc fraîchement moulu
- 1/8 cuillère à thé de muscade fraîchement râpée
- 5 cuillères à table de parmesan fraîchement râpé

ÉMILIE-ROMAGNE

Région d'origine du parmesan et du prosciutto, l'Émilie-Romagne semble merveilleusement avantagée par son abondance de produits de réputation internationale. Les tagliatelle aux épinards au four constituent un plat principal des plus réconfortants, tout comme les tortellini cuits au four dans une pâte. Ferrara est réputée pour ses viandes salaisonnées et son salami. Si vous préférez quelque chose d'encore plus simple, essayez les farfalle dans le bouillon ; un remontant instantané pour les froides journées d'hiver.

Macaronis au four avec jambon
et champignons
(voir page 87)

Soupes

TORTELLINI À LA BOLONAISE

Tortellini bolognesi

- 150 g de porc maigre tranché
- sel
- 100 g de mortadelle (sans pistaches ni poivre)
- 80 g de prosciutto ou jambon de Parme
- 1 gros œufs légèrement battu
- 3 cuillères à table de parmesan fraîchement râpé
- poivre noir fraîchement moulu
- ⅛ cuillère à thé de muscade fraîchement râpée
- Pâte maison faite avec 3 gros œufs et 350 g de farine tout usage (voir page 64)
- 2,5 litres de fond ou bouillon de viande

Faire griller le porc à sec dans une poêle non adhésive. Débuter la cuisson à feu élevé, en retournant les morceaux une fois pour enfermer les jus. Réduire le feu et cuire pendant 4 à 5 minutes, jusqu'à ce qu'ils soient bien cuits. • Retirer du feu, saler et laisser refroidir. • Mélanger le porc, la mortadelle et le prosciutto au robot culinaire jusqu'à ce qu'ils soient finement hachés. • Ajouter la moitié de l'œuf (réserver l'autre moitié pour plus tard) et le parmesan. Saler, poivrer et assaisonner de muscade. Transférer dans un bol et réfrigérer pendant 2 heures. • Façonner des boulettes de 1 cm et réserver. • Rouler la pâte sur une surface légèrement enfarinée. Couper la pâte en carrés de 3,5 cm ou en rondelles de 3,5 cm. Déposer une boule de garniture au centre de chacun. • Sceller la pâte et placer sur une planche de bois ou sur un linge enfariné. • Amener le bouillon à ébullition dans deux casseroles : 680 ml pour la cuisson des tortellini et le reste pour les servir. • Faire cuire les pâtes dans le bouillon pendant 1 à 2 minutes, jusqu'à ce qu'elles soient *al dente*. Égoutter et transférer dans des bols à soupe avec le reste du bouillon.

Donne 6 à 8 portions • Prép. : 60 min + 2 h pour refroidir • Cuisson : 20 min • Difficulté : 3

RAVIOLI STYLE ROMAGNE

Ravioli romagnoli

Vous pouvez aussi garnir de flocons de truffe grise ou d'une sauce tomate toute simple et de parmesan râpé.

Garniture : Fouetter la ricotta, dans un grand bol, jusqu'à l'obtention d'une consistance crémeuse. • Ajouter les œufs et fouetter jusqu'à ce qu'ils soient bien mélangés. • Ajouter le jaune d'œuf, le persil et 90 g de parmesan. Saler, poivrer et assaisonner de muscade. • Rouler la pâte à une épaisseur de 3 mm. • À l'aide d'une roulette à pâtisserie rainurée, couper la pâte en carrés de 8 cm. • Déposer ½ cuillère à thé de mélange à la ricotta un peu à côté du centre de chaque carré, puis refermer pour former un ravioli oblong. Écraser les trois côtés ouverts à la fourchette pour refermer la pâte et décorer. • Cuire les pâtes en petites quantités pendant 3 à 4 minutes, ou jusqu'à ce qu'elles soient *al dente*. • Utiliser une cuillère à rainures pour transférer dans un plat de service, napper de beurre et saupoudrer du reste de parmesan ; continuer de remplir le plat par couches jusqu'à ce que tous les ravioli soient cuits.

Donne 6 portions • Prép. : 2 h • Cuisson : 20 min • Difficulté : 3

Garniture
- 810 g de ricotta filtrée dans un tamis fin
- 2 gros œufs + 1 gros jaune d'œuf
- 2 cuillères à table de persil frais finement haché
- 180 g de parmesan fraîchement râpé
- ⅛ cuillère à thé de muscade fraîchement râpée
- sel et poivre blanc fraîchement moulu
- Un rectangle de pâte maison faite avec 4 œufs et 400 g de farine tout usage (voir page 64)

Pour servir
- 125 g de beurre fondu

FABRIQUER DES CAPPELLETI ET DES TORTELLINI

1. Fabriquer des cappelleti : Étendre des languettes de pâte sur une planche à pâtisserie et utiliser une roulette à pâtisserie pour couper en carrés égaux. Replier en triangles en veillant à ce que les pointes se rejoignent.

2. Joindre les deux pointes de la base du triangle pour fabriquer un cappelleti.

Pour fabriquer des tortellini pointus : plier la pâte en deux. Joindre les deux pointes de la base et la portion repliée.

Pour fabriquer des tortellini arrondis : Reprendre les mêmes étapes pour fabriquer des tortellini arrondis. Disposer les languettes de pâte sur une plaque à pâtisserie et utiliser un emporte-pièce pour découper des rondelles. Ajouter la garniture.

2. Replier la pâte en deux et plier pour lui donner la forme d'un croissant. Replier en deux sur la longueur et joindre les deux extrémités pour créer un anneau.

Tortellini à la bolonaise

Pâtes maison aux haricots

PÂTES MAISON AUX HARICOTS
Maltagliati con i fagioli

- 500 g de haricots frais, tels des borlotti
- 2 litres d'eau froide
- 2 gousses d'ail
- 1 botte de sauge fraîche
- 2 cuillères à table d'huile d'olive extra vierge
- sel

Pour faire les pâtes
- 300 g de farine tout usage
- $1/4$ cuillère à thé de sel
- 3 gros œufs

Sauce
- 2 gousses d'ail finement hachées
- 2 cuillères à table de persil frais finement haché
- 2 cuillères à table d'huile d'olive extra vierge
- 6 tomates fermes et mûres, grossièrement hachées
- sel
- poivre noir fraîchement moulu

Déposer les haricots dans une grande casserole avec l'eau, les 2 gousses d'ail, la sauge et l'huile. Amener à ébullition et laisser mijoter à feu doux pendant 1 heure, jusqu'à ce que les haricots soient tendres. • Saler, égoutter et réserver l'eau. • <u>Pour la préparation des pâtes</u> : creuser un puits au centre de la farine tamisée avec le sel sur une surface plane. Casser les œufs dans le puits et mélanger le tout jusqu'à consistance molle. Pétrir pendant 15 à 20 minutes, jusqu'à ce qu'elle soit bien élastique. Former une boule, envelopper dans une pellicule plastique et laisser reposer pendant 30 minutes. • <u>Sauce</u> : faire revenir l'ail et le persil dans l'huile dans une poêle à feu moyen pendant 2 minutes, jusqu'à ce que l'ail soit doré. • Incorporer les tomates et saler. Cuire à feu moyen pendant 20 minutes. • Ajouter les haricots et quelques cuillères à table d'eau de cuisson. • Rouler la pâte sur une surface légèrement enfarinée jusqu'à ce qu'elle soit très fine et la couper en formes irrégulières. • Cuire les pâtes dans une grande casserole d'eau bouillante salée jusqu'à ce qu'elles soient *al dente*. Égoutter et servir avec la sauce et beaucoup de poivre noir.
Sauce : donne 6 portions • Prép. : 75 min + 30 min de repos pour la pâte • Cuisson : 90 min • Difficulté : 2

CAPPELLETI À LA MODE DE PARME
Cappelletti di Parma o Anolini

<u>Garniture</u> : à feu moyen, pendant 5 minutes, faire revenir le bœuf, l'oignon, la carotte, le céleri, l'ail, le laurier, la sauge et le romarin dans le beurre, dans une casserole, jusqu'à ce que la viande et les légumes soient grillés de toutes parts. Incorporer le mélange de pâte de tomate. Ajouter le persil et assaisonner de sel et de poivre. Couvrir et cuire à feu très doux pendant environ 3 heures. • La viande devrait être suffisamment tendre pour se défaire et la sauce devrait être très épaisse. • <u>Pour la préparation des pâtes</u> : creuser un puits au centre de la farine tamisée avec le sel sur une surface plane. Casser les œufs dans le puits et mélanger le tout jusqu'à consistance molle. Pétrir pendant 15 à 20 minutes, jusqu'à ce qu'elle soit bien élastique. Former une boule, envelopper dans une pellicule plastique et laisser reposer pendant 30 minutes. • Passer le bœuf et la sauce au robot culinaire jusqu'à ce qu'ils soient finement broyés. • Faire revenir le mélange broyé dans une poêle non adhésive, à feu moyen, pendant 1 minute. • Incorporer 2 cuillères à table de miettes de pain. Transférer le mélange dans un grand bol et laisser tiédir. • Incorporer le parmesan, l'œuf, la muscade, le sel, le poivre et les 3 cuillères à table de miettes de pain restantes si le mélange n'est pas assez ferme. • Rouler la pâte sur une surface légèrement enfarinée jusqu'à ce qu'elle ait l'épaisseur d'une feuille de papier. Couper la pâte en carrés de 4 cm et déposer un peu de garniture au centre de chacun. • Les replier un à un pour former des cappelleti (voir page 70). • Faire cuire les pâtes dans le bouillon pendant 3 à 5 minutes, jusqu'à ce qu'elles soient *al dente*. Égoutter et napper de beurre. Saupoudrer de parmesan et servir.
Donne 6 portions • Prép. : 2 h 30 min + 30 min de repos pour la pâte • Cuisson : 3 h 30 • Difficulté : 3

Garniture
- 1 kg de bœuf à ragoût coupé en gros cubes
- 1 oignon finement haché
- 1 carotte finemen coupée
- 1 branche de céleri finement hachée
- 1 gousse d'ail
- $1/2$ feuille de laurier
- 2 bottes de sauge fraîche
- 1 tige de romarin frais
- 2 cuillères à table de beurre en morceaux
- 2 cuillères à table pâte/purée de tomate dissoute dans 150 ml de bouillon ou de fond de bœuf
- 1 cuillère à table de persil frais finement haché
- sel et poivre blanc fraîchement moulu

Pour faire les pâtes
- 300 g de farine tout usage
- $1/4$ cuillère à thé de sel
- 3 gros œufs
- 5 cuillères à table de miettes de pain sec
- 60 g de parmesan fraîchement râpé
- 1 gros œuf
- $1/8$ cuillère à thé de muscade fraîchement râpée
- sel et poivre blanc fraîchement moulu
- 2 litres de fond ou bouillon de viande bouillant
- 100 g de beurre fondu
- 90 g de parmesan fraîchement râpé

Soupes et pâtes fraîches

PÂTES FRAÎCHES À LA SAUCISSE
Giuget

- 100 g de haricots cannellino ou borlotti secs, trempés toute la nuit et égouttés
- 2 litres d'eau froide

Pour faire les pâtes
- 150 g de farine tout usage
- 150 g de semoule de maïs fine
- ¼ cuillère à thé de sel
- 150 ml d'eau, plus au besoin

Sauce
- ½ carotte finement coupée
- ½ tige de céleri coupée en gros morceaux
- ½ oignon finement coupé
- 90 g de pancetta ou bacon en dés
- 2 cuillères à table d'huile d'olive extra vierge
- 1 saucisse italienne émiettée
- sel
- 1 cuillère à table de pâte/purée de tomate
- poivre noir fraîchement moulu

Déposer les haricots dans une grande casserole avec l'eau. Amener à ébullition, couvrir et laisser mijoter à feu doux pendant 1 minute. Égoutter et réserver le liquide de cuisson. • <u>Pour faire les pâtes</u> : pour la préparation des pâtes : Tamiser la farine, la semoule de maïs et le sel sur la surface de travail, puis creuser un puits au centre. Mélanger suffisamment d'eau pour faire une pâte molle. Pétrir pendant 15 à 20 minutes, jusqu'à ce qu'elle soit bien élastique. Former une boule, envelopper dans une pellicule plastique et laisser reposer pendant 30 minutes. • Rouler la pâte à une épaisseur de 3 mm. • À l'aide d'une roulette à pâtisserie rainurée, couper la pâte en carrés de 2 cm. • <u>Sauce</u> : dans une petite poêle, à feu moyen, faire revenir la carotte, le céleri, l'oignon et la pancetta pendant 5 minutes, jusqu'à ce que la pancetta soit croustillante. • Ajouter la saucisse et cuire pendant 2 minutes, jusqu'à ce qu'elle soit bien brunie. Saler et cuire à feu doux pendant 10 minutes. • Incorporer en remuant la purée de tomate et les haricots. Laisser mijoter à feu moyen pendant 5 minutes. • Saler, poivrer et verser le liquide de cuisson réservé des haricots. • Cuire les pâtes dans une grande marmite d'eau bouillante salée pendant 5 minutes, ou jusqu'à ce qu'elles soient *al dente*. • Les égoutter en les gardant humides et ajouter à la sauce qui devrait être légèrement liquide. Servir chaud.

Donne 6 portions • Prép. : 40 min + temps de trempage des haricots + 30 min de repos pour la pâte
• Cuisson : 1 h 40 • Difficulté : 2

PASTINA DANS LE BOUILLON
Malfattini romagnoli

Ces pâtes pour la soupe, que l'on appelle monfettini *ou* grattini *dans certaines régions (ce dernier nom indique que ces pâtes peuvent être gratinées dès qu'elles sont sèches) sont très faciles à réaliser.*

<u>Pour faire les pâtes</u> : tamiser la farine, le sel et la muscade, puis creuser un puits au centre. Casser les œufs dans le puits et mélanger le tout avec le parmesan pour donner un consistance molle à la pâte. Pétrir pendant 15 à 20 minutes, jusqu'à ce qu'elle soit élastique. Former une boule, envelopper dans une pellicule plastique et laisser reposer pendant 10 minutes. • Diviser la pâte en quatre et la rouler à une épaisseur d'environ 2 cm. Laisser sécher sur un linge de cuisine pendant 10 minutes. • Couper la pâte en tranches de formes irrégulières et laisser sécher. Couper finement les tranches jusqu'à ce que les pâtes ressemblent à des grains de riz. • Étendre sur une surface propre et laisser sécher pendant au moins 1 heure, dans une pièce bien aérée. Elles se conservent pendant 4 jours dans un contenant hermétique. • Amener le bouillon à ébullition et faire cuire les pastina jusqu'à ce qu'elles soient *al dente*. Le temps de cuisson dépend du degré de séchage des pâtes. Saupoudrer de parmesan et servir.

Donne 6 portions • Prép. : 60 min + 10 min de repos pour la pâte + 60 min de temps de séchage pour les pâtes
• Cuisson : 15 min • Difficulté : 2

Pour faire les pâtes
- 400 g de farine tout usage
- ¼ cuillère à thé de sel
- ⅛ cuillère à thé de muscade fraîchement râpée
- 3 cuillères à table de parmesan fraîchement râpé
- 4 gros œufs

Pour servir
- 2 litres de fond ou bouillon de viande
- 90 g de parmesan fraîchement râpé

Pâtes fraîches à la saucisse

Émilie-Romagne

Farfalle dans le bouillon

PÂTES FARCIES À LA ROMAGNOLE

Cappelletti di magro romagnoli

Garniture

- 180 ml de fromage crémeux mou
- 180 g de ricotta
- 90 g de parmesan fraîchement râpé
- 2 œufs
- 1/4 cuillère à thé de muscade fraîchement râpée
- 1/8 cuillère à thé de sel

- Un rectangle de pâte maison faite avec 4 gros œufs et 400 g de farine tout usage (voir page 64)

Pour servir

- 1,5 litre de bouillon de viande

Garniture : mélanger ensemble, dans un grand bol, les fromages, les œufs, la muscade et le sel. • Rouler la pâte sur une surface légèrement enfarinée afin d'obtenir une épaisseur de 5 mm. Couper en carrés de 3 cm. • Installer une douille de 5 mm sur une poche à décorer. Remplir la poche à décorer de garniture, torsader l'ouverture de la poche pour la fermer hermétiquement et comprimer la garniture au centre des carrés de pâte. Les replier en triangles et joindre les extrémités pour fabriquer des cappellacci. • Faire cuire les pâtes dans le bouillon pendant 2 à 3 minutes, jusqu'à ce qu'elles soient *al dente*. Servir chaud.

Donne 6 portions • Prép. : 2 h 30 min • Cuisson : 90 min • Difficulté : 3

FARFALLE DANS LE BOUILLON

Strichetti in brodo

Tamiser la farine, le sel et la muscade puis creuser un puits au centre. Casser les œufs dans le puits et mélanger le tout jusqu'à consistance molle. Pétrir pendant 15 à 20 minutes, jusqu'à ce qu'elle soit bien élastique. Former une boule, envelopper dans une pellicule plastique et laisser reposer pendant 10 minutes. • Rouler la pâte jusqu'à l'obtention d'une feuille suffisamment épaisse pour être facilement manipulée. (Si vous utilisez une machine à pâtes, la régler à la troisième plus fine épaisseur.) • Utiliser un taille-ravioli strié pour couper la pâte en rectangles de 1 x 2 cm. À l'aide du pouce et de l'index, pincer les petits rectangles au centre. Laisser les boucles sécher sur une surface en bois enfarinée. • Pendant ce temps, amener le bouillon à ébullition dans une grande marmite. Faire cuire les pâtes dans le bouillon pendant 2 à 3 minutes, jusqu'à ce qu'elles soient *al dente*. • Servir dans des bols individuels ; saupoudrer de parmesan.

Donne 6 portions • Prép. : 60 min + 10 min de repos pour la pâte • Cuisson : 10 min • Difficulté : 2

- 400 g de farine tout usage
- 1/4 cuillère à thé de sel
- 1/8 cuillère à thé de muscade fraîchement râpée
- 4 gros œufs
- 1,5 litre de fond ou bouillon de viande
- 90 g de parmesan fraîchement râpé

Pâtes fraîches

GARGANELLI AUX PETITS POIS

Garganelli con i piselli

- 350 g de saucisse italienne émiettée
- 5 cuillères à table de beurre en morceaux
- 310 ml de lait
- 1/8 cuillère à thé de muscade fraîchement râpée
- 1/2 oignon finement coupé
- 2 cuillères à table d'huile d'olive extra vierge
- 350 g de pois frais ou congelés
- 1/8 cuillère à thé de sucre
- 80 à 180 ml de bouillon ou fond de viande
- sel et poivre blanc fraîchement moulu
- 400 g de garganelli (voir ci-dessous) ou penne frais
- 30 g de parmesan fraîchement râpé

Faire revenir la saucisse dans 4 cuillères à table de beurre, dans une casserole moyenne, sur un feu élevé pendant 5 minutes. • Incorporer le lait et ajouter la muscade. Cuire à feu doux pendant 15 minutes, jusqu'à ce que le lait soit évaporé. Réserver. Faire revenir l'oignon dans l'huile, dans une petite poêle, à feu moyen, pendant 5 minutes, jusqu'à ce qu'il soit amolli. Ajouter les pois et le sucre. • Verser 80 ml de bouillon si les pois sont congelés ; en verser 180 ml si les pois sont frais. Laisser mijoter pendant 5 minutes. Assaisonner de sel et de poivre. • Transférer les pois et la saucisse dans une poêle et faire revenir pendant 1 minute. • Cuire les pâtes dans une grande casserole d'eau bouillante salée jusqu'à ce qu'elles soient *al dente*. • Égoutter, réserver 250 ml d'eau de cuisson. Ajouter les pâtes à la sauce, en ajoutant davantage d'eau de cuisson si le plat est trop sec. • Retirer du feu et déposer la cuillère à table de beurre restante. Saupoudrer de parmesan et servir.

Donne 4 portions • Prép. : 15 min • Cuisson : 40 min • Difficulté : 1

GARGANELLI

Les garganelli sont fabriqués en enrobant de petits carrés de pâte autour d'une tige. Vous pouvez vous procurer cette tige dans tous les magasins d'articles de cuisine. Si vous n'en avez pas, le manche d'une cuillère de bois ou une planche à découper à bordure peuvent être utilisés.

- 400 g de farine tout usage
- 4 gros œufs
- 30 g de parmesan fraîchement râpé
- 1/8 cuillère à thé de muscade fraîchement râpée
- 30 g de parmesan fraîchement râpé (facultatif)

Tamiser la farine sur une surface de travail, puis creuser un puits au centre. Casser les œufs dans le puits et mélanger le tout avec le parmesan et la muscade pour donner une consistance molle à la pâte. Pétrir pendant 15 à 20 minutes, jusqu'à ce qu'elle soit élastique. Former une boule, envelopper dans une pellicule plastique et laisser reposer pendant 30 minutes. • Faire passer la pâte dans une machine à pâtes, au réglage de la deuxième plus large épaisseur. Couper en carrés de 3,5 cm. • Les enrouler, en partant d'un coin, sur l'extrémité de la tige. • Les enrouler en appuyant légèrement. • Les retirer de la tige et les laisser sécher sur un linge de cuisine pendant environ 30 minutes.

Donne 4 portions • Prép. : 60 min + 30 min de repos pour la pâte • Difficulté : 3

TAGLIATELLE MÉLANGÉES AU GORGONZOLA

Paglia e fieno al gorgonzola

- 60 g de beurre coupé en morceaux
- 250 g de gorgonzola doux en petits cubes
- 150 ml de double crème ou crème épaisse (ou lait)
- sel et poivre blanc fraîchement moulu
- 180 g tagliatelle fraîches aux œufs
- 180 g tagliatelle vertes fraîches
- 30 g de parmesan fraîchement râpé (facultatif)

Dans une poêle moyenne, à feu doux, faire fondre le beurre et ajouter le gorgonzola et la crème. Assaisonner de sel et de poivre. Cuire à feu doux en remuant à l'occasion, jusqu'à ce que le fromage soit fondu. • Cuire les deux sortes de pâtes ensemble dans une grande casserole d'eau bouillante salée jusqu'à ce qu'elles soient *al dente*. • Déposer 1 cuillère à table d'eau de cuisson dans chaque bol de service afin de les réchauffer. Jeter l'eau. Égoutter les pâtes et transférer dans les bols de service réchauffés. Ajouter la sauce au gorgonzola en remuant délicatement avec deux fourchettes. Saupoudrer de parmesan, au goût.

Donne 4 portions • Prép. : 10 min • Cuisson : 10 min • Difficulté : 1

GARGANELLI ET SAUCE CRÉMEUSE À LA SAUCISSE

Garganelli con la salsiccia

Faire revenir l'oignon dans 1 cuillère à table de beurre, dans une poêle, à feu doux, pendant environ 10 minutes, soit jusqu'à ce qu'il soit bien amolli et translucide. • Ajouter la saucisse en l'émiettant à la fourchette. Faire revenir à feu élevé pendant 3 minutes, jusqu'à ce qu'elle soit bien brunie. • Incorporer la crème et cuire à feu très doux pendant environ 20 minutes ou jusqu'à ce qu'elle réduise de moitié. Saler, poivrer et assaisonner de muscade. • Cuire les pâtes dans une grande casserole d'eau bouillante salée jusqu'à ce qu'elles soient *al dente*. Égoutter et ajouter à la sauce. Saupoudrer de parmesan et retirer du feu. Déposer la cuillère à table de beurre restante et la laisser fondre sur les pâtes. Servir chaud.

Donne 4 portions • Prép. : 20 min • Cuisson : 40 min • Difficulté : 1

- 1/2 oignon finement coupé
- 2 cuillères à table de beurre en morceaux
- 300 g de saucisse italienne de porc émiettée
- 180 ml de double crème ou crème épaisse
- 1/8 cuillère à thé de muscade fraîchement râpée
- Sel et poivre noir fraîchement moulu
- 350 g de garganelli (voir ci-dessus) ou penne frais
- 30 g de parmesan fraîchement râpé

Sauces et gnocchi

GNOCCHI AUX ÉPINARDS À LA SAUCE TOMATE
Gnocchi verdi

Gnocchi

- 1 kg de pommes de terre pour cuisson au four ou farineuses
- 150 g de farine tout usage
- 100 g de feuilles d'épinards cuites, asséchées et finement hachées
- 3 cuillères à table de parmesan fraîchement râpé
- 1 gros œuf légèrement battu
- 1/8 cuillère à thé de sel

Sauce tomate

- 90 g de pancetta ou de bacon finement tranchés (fines languettes)
- 60 g de beurre coupé en morceaux
- 100 g de tomates prunes pelées, pressées dans une passoire fine
- 150 ml de double crème ou crème épaisse
- sel

Gnocchi: faire cuire les pommes de terre dans une eau bouillante salée pendant 15 à 20 minutes ou jusqu'à tendreté. • Les égoutter, les peler et les réduire en purée à la fourchette ou à l'aide d'un pilon à pommes de terre. Transférer dans un grand bol et intégrer le riz, les épinards, le parmesan, l'œuf et le sel. • Tremper vos mains dans la farine et pétrir le mélange jusqu'à l'obtention d'une pâte lisse. Former des billots de 1,5 cm de diamètre et longs de 3 cm. • Sauce Tomate: Dans une petite poêle, dans du beurre, faire revenir la pancetta à feu doux pendant 5 minutes, jusqu'à ce que le gras devienne translucide. Incorporer les tomates en remuant et cuire à feu doux pendant 10 minutes. • Verser la crème et saler. Retirer du feu. • Faire cuire les gnocchi par petites quantités dans une grande marmite d'eau salée bouillante jusqu'à ce qu'ils montent à la surface, soit pendant 3 à 5 minutes. Utiliser une cuillère à rainures pour transférer dans les assiettes de service. Recouvrir de sauce et servir.

Donne 4 portions • Prép.: 40 min • Cuisson: 40 min • Difficulté: 2

SPIRAL PASTA AVEC SAUCE À LA SAUCISSE
Gramigna con la salsiccia

À feu doux, faire sauter l'oignon dans le beurre, dans une grande poêle, pendant 5 minutes, jusqu'à ce qu'il ramollisse. • Augmenter l'intensité du feu et ajouter la saucisse. Faire revenir à feu vif pendant 10 minutes. • Incorporer le vin, la sauce tomate et le lait. Saler, poivrer et cuire à feu doux pendant environ 20 minutes ou jusqu'à ce que la sauce réduise de moitié. • Cuire les pâtes dans une grande casserole d'eau bouillante salée jusqu'à ce qu'elles soient al dente. Égoutter et ajouter à la sauce. Saupoudrer de parmesan et servir.

Donne 4 portions • Prép.: 15 min • Cuisson: 45 min • Difficulté: 1

- 1 oignon finement haché
- 2 cuillères à table de beurre en morceaux
- 3 grosses saucisses italiennes émiettées
- 60 ml de vin blanc sec
- 60 ml de sauce tomate du commerce ou 1 cuillère à table de pâte/purée de tomate
- 60 ml de lait
- Sel et poivre noir fraîchement moulu
- 350 g de gramigna sèches (pâtes aux œufs, courtes et en spirales)
- 125 g de parmesan fraîchement râpé

Spiral Pasta avec sauce à la saucisse

Gnocchi à la ricotta

GNOCCHI À LA RICOTTA

Gnocchi di ricotta

Gnocchi
- 625 g de ricotta
- 300 g de farine tout usage
- 2 gros œufs + 3 gros jaunes d'œufs
- 150 g de parmesan fraîchement râpé
- sel et poivre blanc fraîchement moulu

Pour servir
- 500 ml de sauce à la viande ligurienne (voir page 17)

Si la ricotta est très molle, l'égoutter dans un tamis fin. • Dans un grand bol, mélanger ensemble la ricotta, la farine, les œufs, les jaunes d'œufs, 90 g de parmesan, le sel et le poivre afin de créer une pâte relativement ferme. Détacher des morceaux de pâte, façonner des billots de 1,5 cm d'épaisseur, sur une planche enfarinée, et couper en morceaux de 3 cm. • Faire cuire les gnocchi par petites quantités dans une grande marmite d'eau salée bouillante jusqu'à ce qu'ils montent à la surface, soit pendant 3 à 5 minutes. • À l'aide d'une cuillère à rainures, les retirer de la marmite et les répartir sur le plat de service. Napper de sauce à la viande. Saupoudrer du reste (60 g) de parmesan et servir.

Donne 6 portions • Prép. : 40 min • Cuisson : 20 min • Difficulté : 2

PÂTES ET SAUCE AUX POIS ET À LA SAUCISSE

Maccheroncini con sugo di piselli e salsiccia

À feu moyen, faire sauter l'oignon dans du beurre, dans une poêle moyenne, pendant 3 minutes, jusqu'à ce qu'il ramollisse. • Incorporer en remuant la sauce tomate et la saucisse. Incorporer la crème en remuant et cuire à feu doux pendant 15 minutes. • Faire revenir l'ail et la sauge dans l'huile, dans une grande poêle, à feu doux, pendant 3 minutes, jusqu'à ce que l'ail devienne doré. • Incorporer les pois, le sucre et l'eau. • Cuire pendant 4 à 8 minutes, jusqu'à ce que les pois soient tendres, en ajoutant plus d'eau au besoin. Saler, poivrer, ajouter le persil et retirer du feu. • Cuire les pâtes dans une grande casserole d'eau bouillante salée jusqu'à ce qu'elles soient *al dente*. Égoutter et ajouter à la sauce. Saupoudrer de parmesan et servir.

Donne 4 portions • Prép. : 30 min • Cuisson : 45 min • Difficulté : 1

- ½ oignon haché
- 1 cuillère à table de beurre
- 1 cuillère à table de sauce tomate non assaisonnée
- 200 g de saucisse italienne émiettée
- 100 ml de double crème ou crème épaisse
- 1 gousse d'ail hachée
- 1 petite botte de sauge fraîche finement hachée
- 2 cuillères à table d'huile d'olive extra vierge
- 250 g de pois frais ou congelés
- ⅛ cuillère à thé de sucre
- 250 ml d'eau chaude, plus au besoin
- Sel et poivre noir fraîchement moulu
- 1 cuillère à table de persil frais finement haché
- 350 g de sedanini ou ditalini
- 30 g de parmesan fraîchement râpé

Pâtes fraîches

ROULEAU AUX ÉPINARDS

Rotolo ripieno

- 500 g d'épinards cuits égouttés
- 125 g de beurre fondu
- 310 g de ricotta
- 125 g de parmesan fraîchement râpé
- sel et poivre blanc fraîchement moulu
- un rectangle de pâte maison (voir page 64) faite avec 300 g de farine tout usage et 3 œufs
- 1 petite botte de sauge

Hacher finement les épinards et les faire revenir dans 7 cuillères à table de beurre, dans une grande poêle, à feu moyen, pendant 2 minutes. • Retirer du feu et laisser refroidir complètement. • Égoutter la ricotta à l'aide d'un tamis fin et incorporer à 90 g de parmesan. Assaisonner de sel et de poivre. • À l'aide d'une large spatule en caoutchouc, répartir le mélange sur le rectangle de pâte en laissant une bordure tout autour. • Rouler et emballer dans un linge de cuisine propre. Attacher chaque extrémité et le centre du rouleau avec de la ficelle de cuisine. • Amener une grande casserole (préférablement une poissonnière) remplie d'eau salée à ébullition. Déposer le rouleau de pâte à l'intérieur et le laisser cuire à feu doux pendant 30 minutes. • Retirer de l'eau et enlever le linge. • Couper en tranches de 1 cm d'épaisseur et disposer sur des assiettes de service. • Dans une petite poêle, faire fondre l'autre cuillère à table de beurre avec la sauge. Jeter la sauge. Verser sur les tranches et saupoudrer du reste (30 g) de parmesan.

Donne 6 portions • Prép. : 60 min • Cuisson : 40 min • Difficulté : 3

CAPPELLACCI À LA CITROUILLE, STYLE FERRARA

Cappellacci di zucca ferraresi

Cappellacci signifie « chapeaux laids ».

Préchauffer le four à 400 °F / 200 °C. • Faire cuire la courge ou citrouille sur une grande plaque de cuisson pendant 40 à 45 minutes ou jusqu'à tendreté. Laisser refroidir. Utiliser une cuillère à table pour détacher la chair de la peau. • Déposer la chair dans une poêle moyenne avec le beurre, et cuire à feu élevé. Cuire en remuant à l'occasion jusqu'à l'obtention d'une purée lisse. Le mélange devrait être relativement sec. En mesurer 500 g et laisser refroidir. Transférer dans un grand bol et y intégrer le parmesan, les œufs, les miettes de pain, la muscade, le sel et le poivre. Recouvrir d'un linge de cuisine et réfrigérer pendant 30 minutes. • Rouler la pâte sur une surface légèrement enfarinée afin d'obtenir une épaisseur de 5 mm. Couper en carrés de 3 cm. • Installer une douille de 5 mm sur une poche à décorer. Remplir la poche à décorer de garniture, torsader l'ouverture de la poche pour la fermer hermétiquement et comprimer la garniture au centre des carrés de pâte. Les replier en triangles et joindre les extrémités pour fabriquer des cappellacci. • Dans une poêle, faire fondre le beurre avec la sauge. Jeter la sauge. • Cuire les pâtes dans une grande marmite d'eau bouillante salée pendant 2 à 3 minutes, ou jusqu'à ce qu'elles soient al dente. • Égoutter et ajouter le beurre fondu aromatisé à la sauge. Saupoudrer de parmesan et servir.

Donne 6 à 8 portions • Prép. : 90 min + 30 min pour refroidir • Cuisson : 90 min • Difficulté : 3

- 2 kg de courge d'hiver ou citrouille coupée en grosses tranches et épépinée
- 60 g de beurre coupé en morceaux
- Pâte maison faite avec 6 gros œufs et 600 g de farine tout usage (voir page 64)
- 90 g de parmesan fraîchement râpé
- 3 gros œufs
- 4 cuillères à table de miettes de pain sec
- 1/8 cuillère à thé de muscade fraîchement râpée
- sel et poivre blanc fraîchement moulu
- 100 g de beurre fondu
- 1 botte de sauge fraîche
- 6 à 8 cuillères à table de parmesan fraîchement râpé

FABRIQUER UN ROULEAU DE PÂTE

1. Rouler un carré de pâte fraîche sur un linge de cuisine sec. Répartir la garniture uniformément en laissant une petite bordure tout autour.

2. À l'aide du linge de cuisine, rouler la pâte.

3. La rouler très serrée pour que le rouleau se tienne bien.

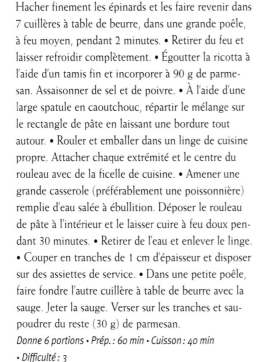

4. Enrober d'un linge de cuisine, puis attacher les extrémités avec de la ficelle de cuisine. Attacher aussi au centre pour préserver la forme.

5. Faire cuire le rouleau dans une poêle oblongue remplie au quart d'eau salée (par exemple une poissonnière) qui peut le contenir confortablement.

6. Une fois cuit, se servir d'un panier à pocher pour retirer le rouleau de l'eau.

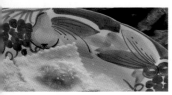

Pâtes au four

TAGLIATELLE AUX ÉPINARDS CUITE AU FOUR
Pasticcio di tagliatelle verdi

- 400 g de tagliatelle aux épinards fraîches du commerce
- 60 g de prosciutto ou jambon de Parme finement haché
- 60 g de beurre coupé en morceaux
- 50 g de champignons séchés, trempés dans l'eau chaude pendant 15 minutes
- sel et poivre blanc fraîchement moulu
- 680 ml de sauce béchamel (faite de 60 g de beurre, de 30 g de farine tout usage et de 680 ml de lait, page 10)
- 30 g de parmesan fraîchement râpé

Préchauffer le four à 375 °F / 190 °C. • Beurrer un plat de cuisson. • Cuire partiellement les tagliatelle, soit la moitié du temps de cuisson indiqué sur l'emballage. Égoutter et rincer à l'eau froide pour interrompre la cuisson. À feu doux, faire sauter le prosciutto dans le beurre, dans une grande poêle, pendant 5 minutes, jusqu'à ce qu'il soit croustillant. Égoutter les champignons, en filtrant l'eau à l'aide d'un filtre à café ou de papier afin d'en retirer le sable. Les hacher grossièrement • Ajouter au prosciutto. Cuire à feu moyen pendant 6 à 7 minutes ou jusqu'à ce que les champignons soient tendres et ajouter l'eau réservée. • Saler et poivrer. • Ajouter les pâtes et incorporer 625 ml de sauce béchamel et 3 cuillères à table de parmesan. • Transférer dans le plat de cuisson préparé et verser sur les 60 ml de sauce béchamel restants. Saupoudrer de la cuillère à table de parmesan qu'il reste. Cuire au four pendant 30 à 35 minutes ou jusqu'à l'obtention d'une couleur dorée. Servir chaud.

Donne 4 portions • Prép. : 20 min • Cuisson : 45 min • Difficulté : 2

TORTELLINI EN CROÛTE AU FOUR
Pasticcio di tortellini

<u>Pâte brisée</u> : tamiser la farine et le sel dans un grand bol. Incorporer le sucre en remuant. • Utiliser un malaxeur à pâtisserie pour séparer le beurre, jusqu'à ce que le mélange soit constitué de grosses miettes. Ajouter suffisamment d'eau froide pour créer une pâte épaisse. Pétrir brièvement et former un disque de pâte. Emballer dans une pellicule plastique et réfrigérer pendant 30 minutes. • <u>La farce</u> : blanchir les tortellini en les cuisant la moitié du temps de cuisson indiqué sur l'emballage. Égoutter et rincer à l'eau froide pour interrompre la cuisson. • Préchauffer le four à 350 °F / 180 °C. • Rouler la pâte et l'utiliser pour recouvrir un moule à charnière (voir les étapes ci-dessous). • Remplir d'un tiers des tortellini, d'un tiers de la sauce béchamel et d'un tiers de la sauce à la viande. Continuer en alternance jusqu'à l'épuisement de tous les ingrédients. Saupoudrer de parmesan. • Former un autre disque avec les retailles de pâte et recouvrir le moule. Cuire pendant de 45 à 50 minutes ou jusqu'à ce que la pâte ait une couleur brun doré. Si la pâte se met à noircir pendant la cuisson, la recouvrir d'un papier d'aluminium. Servir chaud.

Donne 6 portions • Prép. : 30 min + 30 min de refroidissement pour la pâte • Cuisson : 60 min • Difficulté : 3

Pâte brisée
- 500 g de tagliatelle fraîches du commerce
- 500 ml de sauce béchamel (faite de 60 g de beurre, 30 g de farine et 500 ml de lait, (voir page 10)
- 400 g de sauce à la viande ligurienne (voir page 17)
- 90 g de parmesan fraîchement râpé

FABRIQUER UN PLAT EN CROÛTE

1. Utiliser la pâte pour recouvrir les rebords du moule. Laisser la pâte dépasser de 1 cm dans le fond et légèrement par-dessus le rebord.

2. Déposer un disque de 20 cm de pâte au fond du moule.

3. Piquer la pâte en plusieurs endroits avec les dents d'une fourchette.

4. Déposer une couche de tortellini (ou des pâtes de votre choix), de sauce à la viande et de sauce béchamel sur la pâte.

5. Continuer en alternance jusqu'à l'épuisement des ingrédients, et recouvrir de sauce béchamel.

6. Recouvrir d'un disque de pâte sur la sauce béchamel. Replier la pâte qui dépasse du rebord pour créer une bordure décorative.

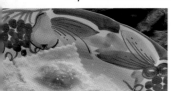

RAVIOLI AU FOUR
Ravioli al forno

Pour faire les pâtes
- 400 g de farine tout usage
- ¼ cuillère à thé de sel
- 4 gros œufs

Garniture
- 600 g de feuilles d'épinards cuites, asséchées et finement hachées
- 60 g de beurre coupé en morceaux
- sel et poivre blanc fraîchement moulu
- ⅛ cuillère à thé de muscade fraîchement râpée
- 1 cuillère à table de farine tout usage
- 60 ml de lait
- 1 gros jaune d'œuf
- 60 g de parmesan fraîchement râpé

Pour servir
- 6 cuillères à table de beurre fondu
- 180 ml de sauce tomate non assaisonnée
- 125 g de parmesan fraîchement râpé

Pour le mélange à pâte : creuser un puits au centre de la farine tamisée avec le sel sur une surface plane. Casser les œufs dans le puits et mélanger le tout jusqu'à consistance molle. Pétrir pendant 15 à 20 minutes, jusqu'à ce qu'elle soit bien élastique. Former une boule, envelopper dans une pellicule plastique et laisser reposer pendant 30 minutes. • La farce : à feu moyen, faire sauter les épinards dans le beurre, dans une poêle moyenne, pendant 2 minutes. Saler, poivrer, assaisonner de muscade et saupoudrer de farine. • Verser le lait et laisser réduire à feu doux pendant 5 à 8 minutes, jusqu'à ce que le mélange soit humide mais qu'il ne contienne plus de liquide. • Retirer du feu, laisser refroidir et incorporer le jaune d'œuf et le parmesan. • Rouler la pâte sur une surface légèrement enfarinée jusqu'à ce qu'elle ait l'épaisseur d'une feuille de papier. Couper en bandelettes de 6 cm de largeur et déposer une petite quantité de garniture près d'une extrémité, soit à environ 2 cm de distance. Replier chaque bande de pâte sur la longueur pour recouvrir la garniture. Refermer en s'assurant de ne laisser aucune poche d'air, puis couper en carrés à l'aide d'un taille-ravioli. Les ravioli devraient être lisses d'un côté et gaufrés sur les trois autres côtés. • Disposer les pâtes sur un linge de cuisine enfariné. • Préchauffer le four à 400 °F / 200 °C. • Beurrer un plat de cuisson. • Cuire les pâtes par petites portions dans une grande marmite d'eau bouillante salée pendant 2 à 3 minutes, jusqu'à ce qu'elles soient *al dente*. • Utiliser une cuillère à rainures pour déposer dans le plat de cuisson préparé, puis alterner avec les ravioli, le beurre fondu, la sauce tomate et le parmesan. • Faire cuire pendant 12 à 15 minutes ou jusqu'à ce que le fromage bouillonne. Servir chaud.
Donne 6 portions • Prép. : 60 min + 30 min de repos pour la pâte • Cuisson : 45 min • Difficulté : 3

MACARONI EN CROÛTE AU FOUR
Pasticcio di maccheroni

Sortir une assiette à tarte à charnière de 23 cm. • Pâte brisée : tamiser la farine et le sel dans un grand bol. Incorporer le sucre en remuant. • Utiliser un malaxeur à pâtisserie pour séparer le beurre, jusqu'à ce que le mélange soit grumeleux. • Incorporer les jaunes d'œufs et le brandy pour former une pâte ferme, en ajoutant de l'eau au besoin. • Former un disque de pâte, l'emballer dans une pellicule plastique et réfrigérer pendant 30 minutes • Sauce : dans une poêle moyenne, à feu moyen, chauffer l'huile, le laurier, la sauge et l'ail pendant 3 minutes, jusqu'à ce que l'ail soit légèrement doré. Jeter l'ail. • Augmenter l'intensité du feu et faire revenir le pigeon pendant 2 minutes, jusqu'à ce qu'il soit grillé de toutes parts. • Verser le vin, ajouter les champignons et cuire jusqu'à ce que le vin se soit évaporé. • Incorporer les tomates et 60 ml de bouillon. Saler, poivrer et assaisonner de muscade. • Couvrir et cuire à feu moyen jusqu'à ce que la viande soit tendre, en ajoutant du bouillon si la sauce commence à réduire. • Déposer le pigeon sur une planche à découper et le laisser refroidir complètement. Retirer les gros os et redéposer la volaille dans la poêle. • Blanchir les pâtes la moitié du temps de cuisson prévu sur l'emballage dans une eau bouillante salée. Égoutter et rincer à l'eau froide pour interrompre la cuisson. • Ajouter le mélange de la sauce et incorporer le parmesan et le beurre. • Rouler les deux tiers de la pâte sur une surface légèrement enfarinée afin d'obtenir une épaisseur de 5 mm. Recouvrir l'assiette à tarte de pâte en la laissant dépasser sur le rebord. • Remplir des pâtes et du mélange de sauce jusqu'au bord. • Rouler le reste de pâte pour former un disque du même diamètre que l'assiette et la recouvrir. • Badigeonner la pâte d'œuf, découper le surplus de pâte et replier la pâte du rebord sur le dessus. Réaliser une finition décorative avec le pouce et l'index. • Piquer la pâte à la fourchette et garnir des retailles de pâte. Cuire pendant de 45 à 50 minutes ou jusqu'à ce que la pâte ait une couleur brun doré. Si la pâte se met à noircir pendant la cuisson, la recouvrir d'un papier d'aluminium. Servir chaud
Donne 6 à 8 portions • Prép. : 2 h + 30 min de refroidissement pour la pâte • Cuisson : 90 min • Difficulté : 3

Pâte brisée
- 500 g de farine tout usage
- ½ cuillère à thé de sel
- 100 g de sucre granulé
- 250 g de beurre coupé en morceaux
- 2 gros jaunes d'œufs
- 2 cuillères à table de brandy
- 1–2 cuillères à table d'eau froide (facultatif)

Sauce
- 5 cuillères à table d'huile d'olive extra vierge
- 1 feuille de laurier
- 1 tige de sauge fraîche hachée
- 1 gousse d'ail
- 3 pigeons ou cailles de 125 g chacun, nettoyés et coupés en quartiers
- 6 cuillères à table de vin rouge sec
- 30 g de champignons porcini séchés, trempés dans l'eau chaude pendant 15 minutes et grossièrement hachés
- 100 g de tomates prunes pelées, pressées dans une passoire fine
- 100 ml de fond ou bouillon de viande
- ⅛ cuillère à thé de muscade fraîchement râpée
- sel et poivre blanc fraîchement moulu
- 400 g de petits macaroni secs
- 90 g de parmesan fraîchement râpé
- 60 g de beurre coupé en morceaux
- 1 gros œuf légèrement battu

Macaroni au four à la mortadelle

MACARONI AU FOUR À LA MORTADELLE

Maccheroni alla mortadella

- 200 g de mortadelle en petits cubes
- 60 g de fromage suisse, par exemple du gruyère, en petits cubes
- 200 ml de double crème ou crème épaisse
- 90 g de parmesan fraîchement râpé
- 350 g de pâtes en tubes (comme des rigatoni)
- Sel et poivre noir fraîchement moulu

• Préchauffer le four à 400 °F / 200 °C. • Beurrer un plat de cuisson. • Mélanger la mortadelle et le fromage avec la crème et 30 g de parmesan, dans un grand bol. • Dans une grande casserole d'eau bouillante salée, cuire les pâtes la moitié du temps indiqué sur l'emballage. Égoutter et déposer dans le bol. Assaisonner de sel et de poivre. Bien mélanger et déposer dans le plat préparé. Saupoudrer du reste (60 g) de parmesan. • Cuire pendant 15 à 20 minutes ou jusqu'à ce qu'une croûte dorée se forme en surface. Servir chaud.

Donne 4 portions • Prép.: 10 min • Cuisson: 30 min • Difficulté: 1

MACARONI AU FOUR AVEC JAMBON ET CHAMPIGNONS

Maccheroni al prosciutto gratinati

• Préchauffer le four à 400 °F / 200 °C. • Beurrer un grand plat allant au four. • Incorporer 30 g de parmesan à la sauce béchamel. Faire revenir les champignons dans 2 cuillères à table de beurre, dans une poêle, à feu élevé, pendant environ 2 minutes, soit jusqu'à ce qu'ils soient légèrement dorés. • Ajouter le jambon et cuire pendant 3 minutes, jusqu'à ce qu'il soit croustillant. • Cuire les pâtes dans une grande casserole d'eau bouillante salée jusqu'à ce qu'elles soient *al dente*. • Égoutter et répartir la moitié des pâtes en une couche dans le plat allant au four. Ajouter la moitié des champignons et du jambon. Napper de la moitié de la sauce béchamel. Faire une deuxième couche de pâtes, de champignons, de jambon et de sauce béchamel. Saupoudrer de 30 g de parmesan et ajouter les 2 cuillères à table de beurre restantes. Cuire pendant 12 à 15 minutes, ou jusqu'à ce que le fromage bouillonne et que la surface soit d'une couleur brun doré. Servir chaud.

Donne 6 portions • Prép.: 30 min • Cuisson: 60 min • Difficulté: 2

- 60 g de parmesan fraîchement râpé
- 500 ml de sauce béchamel (faite de 3 cuillères à table de beurre, 3 cuillères à table de farine et 500 ml de lait, en page 10)
- 150 g de champignons blancs finement tranchés
- 60 g de beurre défait en flocons
- 90 g de jambon en dés
- 500 g de pâtes sèches (comme des rigatoni)
- 150 g de prosciutto ou jambon de Parme, coupé en tranches minces

GNOCCHI AUX POMMES DE TERRE AVEC TOMATES ET PARMESAN

Gnocchi di patate alla Parmigiana

- 2 cuillères à table de beurre, coupé en morceaux
- 500 g tomates mûres et fermes, pelées et grossièrement coupées
- 1 gousse d'ail légèrement écrasée mais entière
- 1/2 oignon rouge finement tranché
- sel
- Gnocchi striés fabriqués avec 1 kg de pommes de terre (voir page 130)
- 90 g de fromage parmesan fraîchement râpé

Préchauffer le four à 400 °F / 200 °C. • Faire fondre le beurre à feu moyen dans une casserole de format moyen. Ajouter les tomates, l'ail, l'oignon et le sel. Couvrir et cuire pendant 10 minutes, ou jusqu'à ce que les tomates se défassent. Découvrir et laisser réduire pendant une minute. Retirer du feu et passer les tomates au robot culinaire ou au mélangeur jusqu'à ce qu'elles soient réduites en purée. • Faire cuire les gnocchi par petites quantités dans une grande marmite d'eau salée bouillante jusqu'à ce qu'ils montent à la surface. Utiliser une cuillère à rainures pour transférer dans un plat de service. Napper de la moitié de la sauce et saupoudrer de la moitié de parmesan. Réaliser une deuxième couche de gnocchi, sauce et parmesan. • Faire cuire pendant 12 à 15 minutes ou jusqu'à ce que le fromage bouillonne. • Servir chaud.

Donne 4 à 6 portions • Prép.: 30 min • Cuisson: 30 min • Difficulté: 1

Pâtes au four

LASAGNE STYLE FERRARA
Lasagne alla ferrarese

Pour faire les pâtes

- 300 g de farine tout usage
- $\frac{1}{4}$ cuillère à thé de sel
- 3 gros œufs

Sauce à la viande

- 150 g de prosciutto ou jambon de Parme haché
- 1 oignon haché
- 1 tige de céleri finement hachée
- 1 carotte finement coupée
- 250 g de bœuf haché
- 100 ml de vin blanc sec
- 150 g de tomates concassées
- 125 ml de fond ou bouillon de viande, plus au besoin
- Sel et poivre noir fraîchement moulu
- 500 ml de sauce béchamel (faite de 3 cuillères à table de beurre, 3 cuillères à table de farine et 500 ml de lait, en page 10)
- 90 g de parmesan fraîchement râpé

Pour faire les pâtes : creuser un puits au centre de la farine tamisée ave le sel sur une surface plane. Casser les œufs dans le puits et bien incorporer pour faire une pâte. Pétrir pendant 15 à 20 minutes, jusqu'à ce qu'elle soit élastique. Former une boule, envelopper dans une pellicule plastique et laisser reposer pendant 30 minutes. • Rouler la pâte sur une surface légèrement enfarinée jusqu'à ce qu'elle ait l'épaisseur d'une feuille de papier. Couper en rectangles de 15 par 20 cm. Blanchir les pâtes et déposer sur un linge de cuisine humide (voir page 222). • Sauce à la viande : dans une grande poêle, dans du beurre, faire revenir le prosciutto, l'oignon, le céleri et la carotte à feu moyen pendant 2 minutes, jusqu'à ce qu'ils brunissent. • Ajouter le bœuf et cuire de 2 à 3 minutes, jusqu'à ce qu'il soit bien bruni. Verser le vin et laisser évaporer. • Incorporer les tomates et 125 ml de bouillon. Saler, couvrir et cuire à feu doux pendant environ 2 heures, en ajoutant du bouillon au besoin. Assaisonner de sel et de poivre. • Préchauffer le four à 400 °F / 200 °C. • Beurrer un plat de cuisson. • Disposer quatre couches de pâtes dans le plat préparé, en alternant avec la sauce à la viande, la sauce béchamel et le parmesan. • Faire cuire de 20 à 25 minutes, ou jusqu'à ce que le mélange bouillonne. Servir chaud.

Donne 6 portions • Prép.: 60 min + 30 min de repos pour la pâte • Cuisson: 3 h • Difficulté: 2

LASAGNE BOLOGNAISES
Lasagne alla bolognese

- Pâte maison faite avec 3 gros œufs et 300 g de farine tout usage (voir page 64)
- 500 ml de sauce à la viande ligurienne (voir page 17)
- 1 litre de sauce béchamel (voir page 10)
- 80 g de parmesan fraîchement râpé

Préchauffer le four à 400 °F / 200 °C. • Beurrer un plat de cuisson. • Rouler la pâte sur une surface légèrement enfarinée jusqu'à ce qu'elle ait l'épaisseur d'une feuille de papier. Couper la pâte en rectangles de 15 cm x 20 cm. Blanchir la pâte et disposer sur un linge humide (voir page 222). • Disposer quatre couches de pâtes dans le plat préparé, en alternant avec la sauce à la viande, la sauce béchamel et le parmesan. • Faire cuire pendant 20 à 25 minutes ou jusqu'à ce que le fromage bouillonne. Laisser reposer pendant 30 minutes.

Donne 6 portions • Prép.: 20 min • Cuisson: 20 à 25 min • Difficulté: 2

CANNELLONI AU FOUR
Cannelloni ripieni di carne

Pour faire les pâtes : creuser un puits au centre de la farine tamisée avec le sel sur une surface plane. Casser les œufs au centre du puits et incorporer pour créer une pâte lisse. Pétrir pendant 15 à 20 minutes jusqu'à ce que la pâte soit élastique. Façonner la pâte en une boule, emballer dans une pellicule plastique et laisser reposer pendant 30 minutes. Rouler la pâte et la couper en rectangles de 10 x 18 cm. • Blanchir les pâtes dans une eau bouillante salée avec l'huile. Égoutter et disposer sur un linge humide (voir page 222). • Garniture : à feu doux, faire sauter l'oignon dans le beurre, dans une petite poêle, pendant 5 minutes, jusqu'à ce qu'il soit translucide. • Augmenter l'intensité et ajouter le veau, le jambon et le poulet, puis poursuivre la cuisson pendant 5 minutes, jusqu'à ce que le tout soit bien bruni. • Verser le vin et le laisser s'évaporer. • Verser le bouillon, saler et poivrer. Utiliser une cuillère à rainures pour éliminer tout résidu qui pourrait commencer à coller au fond de la poêle. • Ajouter les 3 cuillères à table de sauce béchamel et cuire pendant 15 minutes, en remuant souvent. • Retirer du feu et laisser tiédir. • Préchauffer le four à 400 °F / 200 °C. • Beurrer un plat de cuisson. • Passer la garniture au robot culinaire ou au mélangeur jusqu'à ce qu'elle soit finement hachée. • Incorporer l'œuf, le parmesan et la muscade. • Déposer une petite quantité de garniture sur les rectangles de pâte et les rouler. • Disposer les cannelloni en une seule couche dans le plat de cuisson préparé. Napper de sauce béchamel, de sauce à la viande et d'un peu de beurre. Cuire pendant 15 à 20 minutes, ou jusqu'à ce que la sauce bouillonne. Laisser reposer pendant environ 10 minutes avant de servir.

Donne 6 portions • Prép.: 2 h + 30 min de repos pour la pâte • Cuisson: 60 min • Difficulté: 3

Pour faire les pâtes

- 400 g de farine tout usage
- $\frac{1}{4}$ cuillère à thé de sel
- 4 gros œufs
- 2 cuillères à table d'huile d'olive extra vierge

Garniture

- $\frac{1}{2}$ oignon finement coupé
- 6 cuillères à table de beurre en morceaux
- 300 g de veau ou de bœuf haché maigre
- 90 g de jambon finement haché
- 90 g de poitrine de poulet hachée
- 6 cuillères à table de vin blanc sec
- 6 cuillères à table de bouillon ou fond de viande
- sel et poivre blanc fraîchement moulu
- 3 cuillères à table de sauce béchamel (voir page 10)
- 1 gros œuf
- 30 g de parmesan fraîchement râpé
- $\frac{1}{8}$ cuillère à thé de muscade fraîchement râpée

Sauces

- 650 ml de sauce béchamel (voir page 10)
- 310 ml de sauce à la viande ligurienne (voir page 17)
- 60 g de beurre défait en flocons

TOSCANE

Les pici (spaghetti roulés inégalement et séchés), la pâte locale du sud de Sienne, sont à leur meilleur avec une sauce à l'ail. Pendant les mois d'hiver, les Toscans aiment savourer des soupes consistantes à base de pâtes et de légumes. Les tortelli aux pommes de terre font partie des plats favoris à *Mugello*, dans le Nord de la Toscane. Une tradition veut qu'à Florence, entre la fête de Saint-Laurent (le 10 août) et la Fête de l'Assomption de la Vierge Marie (15 août), on prépare des lasagne. Celles-ci pourront même être agrémentées de poivrons ou d'une sauce à la volaille.

Sauce aux champignons
et à la saucisse
(voir page 95)

Soupes

SOUPE TOSCANE AUX POIS CHICHES
Pasta e ceci

- 160 g de pois chiches secs, trempés toute la nuit et égouttés
- 2 litres d'eau froide
- 4 gousses d'ail légèrement écrasées, mais entières
- 2 brins de romarin frais
- sel
- 6 cuillères à table d'huile d'olive extra vierge
- 60 g de pâte/purée de tomate
- 250 ml de fond ou bouillon de bœuf bouillant (facultatif)
- 250 g de pâtes sèches courtes pour la soupe
- poivre noir fraîchement moulu

Mettre les pois dans une grande casserole avec l'eau. Ajouter 2 gousses d'ail et 1 tige de romarin. Couvrir partiellement et laisser mijoter pendant 1 heure ou jusqu'à ce que les pois soient très tendres. Saler et retirer du feu. • Égoutter, réserver l'eau, puis jeter l'ail et le romarin. • Réduire en purée les trois quarts des pois chiches au robot culinaire, et réserver le quart restant. • Dans une grande casserole, à feu doux, faire revenir les 2 autres gousses d'ail et la tige de romarin dans 3 cuillères à table d'huile, pendant 2 minutes, jusqu'à ce que l'ail soit légèrement doré. • Jeter l'ail. Ajouter en remuant la pâte de tomate et faire cuire à feu moyen pendant 2 minutes. • Ajouter les pois réduits en purée et entiers au liquide de cuisson réservé puis amener à ébullition. Si la soupe est très épaisse, la diluer avec un peu de bouillon chaud. • Ajouter les pâtes et poursuivre la cuisson pour obtenir des pâtes *al dente*. Saler et poivrer. Napper de 3 cuillères à table d'huile, jeter le romarin et servir.

Donne 4 portions • Prép.: 20 min + temps de trempage des pois chiches • Cuisson: 75 min • Difficulté: 1

SOUPE AUX PÂTES ET POMMES DE TERRE
Minestra di patate

Déposer les pommes de terre, les haricots, la tomate, le poireau, le céleri, la sauge, le thym et le persil dans une grande casserole avec l'huile et le sel. Verser l'eau et amener à ébullition à feu doux. Laisser mijoter pendant 45 minutes. • Passer la soupe au moulin, au mélangeur ou au robot. Si elle semble trop dense, la diluer avec de l'eau bouillante. Verser la soupe dans la casserole, amener à ébullition, ajouter les pâtes et faire cuire jusqu'à ce qu'elles soient *al dente*. Assaisonner de poivre et de parmesan.

Donne 4 à 6 portions • Prép.: 20 min • Cuisson: 75 min
• Difficulté: 1

- 600 g de pommes de terre cireuses, pelées et découpées en cubes.
- 100 g de haricots frais, par exemple des cannellini
- 1 tomate ferme et mûre, pelée et grossièrement hachée
- 1 blanc d'un poireau finement haché
- 1 tige de céleri finement coupée
- 2 tiges de sauge fraîche hachées
- 1 tige de thym hachée
- 1 petite botte de persil finement hachée
- 3 cuillères à table d'huile d'olive extra vierge
- $1/8$ cuillère à thé de sel
- 2 litres d'eau, et de l'eau bouillante au besoin
- 200 g de ditali secs et striés
- poivre noir fraîchement moulu
- 5 cuillères à table de parmesan fraîchement râpé

Pâtes pour la soupe

Les pastine (pâte pour la soupe) sont offertes en une myriade de formes et de tailles-ditalini (tubes illustrés à droite), stelline (étoiles) et farfalline (boucles). Ces petites pâtes ont été créées au Moyen-Âge aux abords de la Méditerranée, dans la région sous domination arabe, s'étendant de la Sicile à l'Andalousie en Espagne. En Toscane, les ditalini sont présents dans les soupes hivernales aux haricots, mais il est aussi fréquent de servir une soupe dans un bouillon ou un fond clair et très savoureux.

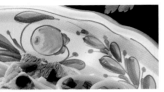

Sauces

Spaghetti maison à l'ail

Pici all'aglione

Pour faire les pâtes

- 500 g de farine tout usage
- ¼ cuillère à thé de sel
- 1 gros œuf légèrement battu
- 1 cuillère à table d'eau, plus au besoin

Sauce à l'ail

- 8 à 10 gousses d'ail légèrement écrasées mais entières
- 5 cuillères à table d'huile d'olive extra vierge
- 1 kg de tomates pelées, épépinées et finement hachées
- ⅛ cuillère à thé de piment de Cayenne sec, émietté
- sel

Les ingrédients de cette pâte pour pici ne sont pas tout à fait traditionnels, mais ils constituent pourtant une version très utilisée. Cette sauce à l'ail, par contre, est la plus traditionnelle qui soit pour ces types de pici.

Pour faire les pâtes : creuser un puits au centre de la farine tamisée avec le sel sur une surface plane. Incorporer la moitié de l'œuf (réserver l'autre moitié pour un autre usage) et suffisamment d'eau pour faire une pâte relativement collante. Pétrir pendant 15 à 20 minutes, jusqu'à ce qu'elle soit lisse. • Rouler la pâte sur une surface légèrement enfarinée afin d'obtenir une épaisseur de 1 cm. Couvrir d'un linge humide et laisser reposer pendant 30 minutes. • Déchirer des languettes de pâte, tirant sur les languettes jusqu'à ce qu'elles aient la largeur d'un gros spaghetti. Former des nids et les laisser sécher sur un linge enfariné pendant environ 30 minutes, jusqu'au moment de la cuisson. • Sauce à l'ail : à feu doux, faire sauter l'ail dans l'huile, dans une grande poêle, pendant 2 minutes, jusqu'à ce qu'il soit doré. • Ajouter l'ail, le piment et saler. • Faire mijoter à feu doux pendant 40 minutes ou jusqu'à ce que l'ail soit presque fondu. Saler.
• Cuire la pâte dans une grande casserole d'eau bouillante salée pendant 4 à 5 minutes, selon le diamètre, jusqu'à ce qu'elle soit *al dente*. • Égoutter et ajouter à la sauce. Servir immédiatement.

Donne 4 à 6 portions • Prép. : 1 h + 30 min de repos pour la pâte • Cuisson : 60 min • Difficulté : 3

Spaghetti maison à l'ail

TAGLIOLINI AU MULET

Tagliolini con sugo di triglia

- 2 gousses d'ail finement hachées
- 1 cuillère à table de persil frais finement haché
- 60 ml d'huile d'olive extra vierge
- 100 ml de vin blanc sec, plus au besoin
- 500 g de mulet nettoyé, en filets et coupé en gros morceaux
- 12 tomates cerises finement tranchées
- sel
- ⅛ cuillère à thé de piment de Cayenne sec, émietté
- 300 g de taglioni frais aux œufs du commerce

Demander au préposé de la poissonnerie de nettoyer le poisson et d'en faire des filets.

- Faire revenir l'ail et le persil dans l'huile, dans une grande poêle, à feu doux, pendant 2 minutes, jusqu'à ce que l'ail devienne doré. Verser l'huile et ajouter le poisson et les tomates. Saler et assaisonner de piment de Cayenne. Faire cuire pendant 10 minutes. • Faire cuire les pâtes dans une grande marmite d'eau bouillante salée jusqu'à ce qu'elles soient *al dente*. • Égoutter, réserver un peu d'eau de cuisson. Ajouter l'eau pour diluer la sauce, au besoin. Servir chaud.

Donne 4 portions • Prép.: 30 min • Cuisson: 20 min • Difficulté: 1

PÂTES À LA SAUCE AUX CHAMPIGNONS ET SAUCISSE

Sugo di funghi e salsiccia

Cette sauce est aussi excellente lorsque servie avec de la polenta.

Faire revenir l'oignon dans l'huile dans une grande poêle, à feu moyen, pendant 3 minutes, jusqu'à ce qu'il ramollisse. • Ajouter la saucisse et faire revenir à feu élevé pendant 2 minutes ou jusqu'à ce qu'elle soit bien brunie de toutes parts. Égoutter les champignons, en filtrant l'eau à l'aide d'un filtre à café ou d'un papier afin d'en retirer le sable. Les hacher grossièrement • Ajouter l'ail et les champignons hachés, ainsi que leur liquide. Verser le vin et le laisser s'évaporer. • Incorporer les champignons frais, le thym, saler et poivrer. Couvrir et cuire pendant 30 minutes, en ajoutant du bouillon si la sauce commence à trop épaissir. Retirer le thym. • Faire cuire les pâtes dans une grande marmite d'eau bouillante salée jusqu'à ce qu'elles soient *al dente*. • Égoutter et ajouter à la sauce. Parsemer de persil et servir.

Donne 4 portions • Prép.: 45 min + 15 min de trempage pour les champignons • Cuisson: 45 min • Difficulté: 1

- 1 petit oignon rouge finement haché
- 60 ml d'huile d'olive extra vierge
- 2 saucisses italiennes d'environ 150 g coupées en gros morceaux
- 2 gousses d'ail finement hachées
- 30 g de champignons porcini séchés, trempés dans l'eau chaude pendant 15 minutes, égouttés et finement coupés
- 125 ml de vin rouge sec
- 500 g de champignons rincés et finement hachés
- 1 tige de thym frais
- sel et poivre noir fraîchement moulu
- 60 ml de bouillon ou fond de viande (facultatif)
- 350 g de pâtes, par exemple des tagliatelle aux œufs sèches ou des pâtes courtes à base de semoule
- 1 cuillère à table de persil frais finement haché

Tagliolini au mulet

Pâtes longues à la sauce au basilic et noix

PAPPARDELLE ET SAUCE AU CANARD
Pappardelle al sugo di anatra

- 1 oignon rouge haché
- 1 feuille de laurier
- 1 bouquet de sauge haché
- ½ carotte hachée
- 1 cuillère à table de persil frais finement haché
- 2 feuilles de céleri finement coupées (facultatif)
- 90 g de jambon haché
- 5 cuillères à table d'huile d'olive extra vierge
- 1 canard (d'environ 1,5 kg), nettoyé et coupé en quarts
- 150 ml de vin rouge
- 500 g de tomates fermes et mûres, hachées
- sel et poivre noir fraîchement moulu
- 180 ml de fond ou bouillon de viande
- 500 g de pappardelle fraîches du commerce
- 125 g de parmesan fraîchement râpé

Faire revenir l'oignon, le laurier, la sauge, la carotte, le persil, les feuilles de céleri (le cas échéant) et le jambon dans une casserole à feu doux pendant 15 minutes. Ajouter le canard et cuire à feu élevé pendant 10 minutes. • Verser le vin et faire cuire pendant 15 minutes de plus. • Ajouter en remuant les tomates, saler et poivrer. • Verser le bouillon, couvrir et laisser cuire pendant 1 heure. • Désosser le canard et couper la viande en petits morceaux. Remettre la volaille dans la sauce et laisser mijoter pendant environ 15 minutes. • Faire cuire les pâtes dans une grande marmite d'eau bouillante salée jusqu'à ce qu'elles soient *al dente*. • Égoutter et ajouter à la sauce. Saupoudrer de parmesan et servir.

Donne 6 à 8 portions • Prép. : 30 min • Cuisson : 2 h • Difficulté : 3

GNOCCHI À LA TOSCANE
Topini

Les topini sont excellents lorsque servis avec une sauce à la viande, un pesto ou une sauce tomate. Pour créer un plat simple, napper de beurre aromatisé à la sauge.

Faire cuire les pommes de terre dans une eau bouillante salée pendant 15 à 20 minutes ou jusqu'à tendreté. • Les peler et les réduire en purée à la fourchette ou à l'aide d'un pilon à pommes de terre. • Étendre les pommes de terre en purée sur une surface propre, saler et laisser tiédir. • Incorporer la farine, l'œuf, le parmesan, puis saler et poivrer. Pétrir jusqu'à l'obtention d'une pâte lisse. • Effectuer une cuisson d'essai en déchirant un petit morceau de pâte, en l'enfarinant et en le déposant dans l'eau bouillante. S'il se défait pendant la cuisson, ajouter davantage de farine à la pâte. Former des billots de 1,5 cm de diamètre et longs de 3 cm. Enfariner • Faire cuire les gnocchi par petites quantités dans une grande marmite d'eau salée bouillante jusqu'à ce qu'ils montent à la surface, soit pendant 3 à 5 minutes. Utiliser une cuillère à rainures pour transférer dans les assiettes de service. Saler, poivrer et servir.

Donne 4 portions • Prép. : 40 min • Cuisson : 40 min • Difficulté : 2

- 1 kg de pommes de terre pour cuisson au four ou farineuses
- 200 g de farine tout usage
- 1 gros œuf
- 2 cuillères à table de parmesan fraîchement râpé
- sel et poivre blanc fraîchement moulu

PÂTES LONGUES À LA SAUCE AU BASILIC ET NOIX
Pastasciutta alla fornaia

Cette sauce est parfois aussi appelée pesto de Toscane, alors que dans d'autres régions, alla fornaia se rapporte à une fausse sauce ragù, c'est-à-dire une sauce à la viande sans viande.

Broyer le basilic avec les noix à l'aide d'un pilon et d'un mortier, ou les hacher finement au robot. • Transférer dans un bol de service et ajouter 3 cuillères à table de pecorino. Saler et poivrer. • Verser l'huile et faire cuire jusqu'à l'obtention d'une consistance crémeuse. • Faire cuire les pâtes dans une grande marmite d'eau bouillante salée jusqu'à ce qu'elles soient *al dente*. Égoutter et déposer dans le bol de service. Parsemer du reste de pecorino et servir.

Donne 4 portions • Prép. : 15 min • Cuisson : 15 min • Difficulté : 1

- Les feuilles de 2 grosses bottes de basilic frais, déchirées
- 100 g de noix
- 125 g de pecorino fraîchement râpé
- sel et poivre noir fraîchement moulu
- 6 cuillères à table d'huile d'olive extra vierge
- 350 g de bavette, linguine ou spaghetti secs

Bavette et sauce sauvagine

BAVETTE ET SAUCE SAUVAGINE
Bavette alla folaga

- 2 sauvagines, par exemple des canards (totalisant 1 kg)
- 60 ml de vinaigre de vin blanc
- 560 ml de vin rouge sec
- 1 gros oignon rouge finement coupé
- 1 carotte finement coupée
- 1 tige de céleri avec les feuilles, finement coupée
- 2 cuillères à table de beurre
- 2 cuillères à table d'huile d'olive extra vierge
- 30 g de persil frais finement haché
- 1 cuillère à table de romarin finement haché

Couper la sauvagine en quarts et bien la nettoyer. L'assécher puis la nettoyer de nouveau avec du vinaigre. • La déposer dans un grand bol avec 250 ml de vin, l'oignon, la carotte et le céleri. • Laisser mariner au réfrigérateur pendant 12 heures. • Retirer les morceaux de sauvagine de la marinade et les assécher. Égoutter les légumes et les réserver. Chauffer le beurre et l'huile dans une casserole en fonte à feu élevé. Ajouter les légumes et faire revenir pendant 5 minutes.
• Ajouter la sauvagine, le persil, le romarin, la sauge et les baies de genièvre, puis faire cuire en retournant continuellement la sauvagine, pendant 10 minutes.
• Incorporer le reste du vin et la sauce tomate. Saler et

poivrer. Couvrir et cuire à feu doux pendant environ 90 minutes ou jusqu'à ce que la viande soit tendre, en ajoutant du bouillon si la sauce a tendance à trop épaissir. • Retirer la sauvagine, la désosser et la défaire en morceaux avec les doigts. Déposer la sauvagine dans la poêle et cuire jusqu'à ce que la sauce réduise de moitié, soit environ 5 minutes. • Faire cuire les pâtes dans une grande marmite d'eau bouillante salée jusqu'à ce qu'elles soient *al dente*. • Égoutter et ajouter à la sauce.

Donne 4 portions • Prép. : 40 min + 12 h pour mariner • Donne 4 portions • Prép. : 40 min + 12 h pour mariner • Cuisson : 2 h • Difficulté : 2Cuisson : 2 h • Difficulté : 2

- 1 cuillère à table de sauge fraîche finement hachée
- ¼ cuillère à thé de baies de genièvre finement hachées
- 250 ml de sauce tomates non assaisonnée
- sel et poivre noir fraîchement moulu
- 60 ml de bouillon ou fond de viande (facultatif)
- 350 g de pâtes sèches (bavette, linguine ou trenette par exemple)

TORTELLI AUX POMMES DE TERRE À LA MODE DE MUGELLO

Tortelli di patate mugellani

Pour faire les pâtes
- 200 g de farine tout usage
- 1/4 cuillère à thé de sel
- 2 gros œufs
- 2 cuillères à table d'eau tiède, plus au besoin

Garniture
- 500 g pommes de terre pour cuisson au four ou farineuses
- 60 g de parmesan fraîchement râpé
- 60 g de beurre coupé en morceaux
- 1 gousse d'ail finement hachée
- 2 cuillères à thé de persil frais finement haché
- 1/8 cuillère à thé de muscade fraîchement râpée
- sel et poivre blanc fraîchement moulu

Sauce tomate
- 2 tiges de romarin
- 2 gousses d'ail légèrement écrasées mais entières
- 1 piment sec
- 60 ml d'huile d'olive extra vierge
- 700 g de tomates pelées, épépinées et grossièrement coupées
- sel

Le Mugello, c'est la région verdoyante au Nord de Florence ; une région réputée pour ses lacs et ses forêts.

<u>Pour faire les pâtes</u> : creuser un puits au centre de la farine tamisée avec le sel sur une surface plane. Casser les œufs au centre du puits et intégrer avec suffisamment d'eau pour créer une pâte lisse. Pétrir pendant 15 à 20 minutes, jusqu'à ce qu'elle soit élastique. Façonner une boule, emballer dans une pellicule plastique et laisser reposer pendant 30 minutes. • <u>Garniture</u> : faire cuire les pommes de terre dans une eau bouillante salée pendant 15 à 20 minutes ou jusqu'à tendreté. Égoutter et peler les pommes de terre. Transférer dans un grand bol et utiliser une fourchette ou un pilon à pommes de terre pour réduire en une purée lisse. Laisser refroidir complètement. • Incorporer le parmesan, le beurre, l'ail, le persil, la muscade, le sel et le poivre. • Rouler la pâte jusqu'à ce qu'elle soit très mince. Couper en bandelettes de 4 cm de largeur et déposer une petite quantité de garniture près d'une extrémité, soit à environ 2 cm de distance. Replier chaque bande de pâte sur la longueur pour recouvrir la garniture. Refermer en s'assurant de ne laisser aucune poche d'air, puis couper en carrés à l'aide d'un taille-ravioli. Les tortelli devraient être lisses d'un côté et gaufrés sur les trois autres côtés. Disposer les pâtes sur un linge de cuisine enfariné. • <u>Sauce tomate</u> : à feu doux, faire sauter le romarin, l'ail et le piment dans l'huile, dans une grande poêle à frire, pendant 2 minutes, jusqu'à ce qu'elle soit aromatisée. Jeter l'ail et le romarin. • Ajouter les tomates et saler. • Cuire les pâtes par petites portions dans une grande marmite d'eau bouillante salée pendant 2 à 3 minutes, jusqu'à ce qu'elles soient *al dente*. • Utiliser une cuillère à rainures pour transférer dans les bols de service. Recouvrir de sauce et servir.

Donne 4 portions • Prép. : 60 min + 30 min de repos pour la pâte • Cuisson : 60 min • Difficulté : 3

SAUCE AU LAPIN

Sugo di coniglio

Cette sauce est délicieuse lorsque servie avec des pâtes aux œufs, telles des pappardelle.

Dans l'huile, dans une grande poêle à feu élevé, faire revenir la viande de lapin avec la carotte, le céleri, l'oignon, la sauge, le romarin, le persil et l'ail pendant 10 minutes, en remuant constamment. • Verser le vin, saler et poivrer. • Baisser le feu, couvrir et laisser mijoter pendant 10 à 15 minutes, ou jusqu'à ce que l'ail fonde et que la viande soit tendre.

Donne 6 portions • Prép. : 30 min • Cuisson : 30 min • Difficulté : 1

- 300 g de viande de lapin coupée en petits morceaux
- 1 carotte en gros morceaux
- 1 tige de céleri en gros morceaux
- 1 oignon coupé grossièrement
- Feuilles d'une botte de sauge fraîche, finement hachées
- 1 tige de romarin frais finement hachée
- 1 cuillère à table de persil frais finement haché
- 1 gousse d'ail légèrement écrasée mais entière
- 60 ml d'huile d'olive extra vierge
- 125 ml de vin Santo sec (un vin dessert sucré de la Toscane) ou de Sherry sec
- sel et poivre blanc fraîchement moulu

Sauce au lapin

Sauces

BAVETTE AUX PALOURDES

Bavette con le telline

- 1 kg de palourdes
- 2 gousses d'ail finement hachées
- 1 cuillère à table de persil frais finement haché
- 6 cuillères à table d'huile d'olive extra vierge
- 100 ml de vin blanc sec, plus au besoin
- 60 ml de sauce tomate non assaisonnée
- sel
- 350 g de bavette ou linguine sèches

Faire tremper les palourdes dans un grand bol d'eau tiède salée pendant 1 heure. • Transférer dans une grande casserole d'eau bouillante (avec suffisamment d'eau pour les recouvrir) et cuire à feu élevé pendant 3 à 5 minutes, jusqu'à ce qu'elles s'ouvrent. Jeter toutes les palourdes qui ne se sont pas ouvertes. Égoutter le liquide et réserver. • À feu élevé, faire sauter l'ail et le persil dans l'huile, dans une grande poêle, jusqu'à ce que l'ail soit doré de toutes parts, soit environ 1 à 2 minutes. • Verser le vin et le laisser évaporer. • Mélanger ensemble la sauce tomate et le liquide de cuisson réservé. Ajouter à la sauce et baisser le feu. • Ajouter les palourdes et faire cuire pendant 2 à 3 minutes. Saler. • Cuire les pâtes dans une grande casserole d'eau bouillante salée jusqu'à ce qu'elles soient *al dente* • Égoutter et réserver 2 cuillères à table d'eau de cuisson. Ajouter à la sauce, en utilisant l'eau de cuisson pour diluer la sauce, au besoin. • Servir chaud.

Donne 4 portions • Prép. : 15 min + 60 min pour faire temper les palourdes. • Cuisson : 20 min • Difficulté : 1

SPAGHETTI MAISON AUX ANCHOIS

Pici con le briciole

Préchauffer le four à 300 °F / 150 °C. • Émietter les tranches de pain sur une plaque de cuisson et les faire griller légèrement pendant 2 à 3 minutes. Chauffer l'huile dans une grande poêle, à feu moyen. Ajouter les anchois et les laisser fondre pendant environ 5 minutes, en prenant soin de ne pas les faire brûler. • Ajouter les miettes de pain et remuer pendant quelques minutes. Assaisonner de poivre. • Cuire les pâtes dans une grande casserole d'eau bouillante salée pendant 4 à 5 minutes ou jusqu'à ce qu'elles soient *al dente* • Égoutter et réserver 2 cuillères à table d'eau de cuisson. Ajouter les pâtes à la sauce, en ajoutant davantage d'eau de cuisson si la sauce est trop épaisse.

Donne 4 portions • Prép. : 15 min • Cuisson : 15 min • Difficulté : 1

- 3 tranches de pain sec (préférablement sans sel)
- 100 ml d'huile d'olive extra vierge
- 3 anchois dans le sel, rincés et en filets
- poivre noir fraîchement moulu
- 350 g de spaghetti maison frais (voir page 104)

BAVETTE ET SAUCE AUX FRUITS DE MER

Bavette sul pesce

- 400 g de pieuvre ou de seiche nettoyée
- 2 gousses d'ail finement hachées
- 125 ml d'huile d'olive extra vierge
- 4 grosses crevettes ou langoustines, décortiquées mais avec la tête
- 4 écrevisses décortiquées mais avec la tête
- 4 crevettes ou langoustines décortiquées mais avec la tête et les pattes
- 350 g de bavette ou linguine sèches
- 100 ml de vin blanc sec, plus au besoin
- sel
- 1 litre de fond ou bouillon de poisson, en ébullition

Il s'agit d'un moyen inhabituel de préparer des pâtes puisqu'on les traite pratiquement comme le riz qui servira à réaliser le risotto.

Couper le corps des pieuvres en petits morceaux et couper les tentacules en deux. • À feu élevé, faire sauter l'ail dans l'huile, dans une grande poêle, pendant 1 à 2 minutes, jusqu'à ce qu'il soit doré de toutes parts. • Ajouter la pieuvre, les crevettes ou les langoustines, les écrevisses et cuire à feu moyen pendant 4 minutes. • Faire cuire les pâtes dans une grande marmite d'eau bouillante salée pendant le tiers du temps indiqué sur le paquet. • Égoutter et ajouter à la sauce. • Verser le vin, saler et cuire pendant environ 5 minutes, en ajoutant progressivement le fond de poisson bouillant et en remuant de temps à autre, jusqu'à ce que les pâtes soient *al dente*. Saler, poivrer et servir.

Donne 4 portions • Prép. : 30 min • Cuisson : 30 min • Difficulté : 2

SPAGHETTI AUX ANCHOIS FRAIS

Spaghetti alle acciughe

À feu moyen, faire revenir l'ail, le persil et le piment dans l'huile, dans un poêlon moyen, jusqu'à ce que l'ail soit doré de toutes parts, soit environ 3 minutes. • Incorporer le vin et ajouter les anchois. Laisser mijoter à feu moyen pendant 5 minutes. • Ajouter en remuant les tomates et saler. Cuire pendant environ 20 minutes ou jusqu'à ce que l'huile se sépare des tomates. • Faire cuire les pâtes dans une grande marmite d'eau bouillante salée jusqu'à ce qu'elles soient *al dente*. • Égoutter et déposer dans un grand bol. Déposer la sauce aux anchois sur les pâtes, à la cuillère, bien touiller et servir.

Donne 4 portions • Prép. : 40 min • Cuisson : 35 min • Difficulté : 1

- 2 gousses d'ail finement hachées
- 2 cuillères à table de persil frais finement haché
- 1 piment de Cayenne, finement haché
- 5 cuillères à table d'huile d'olive extra vierge
- 100 ml de vin blanc sec, plus au besoin
- 400 g d'anchois frais nettoyés, en filets, étêtés et coupés en petits morceaux
- 300 g de tomates mûres et fermes, pelées, épépinées et grossièrement coupées
- sel
- 350 g de spaghetti secs

Sauce ragù à la viande de Toscane

SAUCE RAGÙ À LA VIANDE DE TOSCANE
Ragù di carne toscano

- 2 carottes en petits morceaux
- 2 tiges de céleri en petits morceaux
- 2 oignons rouges hachés
- 150 ml d'huile d'olive extra vierge
- 2 gousses d'ail hachées
- 2 cuillères à table de persil frais finement haché
- 300 g de bœuf maigre haché
- 200 ml de vin rouge sec, plus au besoin
- 1 kg de grosses tomates pelées, pressées dans une passoire à mailles fines (passata)
- 1 feuille de laurier
- 1 tige de romarin frais finement hachée
- quelques petits zestes de citron
- sel et poivre noir fraîchement moulu
- eau (facultatif)

Cette sauce des plus versatiles peut être servie avec des pâtes en tubes ou dans un plat au four, avec une sauce béchamel.

Hacher ensemble les carottes, le céleri et les oignons pour créer un mélange très fin. Faire chauffer l'huile à feu doux dans un fait-tout et y ajouter les légumes. Cuire à feu doux/moyen pendant 20 minutes. • Ajouter l'ail et le persil, puis cuire pendant 10 minutes. Le mélange devrait être bruni de toutes parts, sans être brûlé. • Augmenter l'intensité, ajouter le bœuf et faire cuire pendant 2 à 3 minutes, jusqu'à ce qu'il soit bien grillé. • Incorporer le vin et les tomates, le laurier, le romarin et le citron. Saler et poivrer. • Couvrir et cuire à feu très doux pendant 3 heures, ajoutant de l'eau si le mélange commence à s'assécher. Retirer le laurier et le zeste de citron avant de servir.

Donne 6 à 8 portions • Prép. : 30 min • Cuisson : 3 h 30 • Difficulté : 1

SPAGHETTI AUX CREVETTES MANTES
Spaghetti alle cicale

Les crevettes mantes se trouvent dans les eaux chaudes et tempérées du monde, mais on les retrouve rarement au menu ailleurs que dans les régions de la Méditerranée et de l'Asie. Vous pouvez les remplacer par des crevettes ou du homard et préparer un bouillon grâce à leurs coquilles.

Laver les crevettes mantes et en retirer les yeux. Les couper le long de la face intérieure (ventre) pour les ouvrir, à l'aide de cisailles. Utiliser une cuillère à thé pour retirer la chair de la coquille. La déposer dans un grand bol et réserver. • Remplir une grande casserole d'eau froide, saler et ajouter les coquilles. Faire bouillir pendant 20 minutes, puis passer le bouillon au tamis. • À feu élevé, faire sauter l'ail dans 2 cuillères à table de beurre, dans une grande poêle, pendant 1 à 2 minutes, jusqu'à ce qu'il soit doré de toutes parts. • Ajouter la chair de crevette et laisser mijoter pendant 5 minutes. • Incorporer le vin, saler et retirer du feu. • Faire cuire les pâtes dans le bouillon jusqu'à ce qu'elles soient *al dente*. • Égoutter et réserver 2 cuillères à table de bouillon. Dans la poêle, ajouter les pâtes et le bouillon réservé. Déposer les 4 cuillères à table de beurre restantes et laisser fondre sur les pâtes. Parsemer de persil et servir.

Donne 4 portions • Prép. : 30 min • Cuisson : 45 min • Difficulté : 1

- 1 kg de crevettes mantes (peuvent être remplacées par des crevettes ou du homard)
- sel
- 2 gousses d'ail finement hachées
- 6 cuillères à table de beurre en morceaux
- 60 ml vin blanc sec
- 350 g spaghetti secs
- 1 cuillère à table persil frais finement haché

PENNE À LA CHAIR DE CRABE
Penne al favollo

Bouillon
- 3 litres d'eau froide
- 1 oignon rouge tranché
- 1 tige de céleri tranchée
- 1 tomate mûre et ferme
- 3 à 4 tiges de persil
- 1 gousse d'ail
- 1/4 cuillère à thé de sel
- 1 kg de gros crabes nettoyés
- 2 gousses d'ail hachées
- 2 cuillères à table de persil frais finement haché

Bouillon : amener l'eau à ébullition dans une grande casserole avec l'oignon, le céleri, la tomate, les tiges de persil, l'ail et le sel. Laisser mijoter pendant 15 minutes. • Ajouter le crabe et faire cuire pendant 20 minutes. Égoutter et réserver le bouillon. • Laisser le crabe tiédir puis retirer la chair des carapaces, en laissant les pinces entières. • Dans une grande poêle, faire revenir l'ail, 1 cuillère à table de persil, le piment et la sauge dans l'huile jusqu'à ce que l'ail soit doré. • Incorporer en remuant les tomates, la chair de

crabe, le sel et le poivre, et laisser mijoter pendant 15 minutes. • Ajouter la chair de crabe et verser 500 ml de bouillon réservé. Faire cuire pendant 30 minutes. • Faire cuire les pâtes dans une grande marmite d'eau bouillante salée jusqu'à ce qu'elles soient *al dente*. • Égoutter et transférer dans la sauce pour terminer la cuisson. Saupoudrer de persil, laisser fondre le beurre sur les pâtes, et servir.

Donne 4 portions • Prép. : 30 min • Cuisson : 90 min • Difficulté : 2

- 1 piment de Cayenne séché, finement haché
- 1 botte de sauge fraîche finement hachée
- 5 cuillères à table d'huile d'olive extra vierge
- 700 g de tomates mûres et fermes, pelées, épépinées et grossièrement coupées
- sel et poivre noir fraîchement moulu
- 350 g de penne secs
- 1 cuillère à table de beurre

Pâtes fraîches et sauces

FEUILLES DE PÂTES AUX CHAMPIGNONS ET TOMATES
Tacconi alla lucchese

Pour faire les pâtes
- 400 g de farine tout usage
- ⅛ cuillère à thé de sel
- 3 gros œufs
- 1 cuillère à table d'huile d'olive extra vierge
- 6 cuillères à table d'eau, plus au besoin

Sauce
- 2 gousses d'ail finement hachées
- 6 cuillères à table d'huile d'olive extra vierge
- 500 g de champignons porcini frais (ou champignons blancs de culture) finement coupés
- 1 cuillère à table de champignons porcini déshydratés, trempés dans de l'eau chaude pendant 15 minutes, puis égouttés
- 180 ml de vin blanc sec
- 4 tomates mûres et fermes, pelées, épépinées et grossièrement coupées
- sel et poivre noir fraîchement moulu
- 1 cuillère à table de persil frais finement haché
- 30 g de parmesan fraîchement râpé (facultatif)

Pour faire les pâtes : tamiser la farine et le sel sur la surface de travail puis creuser un puits au centre. Casser les œufs au centre du puits et incorporer avec l'huile et suffisamment d'eau pour créer une pâte lisse. Pétrir pendant 15 à 20 minutes, jusqu'à ce qu'elle soit élastique. Façonner la pâte en une boule, emballer dans une pellicule plastique et laisser reposer pendant 30 minutes. • Rouler la pâte sur une surface légèrement enfarinée jusqu'à ce qu'elle ait l'épaisseur d'une feuille de papier. Couper en carrés de 5 cm et laisser sécher pendant 5 minutes. • Sauce : faire revenir l'ail dans l'huile, dans une grande poêle, jusqu'à ce qu'il soit doré de toutes parts, soit environ 2 minutes. • Ajouter les champignons et cuire pendant 8 minutes, jusqu'à ce qu'ils soient tendres. • Égoutter les champignons déshydratés, en filtrant l'eau à l'aide d'un filtre à café ou d'un papier afin d'en retirer le sable. Les hacher grossièrement et les déposer dans la poêle. • Verser le vin et faire cuire à feu élevé jusqu'à ce qu'il s'évapore Ajouter les tomates, saler et poivrer. • Cuire à feu moyen pendant 15 à 20 minutes ou jusqu'à ce que la sauce épaississe. • Faire cuire les pâtes dans une grande marmite d'eau bouillante salée jusqu'à ce qu'elles soient *al dente*. • Égoutter, réserver 2 cuillères à table d'eau de cuisson et l'ajouter à la sauce. Ajouter de l'eau de cuisson réservée, au besoin. Saupoudrer de persil, de parmesan et servir.

Sauce : Donne 4 portions • Prép. : 2 h + 30 min de repos pour la pâte • Cuisson : 30 min • Difficulté : 2

PENNE ET SAUCE À LA VIANDE CRÉMEUSE
Penne strascicate

Faire cuire les pâtes dans une grande marmite d'eau bouillante salée jusqu'à ce qu'elles ne soient pas tout à fait *al dente*. • Égoutter et réserver. • Faire fondre 2 cuillères à table de beurre dans une grande poêle et ajouter la sauce à la viande. Cuire jusqu'à ce qu'elle commence à bouillonner. • Ajouter les pâtes et les amener à une cuisson *al dente*, en intégrant la crème. Saupoudrer de parmesan et retirer du feu. Déposer les 2 cuillères à table de beurre qu'il reste, laisser fondre sur les pâtes et servir.

Donne 4 portions • Prép. : 10 min • Cuisson : 10 min • Difficulté : 1

- 350 g de penne secs
- 60 g de beurre coupé en morceaux
- 310 ml de sauce à la viande (par exemple, la sauce ragù de Toscane, en page 103)
- 100 ml de double crème ou crème épaisse
- 30 g de parmesan fraîchement râpé

SPAGHETTI MAISON
Pici

Tamiser 450 g de farine et le sel sur une planche à pâtisserie ou une autre surface et former un puits au centre. Ajouter l'eau et pétrir pendant 15 à 20 minutes, jusqu'à ce qu'elle soit lisse et élastique. Recouvrir de pellicule plastique et laisser reposer pendant au moins 30 minutes. • Détacher des morceaux de pâte de la taille d'une amande. Former les pici avec les mains ou rouler la pâte sur la surface, avec les doigts, afin d'obtenir des cylindres un peu plus épais qu'un spaghetti. • Déposer les pici sur un linge lorsqu'ils sont prêts. Ne pas les laisser sécher. • Cuire les pâtes dans une grande casserole d'eau bouillante salée pendant 4 à 5 minutes, jusqu'à ce qu'elles soient *al dente*. Égoutter et servir au goût.

Donne 5 à 6 portions • Prép. : 60 min + 30 min de repos pour la pâte • Cuisson : 4 à 5 min • Difficulté : 2

- 500 g de farine tout usage
- ⅛ cuillère à thé de sel
- 250 ml d'eau, plus au besoin

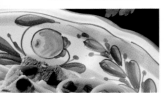

Pâtes fraîches

PAPPARDELLE AUX POIVRONS
Lasagne ai peperoni e pancetta

- 1 oignon finement coupé
- 1 tige de céleri finement coupée
- 1 carotte finement coupée
- 60 ml d'huile d'olive extra vierge
- 100 g de pancetta finement tranchée
- 500 g de poivrons jaunes ou piments secs, épépinés et coupés en très minces languettes
- sel et poivre noir fraîchement moulu
- 300 g de pappardelle fraîches aux œufs, coupées en languettes de 3 x 10 cm
- 2 cuillères à table de beurre en morceaux
- 125 g de parmesan fraîchement râpé
- 1 petit bouquet de persil finement coupé

Dans une casserole, ajouter l'huile et faire revenir l'oignon, le céleri et la carotte à feu doux, pendant 15 minutes ou jusqu'à ce que le mélange embaume. • Ajouter la pancetta et faire sauter pendant 5 minutes, ou jusqu'à ce qu'elle soit croustillante. • Ajouter les poivrons ou les piments et poursuivre la cuisson, à couvert et à feu moyen, pendant 10 minutes ou jusqu'à ce qu'ils aient ramolli. Saler et poivrer. • Faire cuire les pâtes dans une grande marmite d'eau bouillante salée jusqu'à ce qu'elles soient *al dente*. • Égoutter et transférer dans les assiettes. Napper de sauce aux poivrons. Faire fondre le beurre sur les pâtes et saupoudrer de parmesan et de persil.

Donne 4 portions • Prép. : 20 min • Cuisson : 20 min • Difficulté : 1

LASAGNE AUX POIVRONS
Lasagne ai peperoni

- 1 oignon finement coupé
- 60 ml d'huile d'olive extra vierge
- 500 g de poivrons ou piments secs, de couleurs variées, épépinés et coupés en très minces languettes
- sel et poivre noir fraîchement moulu
- 300 g de tagliatelle fraîches aux œufs coupées en languettes de 3 x 10 cm
- 2 cuillères à table de beurre en morceaux
- 125 g de parmesan fraîchement râpé

Dans une casserole, ajouter l'huile et faire revenir l'oignon à feu doux, pendant 15 minutes ou jusqu'à ce qu'il embaume. • Ajouter le poivron ou le piment et poursuivre la cuisson, à couvert et à feu moyen, pendant 10 minutes ou jusqu'à ce qu'il ait ramolli. Saler et poivrer. • Faire cuire les pâtes dans une grande marmite d'eau bouillante salée jusqu'à ce qu'elles soient *al dente*. • Égoutter et transférer dans les assiettes. Napper de sauce aux poivrons. Faire fondre le beurre sur les pâtes et saupoudrer de parmesan.

Donne 4 portions • Prép. : 20 min • Cuisson : 25 min • Difficulté : 1

TORTELLI À LA VERSILIANE
Tordelli

Les tordelli et les tortelli sont typiquement préparés dans la région de Versilia, cette partie de la Toscane à proximité de la rivière du même nom. On les sert le plus souvent avec une sauce à la viande.

Garniture : à feu moyen, faire fondre le beurre dans une poêle et ajouter les tranches de bœuf, puis les faire revenir pendant 2 à 3 minutes, jusqu'à ce qu'elles soient bien grillées de toutes parts. • Incorporer le bouillon et saler. Cuire à feu moyen pendant environ 5 minutes ou jusqu'à ce que la sauce épaississe. Retirer du feu et laisser refroidir complètement. • Faire tremper le pain dans le lait pendant quelques secondes ou jusqu'à ce qu'il ramollisse. Bien égoutter et éliminer le surplus de lait. • Passer au robot la viande et le liquide de cuisson, la mortadelle, le pain trempé, l'ail et le persil jusqu'à ce que le mélange soit finement haché. Transférer dans un grand bol et intégrer la bette à cardes ou les épinards, le parmesan et les œufs. Saler, poivrer et réfrigérer pendant 12 heures. • Pour faire les pâtes : creuser un puits au centre de la farine tamisée avec le sel sur une surface plane. Casser les œufs au centre du puits et intégrer avec suffisamment d'eau pour créer une pâte lisse. Pétrir pendant 15 à 20 minutes, jusqu'à ce qu'elle soit élastique. Façonner la pâte en une boule, emballer dans une pellicule plastique et laisser reposer pendant 30 minutes. • Rouler la pâte sur une surface légèrement enfarinée jusqu'à ce qu'elle soit très fine. Couper en bandelettes de 20 cm de largeur et déposer une petite quantité de garniture près d'une extrémité, soit à environ 2 cm de distance. Replier chaque bande de pâte sur la longueur pour recouvrir la garniture. Refermer en s'assurant de ne laisser aucune poche d'air, puis couper en carrés à l'aide d'un taille-ravioli. Les tortelli devraient être lisses d'un côté et gaufrés sur les trois autres côtés. • Disposer les pâtes sur un linge de cuisine enfariné. • Cuire les pâtes en petites quantités pendant 2 à 3 minutes, jusqu'à ce qu'elles soient *al dente*. • Utiliser une cuillère à rainures pour les retirer et les disposer en couches dans un plat de service, en alternant avec la sauce ragù. Servir chaud.

Donne 6 portions • Prép. : 60 min + 12 h pour refroidir + 30 min de repos pour la pâte • Cuisson : 40 min • Difficulté : 3

Garniture
- 6 cuillères à table de beurre
- 250 g de bœuf finement tranché
- 150 ml de fond ou de bouillon de viande
- sel et poivre noir fraîchement moulu
- 2 tranches de pain ferme (préférablement sans sel), croûtes enlevées
- 250 ml de lait
- 150 g de mortadelle hachée
- 2 gousses d'ail
- 5 bouquets de persil frais
- 200 g de bette à cardes ou épinards cuits finement hachés et asséchés
- 60 g de parmesan fraîchement râpé
- 3 gros œufs

Pour faire les pâtes
- 600 g de farine tout usage
- ¼ cuillère à thé de sel
- 3 gros œufs
- 8 à 10 cuillères à table d'eau tiède
- 1 quantité de sauce ragù à la viande de Toscane (voir page 103)

Dumpling, gnocchi et pâtes fraîches

Dumpling aux épinards et à la ricotta
Gnudi

- 60 g de beurre
- 200 ml de sauce tomate non assaisonnée
- 500 g de ricotta de lait de chèvre, égouttée à l'aide d'un tamis fin
- 350 g d'épinards cuits, égouttés et finement hachés
- 2 gros œufs
- 125 g + 2 cuillères à table de parmesan fraîchement râpé
- 6 cuillères à table de farine tout usage
- sel et poivre noir fraîchement moulu
- Zeste de ½ citron

Ces dumpling peuvent être préparés à l'avance, disposés dans un plat de service et réfrigérés sans la sauce. Ensuite, on peut les réchauffer au four ou au micro-ondes, les napper de sauce et servir.

Faire fondre le beurre dans une petite casserole et ajouter la sauce tomate. Faire mijoter à feu doux pendant 5 minutes. • Retirer du feu et réserver. • Mélanger la ricotta et les épinards dans un grand bol.
• Ajouter les œufs, 125 g de parmesan et 75 g de farine. Saler, poivrer et ajouter le zeste de citron.
• Enduire vos mains des 2 cuillères à table de farine et former des boulettes de 5 cm. • Faire cuire les dumpling dans une grande marmite d'eau salée bouillante jusqu'à ce qu'ils montent à la surface, soit 8 à 10 minutes. • Retirer avec une cuillère à rainures et déposer dans des assiettes de service individuelles.
• Napper de sauce tomate et saupoudrer du reste de parmesan. • Servir chaud ou froid.

Donne 4 portions • Prép.: 30 min • Cuisson: 20 min • Difficulté: 2

Gnocchi aux châtaignes
Gnocchi di castagne

Si vous utilisez des châtaignes fraîches, les faire cuire dans une eau bouillante salée avec une feuille de laurier pendant 35 à 45 minutes ou jusqu'à ce qu'elles ramollissent. • Égoutter et transférer dans un grand bol. Réduire les châtaignes en purée à l'aide d'une fourchette ou d'un pilon à pommes de terre. • Incorporer le pecorino et les œufs. Saler, poivrer et ajouter 2 à 3 cuillères à table de farine pour créer une pâte lisse. • Vérifier la consistance de la pâte en déchirant un petit morceau, en l'enfarinant et en le déposant dans l'eau bouillante. S'il se défait pendant la cuisson, ajouter davantage de farine à la pâte. • Former des boulettes de la taille de noisettes. Rouler dans la farine et les déposer dans une assiette enfarinée. • Faire cuire les gnocchi par petites quantités dans une grande marmite d'eau salée bouillante jusqu'à ce qu'ils montent à la surface, soit environ 5 minutes.
• Utiliser une cuillère à rainures pour transférer dans les assiettes de service. Napper de beurre fondu et saupoudrer de sauge et de parmesan. • Servir chaud.

Donne 4 portions • Prép.: 30 min • Cuisson: 70 min • Difficulté: 2

- 650 g de châtaignes pelées crues ou châtaignes en conserve égouttées
- 60 g de pecorino fraîchement râpé
- 2 gros œufs
- 75 g de semoule, plus au besoin
- sel et poivre blanc fraîchement moulu
- 6 cuillères à table de beurre fondu
- 1 tige de sauge fraîche finement hachée
- 30 g de parmesan fraîchement râpé

Dumpling aux épinards et à la ricotta

Tortelli aux châtaignes

TORTELLI AUX CHÂTAIGNES
Tortelli di castagne

Pour faire les pâtes
- 350 g de farine tout usage
- 150 g de farine de châtaignes
- 1/8 cuillère à thé de sel
- 3 gros œufs
- 8 à 10 cuillères à table d'eau tiède

Pour faire les pâtes : tamiser les farines ainsi que le sel sur la surface de travail puis creuser un puits au centre. Casser les œufs au centre du puits et intégrer avec suffisamment d'eau pour créer une pâte lisse. Pétrir pendant 15 à 20 minutes, jusqu'à ce qu'elle soit élastique. Façonner la pâte en une boule, emballer dans une pellicule plastique et laisser reposer pendant 30 minutes. • Garniture : trancher les châtaignes en deux et les blanchir dans une eau bouillante pendant 10 minutes. • Les égoutter et enlever les pelures extérieures et intérieures. Transférer dans un grand poêlon et ajouter une quantité suffisante d'eau pour les recouvrir complètement. • Saler et ajouter le laurier. • Amener à ébullition et faire cuire durant 35 à 45 minutes jusqu'à tendreté. Égoutter. • Réduire les châtaignes en purée et ajouter la ricotta, les œufs et 90 g de parmesan. Saler et poivrer. • Rouler la pâte sur une surface légèrement enfarinée jusqu'à ce qu'elle ait l'épaisseur d'une feuille de papier. Couper en rondelles de 4 à 5 cm et déposer une petite quantité de garniture au centre. Sceller la pâte en la façonnant en demi-cercle. • Faire cuire les pâtes dans une grande marmite d'eau salée bouillante jusqu'à ce qu'ils montent à la surface, soit 3 à 5 minutes. • Bien égoutter et transférer dans les assiettes. Déposer quelques morceaux de beurre et saupoudrer le reste (90 g) de parmesan.

Donne 6 à 8 portions • Prép. : 2 h • Cuisson : 45 min
• Difficulté : 3

Garniture
- 650 g de châtaignes
- sel
- 1 feuille de laurier
- 200 g de ricotta, plus au besoin
- 2 gros œufs
- 180 g de parmesan fraîchement râpé
- 125 g de beurre fondu
- sel et poivre noir fraîchement moulu

OMBRIE

Située au sud de la Toscane et au nord de Rome, cette région entourée de terres est une des principales régions viticoles de l'Italie. C'est aussi le lieu d'origine des très recherchées truffes noires de Norcia et des très savoureux champignons porcini. Pérouse la capitale de la région, est aussi le haut-lieu du plus grand chocolatier d'Italie, Perugina, qui produit le réputé chocolat enveloppé d'argent Baci. Les pâtes traditionnelles de cette région sont les stringozzi, des spaghetti très minces et effilés. Essayez les pâtes sucrées de Noël comme dessert ou collation durant le temps des Fêtes

Pâtes fraîches au pesto de noix
(voir page 124)

Soupes

SOUPE À L'ÉPEAUTRE

Minestra di farro

- 1 os de jambon cru salé (avec un peu de jambon encore sur l'os)
- 2 litres d'eau
- 1 oignon coupé en quartiers
- 1 carotte en gros morceaux
- 1 tige céleri, en gros morceaux
- 1 tomate ferme et mûre coupée en deux
- 4 bouquets de persil frais
- $\frac{1}{8}$ cuillère à thé de grains de poivre noir entiers
- sel
- 200 g d'épeautre (farro) écrasé
- 90 g de pecorino fraîchement râpé

Le farro est une forme d'épeautre plus douce et plus rapide à cuire, un grain ancien nutritif avec une saveur s'approchant de celle des noix.

Si l'os provient d'un jambon cuit très salé, le laisser tremper toute la nuit dans de l'eau froide, puis l'égoutter. • Blanchir dans une eau bouillante pendant 3 minutes. • Placer l'os de jambon dans un grand poêlon et ajouter l'eau. Ajouter l'oignon, la carotte, le céleri, la tomate, le persil et les grains de poivre. Amener à ébullition et laisser mijoter à feu doux pendant 45 minutes, ou jusqu'à ce que tous les légumes soient très tendres. • Utiliser une cuillère à rainures pour retirer les légumes et les réduire en purée au robot culinaire ou au mélangeur. • Détacher la viande de l'os et remettre la viande dans le poêlon. Ajouter les légumes en purée. Saler et amener à ébullition. • Ajouter l'épeautre et faire cuire pendant 30 minutes, en remuant de temps à autre, jusqu'à ce que l'épeautre soit tendre. • Saupoudrer de pecorino et servir.

Donne 4 portions • Prép.: 40 min + 12 h de trempage de l'os (au besoin) • Cuisson: 75 min • Difficulté: 1

SOUPE AUX POIS CHICHES ET MALTAGLIATI

Pasta e ceci

Maltagliati se traduit par « mal coupé ». Ce sont des pâtes faites maison, souvent à partir de retailles, coupées en formes de diamant ou irrégulières. Si vous le voulez, vous pouvez acheter des languettes de lasagne fraîches et les couper en forme de diamant.

• Passer le lard, l'ail, le romarin et la sauge au robot culinaire ou au mélangeur jusqu'à ce qu'ils soient finement hachés. • Faire cuire ce mélange, avec l'huile, dans un fait-tout à feu moyen pendant 5 minutes. • Ajouter les pois chiches et l'eau. Amener à ébullition et ajouter les tomates. Saler et poivrer. • Recouvrir et faire cuire à feu moyen pendant 20 minutes; ajouter de l'eau si la soupe réduit à moins de la moitié de son volume de départ. • Ajouter les pâtes et poursuivre la cuisson pour obtenir des pâtes al dente. Servir dans des bols individuels, badigeonner d'huile et d'un soupçon de poivre noir.

Donne 4 portions • Prép.: 20 min • Cuisson: 30 min • Difficulté: 2

- 6 cuillères à table de lard ou beurre, coupé
- 2 gousses d'ail finement hachées
- Feuilles de 2 tiges de romarin frais finement coupées
- Feuilles de 1 tige de sauge fraîche finement coupées
- 60 ml d'huile d'olive extra vierge, et un peu plus, pour vaporiser
- 500 g de pois chiches cuits
- 500 ml d'eau, plus au besoin
- 200 g de tomates pelées et coupées en morceaux
- sel et poivre noir fraîchement moulu
- 150 g de pâtes fraîches aux œufs comme des maltagliati

PÂTES DIAMANTS

Testaroli

- 250 g de farine tout usage
- $\frac{1}{8}$ cuillère à thé de sel
- 580 ml d'eau
- 2 cuillères à table d'huile d'olive extra vierge

Mélanger la farine, le sel, l'eau et 2 cuillères à table d'huile pour faire une pâte assez souple ou pastella. S'il y a des grumeaux, laisser la pastella reposer 1 heure, en la brassant de temps à autre avec une cuillère de bois. • Chauffer une poêle à frire de 25 cm et la graisser légèrement avec l'huile. • Verser une mince couche de pastella. Couvrir et faire cuire à feu moyen de 7 à 10 minutes. De petites crevasses se formeront à la surface. • Répéter jusqu'à ce que toute la pâte ait été utilisée, en graissant la poêle à chaque fois. • Couper des morceaux en forme de diamant de 3 x 10 cm et les garder dans un contenant hermétique, ou au réfrigérateur, pendant 3 jours. • Blanchir brièvement dans une eau salée bouillante. • Servir avec du pecorino, au goût.

Donne 4 portions • Prép.: 25 min + 1 h de repos pour la pastella (au besoin) • Cuisson: 40 min • Difficulté: 2

SOUPE DE NOËL

Minestra di natale

Faire cuire la chicorée dans un grand poêlon d'eau bouillante salée pendant 10 minutes. • Égoutter en comprimant pour assécher, puis hacher finement. • Transférer dans un grand bol et intégrer les œufs, le parmesan et la muscade. • Verser le bouillon en ébullition sur le mélange d'œufs et bien mélanger. • Répartir le pain dans des bols individuels et verser la soupe par-dessus. Servir chaud.

Donne 4 portions • Prép.: 20 min • Cuisson: 20 min • Difficulté: 1

- 400 g de chicorée à grosse racine de Bruxelles ou de bette à cardes, rincée et finement effilochée
- 4 gros œufs légèrement battus
- 4 cuillères à table de parmesan fraîchement râpé
- $\frac{1}{8}$ cuillère à thé de muscade fraîchement râpée
- 1,25 litre de fond ou bouillon de viande, à ébullition
- 4 tranches de pain ferme grillé

SPAGHETTINI À LA MENTHE, À L'AIL ET AUX OLIVES

Spaghettini aromatici

- 2 gousses d'ail légèrement écrasées mais entières
- 6 cuillères à table d'huile d'olive extra vierge
- 3 anchois, lavés et finement hachés
- 4 feuilles de menthe fraîche finement coupées
- Feuilles de 3 petits bouquets de persil frais, finement coupées
- 500 g de spaghettini secs
- 1 cuillère à table de câpres marinées, rincées
- 12 olives noires, épépinées et grossièrement hachées

À feu doux, faire sauter l'ail dans l'huile, dans une poêle à frire, jusqu'à ce qu'il soit doré de toutes parts, soit environ 2 à 3 minutes. • Ajouter les anchois et poursuivre la cuisson jusqu'à ce qu'ils se soient dissouts complètement, soit environ 5 à 10 minutes. • Retirer du feu et ajouter la menthe et le persil. Faire cuire les pâtes dans une grande marmite d'eau bouillante salée jusqu'à ce qu'elles soient *al dente*. • Égoutter et ajouter à la sauce. • Saupoudrer de câpres et d'olives et servir.

Donne 6 portions • Prép. : 20 min • Cuisson : 20 min
• Difficulté : 2

SPAGHETTI MAISON À LA SAUCE TOMATE ÉPICÉE

Stringozzi alla spoletina

<u>Pour faire les pâtes</u> : tamiser la farine et le sel sur la surface de travail puis creuser un puits au centre. Incorporer suffisamment d'eau pour créer une pâte lisse. Pétrir pendant 15 à 20 minutes, jusqu'à ce qu'elle soit élastique. Façonner la pâte en une boule, emballer dans une pellicule plastique et laisser reposer pendant 30 minutes. • Rouler la pâte sur une surface légèrement enfarinée jusqu'à ce qu'elle ait environ 3 mm d'épaisseur. Recouvrir d'un linge et laisser sécher pendant 30 minutes. • <u>Sauce</u> : à feu moyen, faire sauter l'ail, le persil et le piment de Cayenne dans l'huile, dans une poêle à frire, jusqu'à ce que l'ail soit doré de toutes parts, soit environ 2 minutes. • Ajouter les tomates en remuant et faire cuire sur feu élevé pendant 5 minutes, jusqu'à ce qu'elles se brisent. • Saler et retirer du feu. • À l'aide d'un couteau, couper la pâte en lanières de 3 mm. • Faire cuire les pâtes dans une grande marmite d'eau bouillante salée pendant 5 minutes ou jusqu'à ce qu'elles soient *al dente*. • Égoutter et ajouter à la sauce. Faire cuire à feu élevé, en remuant jusqu'à ce que la sauce colle aux pâtes. Servir chaud.

Donne 4 portions • Prép. : 2 min + 30 min de temps de repos pour la pâte + 30 h pour faire sécher les pâtes • Cuisson : 25 min • Difficulté : 2

Pour faire les pâtes

- 350 g de farine de blé entier
- $\frac{1}{4}$ cuillère à thé de sel
- eau tiède

Sauce

- 2 gousses d'ail finement hachées
- 1 piment de Cayenne finement haché
- 1 cuillère à table de persil frais finement haché
- 6 cuillères à table d'huile d'olive extra vierge
- 500 g de tomates mûres et fermes, pelées et grossièrement coupées
- sel

Spaghetti maison
à la sauce tomate épicée

Spaghetti maison
à l'huile et à l'ail

SPAGHETTI MAISON
À L'HUILE ET À L'AIL

Ciriole ternane

Pour faire les pâtes

- 350 g de farine
  tout usage
- ¼ cuillère à thé de sel
- eau tiède
- 60 ml d'huile d'olive
  extra vierge
- 2 gousses d'ail finement
  hachées
- 1 cuillère à table de persil frais finement haché

Tamiser la farine et le sel sur la surface de travail, puis creuser un puits au centre. Incorporer suffisamment d'eau pour créer une pâte ferme. Pétrir pendant 15 à 20 minutes. Réserver 30 minutes. Détacher des morceaux de pâte et les rouler en spaghetti de 20 cm de longueur. Utiliser de la farine pour éviter que la pâte ne colle. Laisser les spaghetti sécher sur la planche, recouverts d'un linge, pendant au moins 1 heure.

• Faire cuire les pâtes dans une grande marmite d'eau bouillante salée pendant environ 10 minutes ou jusqu'à ce qu'elles soient *al dente*. • Égoutter et transférer dans les assiettes. • À feu doux, faire chauffer l'huile avec l'ail dans un petit poêlon, jusqu'à ce qu'il soit doré. • Ajouter l'huile aux pâtes et saupoudrer de persil.

Donne 4 portions • Prép. : 40 min + 30 min de temps de repos pour la pâte + 60 min pour faire sécher les pâtes • Cuisson : 15 min • Difficulté : 2

TAGLIATELLE À LA SAUCE
AUX TOMATES GRILLÉES

Tagliatelle al pomodoro crudo

Préchauffer le four à 400 °F / 200 °C. • Couper les tomates en deux et les épépiner. Placer les tomates, pelures vers le haut, sur une plaque à pâtisserie.

• Faire cuire pendant 20 à 25 minutes ou jusqu'à ce que les tomates aient perdu leur surplus d'eau et que les pelures soient brûlées. • Laisser refroidir complètement. • Enlever les pelures et réduire la chair en purée dans un grand bol. • Ajouter en remuant l'ail, l'huile, le persil et le sel. • Faire cuire les pâtes dans une grande marmite d'eau bouillante salée jusqu'à ce qu'elles soient *al dente*. • Égoutter et ajouter à la sauce. Servir chaud.

Donne 6 portions • Prép. : 20 min • Cuisson : 20 à 25 min • Difficulté : 2

- 1 kg de tomates mûres
  et fermes
- 2 gousses d'ail finement
  hachées
- 6 cuillères à table
  d'huile d'olive extra
  vierge
- 1 cuillère à table de
  persil frais finement
  haché
- sel
- 500 g de tagliatelle
  fraîches aux œufs
  du commerce

SPAGHETTI À LA PANCETTA
Spaghetti col rancetto

- 190 g de pancetta coupée en petits cubes
- 2 cuillères à table d'huile d'olive extra vierge
- 1 oignon rouge (ou blanc) finement coupé
- 200 g de tomates pelées, épépinées et grossièrement coupées
- Feuilles de 1 petit bouquet de marjolaine, finement coupées
- sel et poivre noir fraîchement moulu
- 350 g de spaghettini secs
- 60 g de pecorino fraîchement râpé

Variation des fameuses pâtes all'amatriciana, cette recette tire son nom de la pancetta qui était utilisée à l'époque, même si elle était légèrement rance.

À feu doux, faire sauter la pancetta dans l'huile, dans un poêlon pendant 5 minutes, jusqu'à ce qu'elle soit translucide. • Retirer la pancetta et réserver. • Faire sauter l'oignon dans le même poêlon pendant 3 minutes, jusqu'à ce qu'il ait ramolli. • Ajouter les tomates et faire cuire à feu élevé pendant environ 5 minutes, jusqu'à ce qu'elles ramollissent et commencent à épaissir. Ajouter la pecorino. • Faire cuire pendant 5 minutes, ajouter la marjolaine et retirer du feu. Saler et poivrer. • Faire cuire les pâtes dans une grande marmite d'eau bouillante salée jusqu'à ce qu'elles soient *al dente*. Bien égoutter. Servir avec la sauce et saupoudrer de pecorino.

Donne 4 portions • Prép. : 20 min • Cuisson : 20 min • Difficulté : 1

SAUCE RAGÙ D'OMBRIE
Ragù umbro

- 1 carotte finement coupée
- 2 tiges de céleri finement coupées
- 1 oignon moyen finement coupé
- 1 cuillère à table de beurre
- 350 g de bœuf ou porc haché
- 125 g de bœuf haché
- 125 g de jambon en dés
- 150 ml de vin blanc sec
- 4 grosses tomates italiennes épépinées et grossièrement coupées
- sel et poivre noir fraîchement moulu au goût
- ¼ cuillère à thé de muscade fraîchement râpée
- 1 petite truffe noire coupée en petits flocons (facultatif)

Faire cuire la carotte, le céleri et l'oignon dans le beurre à feu moyen, dans une grande poêle à frire, pendant 5 minutes ou jusqu'à ce que les légumes soient ramollis. • Ajouter le porc et le bœuf et faire cuire pendant 5 minutes ou jusqu'à ce qu'ils soient légèrement brunis. • Ajouter le jambon et faire cuire pendant 1 minute. • Augmenter l'intensité du feu, ajouter le vin et le laisser s'évaporer pendant environ 5 minutes. • Ajouter en remuant les tomates. Saler, poivrer et assaisonner de muscade. • Couvrir et laisser mijoter à feu doux pendant 35 minutes, ou jusqu'à ce que la sauce ait réduit de moitié. Ajouter la truffe. Couvrir la poêle et laisser la truffe parfumer le ragoût pendant 2 à 3 minutes. • Servir avec des pâtes courtes.

Donne 6 portions • Prép. : 30 min • Cuisson : 55 min • Difficulté : 1

TORTELLINI FARCIS AU PORC EN BOUILLON
Tortellini in brodo

<u>Pour faire les pâtes</u> : tamiser la farine et le sel sur la surface de travail puis creuser un puits au centre. Casser les œufs dans le puits et bien incorporer pour faire une pâte lisse. Pétrir pendant 15 à 20 minutes, jusqu'à ce qu'elle soit élastique. Façonner la pâte en une boule, emballer dans une pellicule plastique et laisser reposer pendant 30 minutes. • <u>Garniture</u> : faire chauffer le beurre avec la sauge dans un petit poêlon à feu moyen. Ajouter le porc et faire sauter à feu moyen, en le retournant souvent, jusqu'à ce que la viande soit bien brunie de toutes parts. • Ajouter le foie de poulet et faire sauter pendant 2 à 3 minutes, jusqu'à ce qu'il soit cuit, mais encore rosé à l'intérieur. • Ajouter la mortadelle et faire cuire pendant 3 minutes. • Retirer du feu et retirer la sauge. Laisser refroidir complètement. • Transférer au robot culinaire et réduire jusqu'à ce que la viande soit finement hachée. Transférer dans un grand bol et intégrer l'œuf, le parmesan, le sel, le poivre et la muscade. • Rouler la pâte sur une surface légèrement enfarinée jusqu'à ce qu'elle soit très fine. Couper en rondelles de 4 cm de diamètre et déposer une petite quantité de garniture au centre, environ de la taille d'une noix. • Replier pour former un tortellini (voir les étapes à la page 70). • Faire cuire les pâtes dans le bouillon pendant 3 à 5 minutes, jusqu'à ce qu'elles soient *al dente*. • Verser dans des bols individuels et saupoudrer de parmesan.

Donne 6 portions • Prép. : 2 h + 30 min de repos pour la pâte • Cuisson : 40 min • Difficulté : 3

Pour faire les pâtes
- 300 g de farine tout usage
- ¼ cuillère à thé de sel
- 3 gros œufs

Garniture
- 2 cuillères à table de beurre
- 5 feuilles de sauge fraîche
- 300 g de côtelettes de porc, coupées en petits morceaux
- 1 foie de poulet, paré et coupé en quartiers
- 150 g de mortadelle en cubes
- 1 gros œuf
- 30 g de parmesan fraîchement râpé
- sel et poivre noir fraîchement moulu
- ⅛ cuillère à thé de muscade fraîchement râpée

Pour servir
- 2 litres de fond ou bouillon de bœuf, en ébullition
- 90 g de parmesan fraîchement râpé

Gnocchi et sauce au canard et pecorino

TAGLIATELLE SAUCE À L'AGNEAU

Tagliatelle al ragù di agnello

- 3 gousses d'ail finement hachées
- 1 tige de romarin frais
- 6 cuillères à table d'huile d'olive extra vierge
- 500 g d'agneau gras ou maigre, coupé en petits morceaux
- 100 ml de vin blanc sec, plus au besoin
- 500 g de tomates mûres et fermes, pelées, épépinées et grossièrement coupées
- sel et poivre noir fraîchement moulu
- 300 g de tagliatelle fraîches aux œufs du commerce

À feu moyen, faire sauter l'ail et le romarin dans l'huile, dans un poêlon moyen, jusqu'à ce que l'ail soit doré de toutes parts, soit environ 2 minutes. • Ajouter l'agneau et faire sauter pendant 2 à 3 minutes, jusqu'à ce qu'il soit bruni de toutes parts. • Augmenter l'intensité et verser le vin. • Ajouter en remuant les tomates, saler et poivrer. Couvrir et faire cuire pendant 30 minutes, ou jusqu'à ce que l'agneau soit tendre. • Faire cuire les pâtes dans une grande marmite d'eau bouillante salée jusqu'à ce qu'elles soient *al dente*. • Égoutter et ajouter à la sauce. Faire cuire pendant 1 minute, ou jusqu'à ce que la sauce colle aux pâtes. Servir.

Donne 4 portions • Prép. : 45 min • Cuisson : 60 min • Difficulté : 1

GNOCCHI ET SAUCE AU CANARD ET PECORINO

Gnocchi al sugo d'oca

Faire chauffer l'huile à feu doux dans un fait-tout. Ajouter l'oignon, le céleri, la carotte et faire sauter pendant 15 minutes; ajouter un peu d'eau si les légumes commencent à brûler. • Ajouter les morceaux de viande et faire cuire pendant 2 à 3 minutes, jusqu'à ce qu'il soit brunis de toutes parts. • Augmenter l'intensité, puis verser le vin et les tomates. Couvrir et faire cuire à feu doux pendant 45 minutes, ou jusqu'à ce que la viande soit tendre. Retirer la viande, la désosser et enlever la peau. Détacher des morceaux de viande avec les doigts. Remettre la viande dans le poêlon, faire cuire pendant 1 minute. • Faire cuire les gnocchi par petites quantités dans une grande marmite d'eau salée bouillante jusqu'à ce qu'ils montent à la surface, soit pendant 3 à 5 minutes. • Utiliser une cuillère à rainures pour égoutter les gnocchi et les déposer dans un bol avec la sauce. Saupoudrer de pecorino. Servir chaud.

Donne 6 portions • Prép. : 60 min • Cuisson : 60 min • Difficulté : 2

- 5 cuillères à table d'huile d'olive extra vierge
- 1 oignon rouge ou blanc finement coupé
- 1 tige de céleri finement coupée
- $1/2$ carotte finement coupée
- eau (facultatif)
- 750 g d'oie ou canard, le surplus de gras retiré et coupés en gros morceaux
- 250 ml de vin blanc sec
- 500 g de tomates pelées et grossièrement coupées
- 1 recette de gnocchi de pommes de terre (voir page 130)
- 150 g de pecorino fraîchement râpé

SAUCE AUX TRUFFES NOIRES

Sugo alla Norcina

- 2 gousses d'ail légère-
  ment écrasées mais
  entières
- 60 ml d'huile d'olive
  extra vierge
- 2 saucisses italiennes,
  boyaux retirés et
  émiettées
- 150 ml de vin blanc sec
- sel
- 40 g de truffes noires,
  grossièrement râpées

Cette sauce est excellente avec toutes sortes de pâtes longues, tant les sèches - les spaghetti et les bucatini par exemple — que les fraîches, comme les tagliatelle ou les maccheroni alla chitarra (voir page 157).

À feu moyen, faire sauter l'ail dans l'huile, dans un poêlon pendant 2 minutes, jusqu'à ce qu'il soit doré. • Ajouter la saucisse et laisser brunir pendant 2 minutes. • Incorporer le vin, saler et y ajouter les truffes. Faire cuire pendant 5 à 10 minutes, jusqu'à ce que le vin se soit évaporé. Retirer et jeter l'ail. • Retirer du feu et servir avec les pâtes de votre choix.

Donne 4 à 6 portions • Prép.: 15 min • Cuisson: 15 min • Difficulté: 1

TAGLIONI AUX TRUFFES NOIRES

Tagliolini al tartufo nero di Norcia

Laver les truffes avec soin avec une brosse à légumes et les râper finement. • À feu moyen, faire sauter l'ail dans l'huile, dans un petit poêlon pendant 2 minutes, jusqu'à ce qu'il soit doré. • Ajouter les truffes, bien mélanger et retirer du feu. Retirer et jeter l'ail. • Faire cuire les pâtes dans une grande marmite d'eau bouillante salée jusqu'à ce qu'elles soient *al dente*. • Égoutter, en réservant quelques cuillères à table d'eau de cuisson, et transférer dans un plat de service. Ajouter la sauce et, au besoin, l'eau de cuisson réservée. Servir immédiatement.

Donne 4 portions • Prép.: 20 min • Cuisson: 15 min • Difficulté: 1

- 150 g de truffes noires
  (préférablement
  de Norcia)
- 1 gousse d'ail légère-
  ment écrasée mais
  entière
- 125 ml d'huile d'olive
  extra vierge
- 300 g de taglioni frais
  aux œufs du commerce

Sauce aux truffes noires

Sauces

PÂTES AUX POIVRONS
Frascarelli ai peperoni

Pour faire les pâtes
- 2 gros œufs
- 80 à 125 ml d'eau
- 400 g de farine tout usage
- ¼ cuillère à thé de sel

Le nom inhabituel de ce type de pâtes vient de l'outil utilisé pour les préparer : une branche ou une fronde feuillue. Cette recette est aussi courante dans le Latium du Nord et peut être servie presque sèche, avec une sauce ou dans un bouillon de viande maison.

Pour faire les pâtes : battre les œufs et l'eau dans un grand bol. • Tamiser une petite quantité de farine et de sel sur une surface de travail propre. • Tremper une branche feuillue ou un sorgho à balais dans les œufs et effleurer la farine avec. • Utiliser l'autre main pour remuer la farine d'un côté à l'autre afin qu'un certain nombre de petites mottes se forment. Rassembler ces mottes et travailler avec un tamis à gros grains. • Répartir sur une planche à découper en bois et tamiser la farine qui reste sur la surface de travail. Répéter le processus jusqu'à ce que tous les ingré-

dients aient été utilisés. Si vous voulez conserver les frascarelli, s'assurer qu'ils soient secs avant de les entreposer. • Sauce : à feu doux, faire sauter l'oignon dans de l'huile, dans un poêlon pendant 3 à 4 minutes, jusqu'à ce qu'il soit tendre. • Ajouter les poivrons et les tomates. Saler. • Faire cuire à couvert, à feu doux, jusqu'à ce que les poivrons soient tendres, en ajoutant de l'eau au besoin, pendant 5 à 10 minutes. • Retirer du feu et passer à la passoire. • Saler et poivrer. • Ajouter en remuant le mascarpone et bien mélanger jusqu'à ce que la sauce soit lisse. • Faire cuire les pâtes dans une grande marmite d'eau bouillante salée pendant 2 à 3 minutes ou jusqu'à ce qu'elles soient *al dente*. • Égoutter et transférer dans la sauce. Saupoudrer de pecorino romano et servir.

Donne 4 portions • Prép. : 90 min • Cuisson : 30 min • Difficulté : 2

Sauce
- 1 oignon finement tranché
- 60 ml d'huile d'olive extra vierge
- 1 poivron rouge ou piment sec, épépiné et coupé en très minces languettes
- 1 poivron jaune ou piment sec, épépiné et coupé en très minces languettes
- 4 tomates fermes et mûres, grossièrement coupées
- sel et poivre blanc fraîchement moulu
- 2 cuillères à table de mascarpone
- 90 g de pecorino romano fraîchement râpé

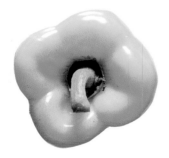

TAGLIATELLE ET SAUCE À LA VIANDE
Tajarin al sugo di arrosto

- 350 g de spaghettini secs
- 2 gousses d'ail légèrement écrasées mais entières
- 1 tige de romarin
- 6 cuillères à table de beurre
- 5 cuillères à table d'huile d'olive extra vierge
- 500 g de veau maigre, attaché avec une ficelle de cuisson

Dans une poêle à frire, faire sauter l'ail et le romarin avec les 5 cuillères à table de beurre et d'huile dans un poêlon à fond épais, sur un feu moyen, jusqu'à ce que l'ail soit légèrement doré et parfumé. • Ajouter le veau et le laisser brunir de toutes parts. Saler et poivrer. Baisser l'intensité du feu, couvrir et faire cuire pendant 40 minutes, en ajoutant du bouillon chaque fois que la viande commence à s'assécher. Cela permettra de faire ressortir les jus de cuisson. • Retirer la viande (que vous pouvez alors servir séparément), passer les jus de cuisson dans une pas-

soire à mailles fines en y écrasant les gousses d'ail et les recueillir dans une poêle à frire moyenne. • Faire cuire les pâtes dans une grande marmite d'eau bouillante salée jusqu'à ce qu'elles soient *al dente*. Égoutter et ajouter à la poêle à frire, en ajoutant un peu d'eau de cuisson au besoin. Déposer la cuillère à table de beurre restante et la laisser fondre sur les pâtes. Saupoudrer des truffes râpées et de parmesan. • Servir chaud.

Donne 4 portions • Prép. : 20 min • Cuisson : 1 h • Difficulté : 1

- sel et poivre blanc fraîchement moulu
- 500 ml de fond ou bouillon de viande
- 40 g de truffes grises râpées (facultatif)
- 125 g de parmesan fraîchement râpé

Sauces

PAPPARDELLE ET SAUCE AU GIBIER

Pappardelle alla lepre

- 1 lièvre ou lapin entier (environ 1,5 kg) coupé en 6 morceaux, avec le foie, le cœur et la rate
- 1 carotte en gros morceaux
- 1 tige de céleri, en gros morceaux
- 1 oignon coupé grossièrement
- 3 gousses d'ail légèrement écrasées mais entières
- 100 ml de vinaigre de vin blanc, plus au besoin
- 1 litre de vin blanc sec, plus au besoin

Placer le lièvre (sans les abats) dans un bol en céramique avec la carotte, le céleri, les 2 gousses d'ail et 60 ml du vinaigre. Verser assez de vin pour couvrir et laisser mariner, à couvert, pendant 12 heures. • Retirer le lièvre; tamponner avec du papier essuie-tout pour l'assécher. • Couper les légumes finement et réserver la marinade. • À feu doux, faire sauter les légumes dans un fait-tout pendant 10 minutes, ou jusqu'à ce qu'ils soient dorés. • Ajouter la sauge, le romarin et le lièvre et faire cuire à feu élevé pendant 15 minutes ou jusqu'à ce que la viande soit bien brunie de toutes parts. • Verser 60 ml de la marinade réservée. Ajouter 125 ml de bouillon, les abats, 2 cuillères à table de câpres, le sel et le poivre. Faire cuire à couvert, pendant 1 heure, en ajoutant plus de bouillon si le mélange commence à s'évaporer. • Retirer les morceaux de lièvre les plus gros, les placer sur une planche à couper et les désosser. Transférer la viande

désossée dans un robot culinaire ou mélangeur, en réservant un morceau pour la garniture. Ajouter les égouttures, les abats, la gousse d'ail restante et la dernière cuillère à table de câpres. Passer au robot jusqu'à ce que le tout soit finement haché. • Retourner le mélange dans le poêlon contenant encore les petits morceaux de lièvre. Verser le reste de vinaigre, en goûtant pour s'assurer que le mélange ne devienne pas trop acide. Ajuster la consistance avec un peu de bouillon si le mélange est trop épais. • Ajouter en remuant les olives et faire cuire pendant 5 minutes de plus. • Faire cuire les pâtes dans une grande marmite d'eau bouillante salée jusqu'à ce qu'elles soient *al dente*. • Égoutter et ajouter à la sauce. Garnir de la pièce de viande réservée.

Donne 6 portions • Prép.: 60 min + 12 h pour mariner • Cuisson: 1 h 45 • Difficulté: 2

- 5 cuillères à table d'huile d'olive extra vierge
- 1 botte de sauge fraîche
- 1 tige de romarin frais
- 500 ml de fond ou bouillon de bœuf
- 3 cuillères à table de câpres marinées dans le vinaigre
- sel et poivre noir fraîchement moulu
- 100 g d'olives noires dénoyautées
- 500 g de pappardelle fraîches aux œufs du commerce

TAGLIATELLE AUX CHÂTAIGNES

Tagliatelle more

Châtaignes
- 500 ml de lait
- 15 châtaignes séchées
- 1/8 cuillère à thé de sel

Pour faire les pâtes
- 250 g de farine de châtaignes
- 125 g de farine tout usage (ou semoule de blé tendre)
- 1/8 cuillère à thé de sel
- 180 ml d'eau tiède, plus au besoin

<u>Châtaignes</u>: amener le lait et le sel à ébullition dans une grande casserole. • Faire cuire les châtaignes pendant 1 heure, jusqu'à ce qu'elles soient tendres. • Réduire les châtaignes en purée dans un grand bol à l'aide d'une fourchette ou d'un pilon à pommes de terre en ajoutant une petite quantité de liquide de cuisson. <u>Pour faire les pâtes</u>: tamiser les deux farines et le sel sur la surface de travail, puis creuser un puits au centre. Ajouter les œufs et suffisamment d'eau pour créer une pâte lisse. Façonner la pâte en une boule, emballer dans une pellicule plastique et laisser reposer pendant 30 minutes. • Rouler la pâte jusqu'à ce qu'elle soit fine, sans trop l'être. Couper en bandelettes larges de 2 cm. • <u>Sauce</u>: faire chauffer la

crème dans une poêle à frire à feu doux. Intégrer la ricotta, la muscade et le sel. • Faire cuire les pâtes dans une grande marmite d'eau bouillante salée jusqu'à ce qu'elles soient *al dente*. • Égoutter et ajouter à la sauce avec le parmesan et presque toute la purée de châtaignes. • Garnir avec le reste de purée de châtaignes et servir.

Donne 4 portions • Prép.: 90 min + 30 min de repos pour la pâte • Cuisson: 1 h 15 • Difficulté: 2

Sauce
- 4 cuillères à table de double crème ou crème épaisse
- 200 g de ricotta, plus au besoin
- 1/8 cuillère à thé de muscade fraîchement râpée
- 4 cuillères à table de parmesan fraîchement râpé
- sel

Sauces et pâtes fraîches

Spaghetti maison aux champignons

SPAGHETTI MAISON AUX CHAMPIGNONS
Ciriole ai funghi

Pour faire les pâtes
- 350 g de farine tout usage
- ¼ cuillère à thé de sel
- eau tiède

Sauce
- 500 g de champignons frais ou porcini
- 60 ml d'huile d'olive extra vierge
- sel
- 2 gousses d'ail finement hachées
- 1 piment de Cayenne, finement haché
- 2 cuillères à table de persil frais finement haché

<u>Pour faire les pâtes</u> : tamiser la farine et le sel sur la surface de travail, puis creuser un puits au centre. Incorporer suffisamment d'eau pour créer une pâte ferme. Pétrir pendant 10 minutes. Réserver 5 minutes. Détacher des morceaux de pâte et les rouler en spaghetti de 20 cm de longueur. Utiliser de la farine pour éviter que la pâte ne colle. Laisser les spaghetti sécher sur la planche, recouverts d'un linge, pendant au moins 1 heure. • <u>Sauce</u> : laver les champignons pour en retirer la saleté, rincer avec soin et tamponner pour les sécher. Séparer les chapeaux des queues et hacher grossièrement ces dernières. Couper finement les chapeaux. • Faire sauter les queues dans 3 cuillères à table d'huile, dans une poêle à frire, à feu élevé pendant 2 minutes. • Ajouter les chapeaux tranchés et faire cuire pendant 10 minutes, ou jusqu'à ce qu'ils soient tendres. Saler. • À feu moyen, faire sauter l'ail, le piment et 1 cuillère à table de persil dans l'huile, dans un poêlon moyen, jusqu'à ce que l'ail soit doré de toutes parts, soit environ 2 minutes. • Ajouter les champignons. Faire cuire pendant 5 minutes de plus. Ajouter en remuant la dernière cuillère à table de persil et retirer du feu. • Faire cuire les pâtes dans une grande marmite d'eau bouillante salée jusqu'à ce qu'elles soient *al dente*. • Égoutter et ajouter à la sauce.

Donne 4 portions • Prép. : 30 min • Cuisson : 30 min • Difficulté : 1

PÂTES FRAÎCHES AU PESTO DE NOIX
Pasta fresca al pesto di noci

<u>Pour faire les pâtes</u> : tamiser les farines ainsi que le sel sur la surface de travail, puis creuser un puits au centre. Incorporer suffisamment d'eau pour créer une pâte lisse. Pétrir pendant 15 à 20 minutes, jusqu'à ce qu'elle soit élastique. Façonner la pâte en une boule, emballer dans une pellicule plastique et laisser reposer pendant 30 minutes. • Rouler la pâte sur une surface légèrement enfarinée jusqu'à ce qu'elle ait environ 3 mm d'épaisseur; couper en carrés de 3 cm. Laisser sécher sur une serviette de cuisine enfarinée environ 30 minutes. • <u>Sauce aux noix</u> : blanchir les noix dans une eau bouillante pendant 1 minute. Égoutter et transférer sur une grande serviette de cuisine en coton. Plier la serviette sur les noix et les frotter pour enlever les minces pelures intérieures.
• Passer les noix au robot culinaire avec le sucre, la liqueur, le chocolat, la chapelure, le zeste de citron et la cannelle jusqu'à ce que la consistance soit lisse.
• Faire cuire les pâtes dans une grande marmite d'eau bouillante salée jusqu'à ce qu'elles soient *al dente*.
• Égoutter, servir dans un plat de service et napper de sauce. • Servir froid.

Donne 6 portions • Prép. : 2 h • Cuisson : 20 min + 30 min de repos pour les pâtes • Difficulté : 2

Pour faire les pâtes
- 200 g de farine tout usage
- 200 g de semoule de blé tendre
- ¼ cuillère à thé de sel
- 150 ml d'eau tiède, plus au besoin

Sauce aux noix
- 100 g de noix
- 100 g de sucre cristallisé
- 60 ml de liqueur d'Alchermes ou rhum brun
- 45 g de chocolat mi-sucré, grossièrement haché
- 1 cuillère à table de chapelure fine
- Zeste de ½ citron
- ¼ cuillère à thé de cannelle moulue

SPAGHETTI AUX ASPERGES SAUVAGES

Spaghetti agli asparagi

- 700 g d'asperges sauvages ou de culture
- 60 ml d'huile d'olive extra vierge
- 2 gousses d'ail finement hachées
- 500 g de tomates mûres et fermes, pelées et épépinées
- sel
- 350 g de spaghettini secs
- 30 g de pecorino âgé fraîchement râpé

Retirer la portion ligneuse de l'asperge, peler le reste de la tige et couper en petites sections. Couper les pointes. • Dans une poêle à frire, faire sauter les tiges d'asperges dans l'huile, à feu moyen pendant 5 minutes. • Ajouter l'ail et les tomates, et saler. Couvrir et faire cuire à feu doux pendant 15 minutes. • Ajouter les pointes d'asperges et faire cuire 15 minutes de plus, ou jusqu'à ce qu'elles soient tendres. • Faire cuire les pâtes dans une grande marmite d'eau bouillante salée jusqu'à ce qu'elles soient *al dente*. • Égoutter et ajouter à la sauce aux asperges. Saupoudrer de pecorino et servir.

Donne 4 portions • Prép. : 30 min • Cuisson : 45 min • Difficulté : 1

MACARONI SUCRÉS

Maccheroni dolci con le noci

Ce plat de pâtes sucrées est une recette traditionnelle servie la veille de Noël.

Faire cuire les pâtes dans une grande marmite d'eau bouillante salée jusqu'à ce qu'elles soient *al dente*. • Égoutter et transférer dans un grand bol. • Mélanger le sucre, les noix, le cacao, la chapelure, la cannelle et le zeste de citron. • Servir chaud.

Donne 6 portions • Prép. : 10 min • Cuisson : 12 min • Difficulté : 1

- 300 g de macaroni frais du commerce
- 70 g de sucre cristallisé
- 200 g de noix finement hachées
- 50 g de poudre de cacao non sucrée
- 90 g de chapelure fine et sèche
- ¼ cuillère à thé de cannelle moulue
- Zeste de 1 citron

Spaghetti aux asperges sauvages

MARCHES

Les Marchigiani préparent une cuisine saine qui utilise des ingrédients frais provenant de la mer et des fermes. Au milieu de la ligne côtière de l'Adriatique, vous pourrez déguster des crevettes de Norvège et des moules juteuses en visitant Ancône, la capitale portuaire de la région. Plus loin dans les terres, le plat de pâtes favori de la région, les vincigrassi, est préparé dans les foyers et les restaurants comme à la façon de nonna (grand-mère). Les truffes et les champignons porcini sont utilisés modérément dans les recettes de pâtes de cette région, mais lorsqu'ils le sont, ils ajoutent un parfum rustique à plusieurs de ces plats.

Spaghetti aux truffes noires et anchois
(voir page 132)

Spaghetti fins aux fruits de mer

SPAGHETTI FINS AUX FRUITS DE MER

Tagliolini di Campofilone al calamari

- 2 gousses d'ail finement hachées
- 5 cuillères à table d'huile d'olive extra vierge
- 200 g de petits calmars coupés en anneaux, avec les tentacules coupés en deux
- 6 gros homards de Norvège ou crevettes géantes (150 g au total), coupés en deux, dans le sens de la longueur, avec des cisailles de cuisine
- 60 ml de vin blanc sec
- sel
- 400 g de tagliolini di Campofilone (une pâte très longue et fine) ou de capellini, spaghetti ou cheveux d'ange séchés du commerce
- 1 petit bouquet de persil finement coupé

À feu doux, faire sauter l'ail dans l'huile, dans une grande poêle à frire, pendant 3 minutes, jusqu'à ce qu'il soit aromatisé. • Ajouter le calmar et huit demi-homards et faire cuire à feu doux pendant 15 minutes. • Verser le vin et faire cuire pendant 2 à 3 minutes, jusqu'à ce qu'il s'évapore. • Saler et retirer du feu. • Faire cuire les pâtes dans une grande marmite d'eau bouillante salée jusqu'à ce qu'elles ne soient pas tout à fait *al dente*. • Blanchir les demi-homards restants dans la marmite, avec les pâtes, pendant 3 à 4 minutes, jusqu'à ce qu'ils soient cuits. • Retirer les homards à l'aide d'une cuillère à rainures et réserver. Égoutter les pâtes, en réservant 4 cuillères à table d'eau de cuisson, et transférer dans la poêle à frire avec la sauce. Ajouter de l'eau de cuisson pour ajuster la consistance, au besoin. • Transférer dans un plat de service et garnir des demi-homards blanchis et saupoudrer de persil.

Donne 4 portions • Prép. : 20 min • Cuisson : 30 min • Difficulté : 1

SPAGHETTI FINS AUX ANCHOIS ET AUX MOULES

Spaghetti del marinaio

Faire tremper les moules dans un grand bol d'eau tiède salée pendant 1 heure. Arracher le foin des moules. • Transférer les moules dans un grand poêlon d'eau salée bouillante et faire cuire jusqu'à ce qu'elles s'ouvrent. Jeter toutes les moules qui ne se sont pas ouvertes. Égoutter le liquide et réserver. • Laisser huit moules dans leur coquille. Enlever les coquilles de toutes les autres et trancher la chair grossièrement. • À feu doux, faire sauter l'oignon, l'ail et le persil dans l'huile, dans une grande poêle à frire, avec une pincée de sel pendant 20 minutes. • Ajouter les anchois et les câpres salés, faire cuire à feu doux pendant 5 à 10 minutes, jusqu'à ce que les anchois se soient dissouts complètement. • Ajouter les anchois frais et la chair de moules tranchée. • Ajouter le liquide de cuisson des moules, préalablement filtré, et faire cuire pendant 10 minutes. Verser le vin et faire cuire pendant 5 minutes, jusqu'à ce qu'il s'évapore. Saler et assaisonner de piment de Cayenne. • Faire cuire les spaghetti dans une grande marmite d'eau bouillante salée jusqu'à ce qu'ils soient *al dente*. • Égoutter et ajouter à la poêle. • Transférer dans des plats de service et garnir des moules dans leur coquille.

Donne 4 portions • Prép. : 45 min + 60 min pour faire tremper les moules • Cuisson : 45 min • Difficulté : 1

- 400 g de moules, rincées et prêtes pour la cuisson
- 1 oignon finement coupé
- 1 gousse d'ail finement hachée
- 2 cuillères à thé de persil frais finement haché
- 60 ml d'huile d'olive extra vierge
- 2 anchois emballés dans le sel, rincés et désossés
- 1 cuillère à table de câpres, emballées dans le sel et rincées
- 250 g d'anchois frais, désossés et en filets
- 150 ml de vin blanc sec
- $\frac{1}{8}$ cuillère à thé de piment de Cayenne sec, émietté
- sel
- 350 g de spaghetti secs

Spaghetti fins
aux anchois et aux moules

Gnocchi

GNOCCHI STRIÉS ET SAUCE AU CANARD
Gnocchi col sugo di papera

Gnocchi striés

- 1 kg de pommes de terre pour cuisson au four ou farineuses
- 250 g de farine tout usage
- $\frac{1}{8}$ cuillère à thé de sel
- 1 gros œuf légèrement battu
- 3 cuillères à table de parmesan fraîchement râpé

Sauce au canard

- 6 cuillères à table d'huile d'olive extra vierge
- 1 oignon rouge ou blanc finement coupé
- 1 tige de céleri finement coupée

- 1 carotte finement coupée
- 1 tige de persil frais finement coupée
- 1 gousse d'ail finement hachée
- 1 petit canard, coupé en huit morceaux, le surplus de gras retiré
- 60 ml de vin blanc sec
- sel et poivre noir fraîchement moulu
- 400 g de grosses tomates pelées, pressées dans une passoire à mailles fines (passata)
- 1 cuillère à table de pâte/purée de tomate
- 1 feuille de laurier
- 60 g de parmesan fraîchement râpé

Pour faire les gnocchi striés : faire cuire les pommes de terre dans une eau bouillante salée pendant 15 à 20 minutes ou jusqu'à tendreté. Égoutter et peler les pommes de terre. Utiliser un pilon à pommes de terre ou une fourchette pour les réduire en purée et les étendre sur une surface pour qu'elles refroidissent. • Ajouter la farine, le sel, les œufs et le parmesan. Former des boules avec le mélange. Détacher des morceaux de pâte et les rouler en billots de 1 cm. Couper les billots en morceaux de 3 cm de longueur et les rouler sur une surface enfarinée (ou une planche côtelée si vous en avez une, voir ci-dessous, ou les marquer avec les dents d'une fourchette), et s'assurer qu'ils ne sont pas trop près les uns des autres.
• Sauce au canard : dans un fait-tout, faire chauffer l'huile et faire sauter l'oignon, le céleri, la carotte et le persil, à feu doux pendant 15 minutes. • Ajouter l'ail et faire cuire pendant 3 minutes, jusqu'à ce que

le tout soit doré. • Augmenter l'intensité et ajouter le canard et poursuivre la cuisson jusqu'à ce qu'il soit doré de toutes parts, soit environ 2 minutes. • Verser le vin, saler et poivrer. • Ajouter en remuant les tomates, la pâte de tomate (dissoute dans 2 cuillères à table d'eau tiède) et la feuille de laurier. Couvrir et faire cuire à feu doux pendant 1 heure, en remuant occasionnellement, ou jusqu'à ce que le canard soit tendre. • Retirer le canard, le désosser, enlever la peau et couper grossièrement. Remettre le canard dans le poêlon, faire cuire pendant 15 minutes de plus. • Faire cuire les gnocchi par petites quantités dans une grande marmite d'eau salée bouillante jusqu'à ce qu'ils montent à la surface. • Utiliser une cuillère à rainures pour égoutter les gnocchi et les ajouter à la sauce. Saupoudrer de parmesan et servir.

Donne 4 à 6 portions • Prép. : 60 min • Cuisson : 90 min
• Difficulté : 2

FABRIQUER DES GNOCCHI AUX POMMES DE TERRE

1. Peler les patates bouillies alors qu'elles sont encore chaudes et les réduire en purée à l'aide d'un pilon à pommes de terre ou une fourchette, jusqu'à ce qu'elles aient une texture lisse, ou encore les passer au presse-purée.

2. Ajouter la farine et le sel et pétrir les ingrédients ensemble jusqu'à ce que la pâte soit souple.

3. Détacher des petits morceaux de pâtes et les rouler en forme de cylindre, à peu près de l'épaisseur d'un doigt. Couper en morceaux courts.

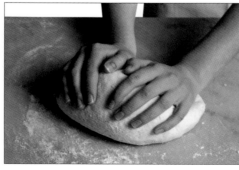

Pour faire une forme différente : ajouter un peu plus de farine lorsque vous les façonnez. Vous pouvez rouler les morceaux courts sur une planche de bois côtelée enfarinée. Pour faire des gnocchi sans planche côtelée : Passer les gnocchi sur le dos d'une râpe ou les presser contre les dents d'une fourchette.

Ajouter un peu plus de farine lorsque vous les façonnez. Vous pouvez rouler les morceaux courts sur une planche de bois côtelée enfarinée. Pour faire des gnocchi sans planche côtelée : passer les gnocchi sur le dos d'une râpe ou les presser contre les dents d'une fourchette.

Pour faire cuire : faire bouillir les gnocchi par petites quantités dans une grande quantité d'eau salée bouillante pendant 3 à 5 minutes, jusqu'à ce qu'ils montent à la surface. Retirer les gnocchi à l'aide d'une cuillère à rainures.

LASAGNE AU JAMBON ET AUX CHAMPIGNONS
Vincisgrassi

Pour faire les pâtes

- 300 g de farine tout usage
- $\frac{1}{4}$ cuillère à thé de sel
- 2 gros œufs
- 3 cuillères à table de vin de Marsala
- 1 cuillère à table d'huile d'olive extra vierge

Sauce à la viande

- 1 oignon finement coupé
- 125 g de beurre
- 30 g de champignons séchés, trempés dans l'eau tiède pendant 15 minutes et finement coupés
- 60 g de jambon cuit gras et maigre, coupé en petites languettes
- 100 ml de fond ou bouillon de poulet, plus au besoin
- Cuisses et poitrines de 1 poulet, désossées et coupées en petites lanières
- 300 g de foies de poulet parés et en cubes
- 150 g de foie de veau blanchi (facultatif)
- 100 ml de vin de Marsala, plus au besoin
- sel et poivre noir fraîchement moulu
- 1 truffe noire, finement coupée (2 cuillères à table de truffes en conserve ou de pâte de truffe)

Sauce béchamel

- 60 g de beurre
- 30 g de farine tout usage
- 580 ml de lait
- sel et poivre blanc fraîchement moulu
- muscade fraîchement râpée
- 3 cuillères à table de parmesan fraîchement râpé

Pour faire les pâtes : tamiser la farine et le sel sur la surface de travail, puis creuser un puits au centre. Casser les œufs au centre du puits et intégrer le vin et l'huile pour créer une pâte lisse. Pétrir pendant 15 à 20 minutes, jusqu'à ce qu'elle soit élastique. Façonner la pâte en une boule, emballer dans une pellicule plastique et laisser reposer pendant 30 minutes. • Rouler la pâte en rectangles très fins, d'environ 4 x 20 cm. • Blanchir les pâtes par petites portions dans une grande marmite d'eau bouillante salée pendant 1 minute. Retirer et placer dans de l'eau froide avec de l'huile et du sel. Essorer et disposer sur un linge humide (voir page 222). • Sauce à la viande : faire sauter l'oignon dans 60 g de beurre dans un petit poêlon à feu doux pendant 20 minutes, ou jusqu'à ce qu'il soit tendre. • Ajouter les champignons et les faire sauter pendant 2 minutes. • Ajouter le jambon et un peu de bouillon. • Ajouter en remuant le poulet et faire cuire jusqu'à ce qu'il soit bruni de toutes parts. • Ajouter les foies de poulet et de veau. Augmenter l'intensité et verser le vin de Marsala. Ajouter assez d'eau chaude ou de bouillon pour couvrir, puis saler et poivrer. • Ajouter les truffes et faire cuire à feu doux pendant 20 minutes. • Beurrer un plat de cuisson. • Sauce béchamel : faire fondre le beurre dans un poêlon à feu moyen et ajouter la farine pour faire une pâte épaisse. • Incorporer graduellement le lait, puis saler, poivrer et assaisonner de muscade. Amener à ébullition sur feu doux, en remuant sans arrêt, et faire bouillir pendant 10 minutes, jusqu'à épaississement. • Disposer un rectangle de pâtes dans le plat de cuisson beurré. Garnir de sauce béchamel et couvrir de sauce à la viande. Saupoudrer de parmesan. Continuer d'ajouter des couches de pâtes, de sauce béchamel et de sauce à la viande jusqu'à ce que tous les ingrédients aient été utilisés, en terminant avec une couche de pâtes. Badigeonner du reste de beurre (60 g) et laisser reposer à température de la pièce pendant au moins 2 heures. • Préchauffer le four à 350°F / 180°C. • Faire cuire pendant 25 à 35 minutes ou jusqu'à ce que la couche de pâtes du dessus soit légèrement croustillante. • Servir chaud.

Donne 6 portions • Prép. : 90 min + 30 min de temps de repos pour les pâtes + 2 h de temps de repos pour le plat de lasagne • Cuisson : 90 min • Difficulté : 3

SPAGHETTI AUX TRUFFES NOIRES ET ANCHOIS
Spaghetti al tartufo

- 6 cuillères à table d'huile d'olive extra vierge
- 1 gousse d'ail finement hachée
- 2 anchois emballés dans le sel, rincés, désossés et finement coupés
- 2 cuillères à thé de sauce tomate non assaisonnée du commerce
- sel et poivre blanc fraîchement moulu
- 350 g de spaghettini secs
- 30 g de truffes noires, finement hachées
- Feuilles de 1 petit bouquet de persil, finement coupées

Faire chauffer l'huile et l'ail dans un petit poêlon à feu moyen. Faire sauter brièvement en s'assurant que l'ail ne brunisse pas. • Baisser l'intensité, ajouter les anchois et poursuivre la cuisson jusqu'à ce qu'ils se soient dissouts complètement, soit environ 5 à 10 minutes. • Ajouter la sauce tomate, saler et poivrer. • Faire cuire pendant 4 à 5 minutes, jusqu'à ce que le tout soit aromatisé. • Faire cuire les pâtes dans une grande marmite d'eau bouillante salée jusqu'à ce qu'elles soient *al dente*. • Égoutter et transférer dans les assiettes. Saupoudrer de truffes et couvrir de sauce aux anchois. • Garnir de persil.

Donne 4 portions : Prép. : 10 min • Cuisson : 15 min • Difficulté : 1

MACARONI AU FOUR AUX TRUFFES NOIRES ET AU POULET

Maccheroni alla pesarese

- 1 oignon finement tranché
- 100 g de beurre
- 1 cuillère à table de pâte/purée de tomate mélangée à 60 ml de fond ou bouillon
- sel et poivre noir fraîchement moulu
- 150 g de poitrines de poulet désossées sans peau
- 150 g de veau en un morceau

À feu doux, faire sauter l'oignon dans 2 cuillères à table de beurre, dans un poêlon pendant 30 minutes, jusqu'à ce qu'il soit tendre. • Ajouter le mélange de pâte de tomate, saler et poivrer. Faire cuire jusqu'à ce que le liquide se soit évaporé. • Faire sauter le poulet et le veau dans 4 cuillères à table de beurre, dans une poêle à frire, à feu élevé pendant 2 minutes, ou jusqu'à ce que la viande soit brune. Baisser l'intensité et faire cuire pendant 15 minutes. • Retirer du feu et laisser refroidir. • Préchauffer le four à 400 °F / 200 °C. Beurrer un plat de cuisson. • Passer au robot culinaire le poulet, le veau et le jambon avec 125 ml de crème et les truffes jusqu'à l'obtention d'une consistance lisse. • Faire cuire les pâtes dans une grande marmite d'eau bouillante salée pendant la

moitié du temps indiqué sur le paquet. Égoutter et rincer à l'eau froide pour faire refroidir. • À l'aide d'une poche à douille, remplir les pâtes avec la garniture. • Transférer la moitié des pâtes remplies dans le plat préparé, recouvrir de sauce à l'oignon et déposer 3 cuillères à table de morceaux de beurre. Saupoudrer de 30 g de fromage suisse. • Transférer les macaroni garnis restants sur le dessus et recouvrir du reste (60 ml) de crème. Déposer les 3 cuillères à table de beurre et saupoudrer du reste de fromage suisse. • Faire cuire pendant 15 à 20 minutes ou jusqu'à ce que les pâtes soient légèrement croustillantes. • Servir très chaud.

Donne 4 portions • Prép.: 30 min • Cuisson: 60 min • Difficulté: 2

- 200 g de jambon cuit, en tranches épaisses
- 180 ml de double crème ou crème épaisse
- 20 g de truffes noires
- 300 g de pâtes en forme de tubes, lisses ou striées
- 90 g de fromage suisse râpé

Macaroni au four aux truffes noires et au poulet

LATIUM

Centre de la région du Latium et foyer de la ville éternelle, Rome possède une cuisine abondante et classique. Le carbonara représente la quintessence des plats de pâtes – de la pancetta sautée et des pâtes touillées avec des œufs. Les bucatini, de larges spaghetti avec un centre vide, se retrouvent sur tous les menus, servis avec une sauce tomate épicée. Ce spaghetti simple, mais savoureux, parfumé à l'ail et à l'huile d'olive est idéal pour un dîner léger. Vous pouvez aussi essayer un fettuccine avec beurre et crème ou encore un ragoût à la viande consistant comme plat principal au souper.

Fettuccini à la romaine (voir page 141)

Soupes et sauces

PÂTES ET POIS DANS LE BOUILLON
Pasta e piselli in brodo

- 60 g de beurre ou lard, coupé
- 1 oignon finement coupé
- 2 gousses d'ail légèrement écrasées mais entières
- 5 feuilles de basilic frais
- 215 g de pois frais ou congelés, amenés à la température de la pièce
- 50 g de prosciutto ou jambon de Parme finement haché
- 1 cuillère à table de pâte/purée de tomate
- 500 ml de fond ou bouillon de viande
- sel et poivre blanc fraîchement moulu
- 125 g de quadrucci ou petites pâtes à soupe (fraîches ou sèches)
- 30 g de pecorino fraîchement râpé

Les quadrucci sont des petites pâtes carrées utilisées dans les soupes. Elles peuvent être façonnées en coupant de longues pâtes, comme les tagliatelle, en petits carrés.

Passer ensemble au robot le lard, l'oignon, l'ail et le basilic. • Faire sauter le mélange avec les pois et le prosciutto dans un grand poêlon à feu moyen. • Mélanger la pâte de tomate à 180 ml de bouillon et ajouter au poêlon. • Faire cuire à couvert, à feu doux, en ajoutant plus de bouillon au besoin. Saler et poivrer. • Lorsque les pois sont tendres, ajouter le reste du bouillon. • Amener à ébullition, ajouter les pâtes et poursuivre la cuisson pour obtenir des pâtes *al dente*. • Saupoudrer de pecorino et servir.

Donne 4 portions • Prép.: 30 min • Cuisson: 45 min • Difficulté: 1

TAGLIATELLE À LA CRÈME ET AU JAMBON
Tagliatelle panna e prosciutto

- 100 g de jambon coupé en fines languettes
- 4 cuillères à table de beurre
- 200 g de double crème ou crème épaisse, plus au besoin
- sel et poivre blanc fraîchement moulu
- 1/8 cuillère à thé de muscade fraîchement râpée
- 400 g de tagliatelle fraîches aux œufs
- 60 g de parmesan fraîchement râpé

À feu élevé, faire sauter le jambon dans le beurre, dans une grande poêle, pendant 5 minutes, sans le laisser brûler. • Verser la crème et faire cuire jusqu'à ce qu'elle épaississe. • Saler, poivrer et assaisonner de muscade (le jambon aura déjà parfumé la sauce). • Faire cuire les pâtes dans une grande marmite d'eau bouillante salée jusqu'à ce qu'elles soient *al dente*. • Égoutter et ajouter au poêlon avec la sauce. Laisser mijoter et, au besoin, ajouter une petite quantité d'eau de cuisson aux pâtes. • Saupoudrer de parmesan et servir chaud.

Donne 4 portions • Prép.: 15 min • Cuisson: 15 min • Difficulté: 1

SOUPE AU POISSON ET AU BROCOLI
Pasta e broccoli con brodo di razza

Amener une quantité suffisante d'eau à ébullition dans une poissonnière avec le céleri, l'oignon, les gousses d'ail entières et 1 cuillère à table de persil. Saler et ajouter la raie. Faire cuire pendant 20 minutes ou jusqu'à ce que la chair se détache des arêtes. Égoutter le poisson et en faire des filets. Remettre les arêtes dans la poissonnière et faire bouillir pendant 30 minutes pour faire un bouillon de qualité. Le poisson en filets, assaisonné d'huile et de citron, devrait être servi comme plat principal accompagné de légumes à la vapeur. Passer le bouillon à la passoire et réserver. • Dans un grand poêlon, faire sauter l'ail haché, 2 cuillères à table de persil, le piment et les anchois dans l'huile pendant 5 à 10 minutes, ou jusqu'à ce qu'il soit légèrement doré et que les anchois se soient entièrement dissous. • Ajouter en remuant les tomates et laisser mijoter pendant 5 minutes • Augmenter l'intensité, puis verser le vin. • Défaire le brocoli en fleurons et en pieds. Peler les pieds et les couper finement. • Ajouter les fleurons de brocoli et les pieds au mélange sauté et ajouter assez de bouillon de poisson pour recouvrir le tout. Saler et laisser mijoter pendant 20 minutes. • Ajouter plus de bouillon (environ 1,25 litre) et porter à ébullition. Saler et ajouter les pâtes. Faire cuire selon les indications sur le paquet. • Servir chaud dans des bols individuels.

Donne 4 à 6 portions • Prép.: 30 min • Cuisson: 90 min • Difficulté: 2

- 2 litres d'eau
- 1 tige de céleri, coupée en petits tronçons
- 1/2 oignon finement tranché
- 1 gousse d'ail légèrement écrasée mais entière + 2 gousses d'ail finement hachées
- 3 cuillères à table de persil frais finement haché
- sel
- 1 raie ou pocheteau d'environ 1 kg, nettoyés
- 1 piment de Cayenne, finement haché
- 1 anchois emballé dans le sel, rincé et en filets
- 5 cuillères à table d'huile d'olive extra vierge
- 300 g de tomates mûres et fermes, pelées, épépinées et finement coupées
- 100 ml de vin blanc sec, plus au besoin
- 500 g de brocolis
- 300 g de pâtes sèches courtes pour la soupe (petits pennete)

FRASCARELLI DANS LE BOUILLON

Frascarelli in brodo

Pour faire les pâtes

- 1 gros œuf
- 150 à 180 ml d'eau
- 300 g de farine tout usage
- ¼ cuillère à thé de sel

Pour ces frascarelli servis dans le bouillon, il est recommandé de faire les pâtes avec moins d'œufs que la quantité utilisée dans la recette d'Ombrie. La façon de faire demeure la même, ce ne sont que les proportions qui sont légèrement différentes. Le bouillon dans lequel les pâtes sont cuites est déjà riche, ce qui explique pourquoi les deux œufs ne sont pas requis.

<u>Pour faire les pâtes</u> : battre l'œuf et l'eau dans un grand bol. • Tamiser une petite quantité de farine et de sel sur une surface de travail propre. • Tremper une branche feuillue ou un sorgho à balais dans les œufs et effleurer la farine avec. • Utiliser l'autre main pour remuer la farine d'un côté à l'autre afin qu'un certain nombre de petites mottes se forment. Rassembler ces mottes et travailler avec un tamis à gros grains.
• Répartir sur une planche à découper en bois et tami-

ser la farine qui reste sur la surface de travail. Répéter le processus jusqu'à ce que tous les ingrédients aient été utilisés. Si vous voulez conserver les frascarelli, s'assurer qu'ils soient secs avant de les entreposer.
• <u>Bouillon</u> : couper le lard, l'ail, l'oignon, le céleri, la carotte et le persil pour en faire un mélange homogène. • À feu moyen, faire sauter ce mélange dans l'huile, dans un grand poêlon pendant 7 à 10 minutes, jusqu'à ce qu'il soit très tendre. • Ajouter la feuille de laurier et faire sauter pendant 3 minutes à feu élevé. • Ajouter les tomates avec leur jus et le bouillon de poulet. • Retirer la feuille de laurier, saler et poivrer. • Laisser mijoter pendant 30 minutes à feu doux.
• Augmenter l'intensité, ajouter les frascarelli et faire cuire pendant 2 à 3 minutes. Servir très chaud.

Donne 4 portions • Prép.: 90 min • Cuisson: 45 min
• Difficulté: 2

Bouillon

- 100 g de beurre ou lard, coupé
- 2 gousses d'ail finement hachées
- ½ oignon finement coupé
- 1 tige de céleri finement coupée
- 1 petite carotte finement coupée
- 3 tiges de persil frais finement coupées
- 2 cuillères à table d'huile d'olive extra vierge
- 1 feuille de laurier
- 200 g de tomates pelées et grossièrement coupées
- 750 ml de fond ou bouillon de poulet
- sel et poivre blanc fraîchement moulu

Frascarelli dans le bouillon

SOUPE AUX PÂTES ET HARICOTS FRAIS

Minestra di pasta e fagioli freschi

- 400 g de cannellini ou haricots canneberges, décortiqués
- 2 gousses d'ail
- 1 tige de sauge fraîche
- 4 tomates mûres et fermes
- 2 cuillères à table d'huile d'olive extra vierge
- 2 litres d'eau, plus au besoin
- sel
- 100 g de prosciutto (jambon de Parme), pancetta ou bacon en cubes
- 1 oignon finement coupé
- 1 tige de céleri finement coupée
- 60 ml d'huile d'olive extra vierge
- 250 ml de sauce tomate non assaisonnée
- 2 pommes de terre moyennes, pelées et finement coupées
- 200 g de tagliatelle fraîches aux œufs du commerce
- poivre noir fraîchement moulu

Mélanger les haricots à l'ail, à la sauge, aux tomates et à l'huile dans un grand poêlon ou fait-tout, à feu doux. Verser l'eau et amener à ébullition. • Faire mijoter pendant 1 heure, jusqu'à ce que les haricots soient tendres. • Saler et retirer du feu. • À feu moyen, faire sauter le prosciutto, l'oignon et le céleri dans 2 cuillères à table d'huile, dans un grand poêlon, jusqu'à ce que le prosciutto (ou la pancetta) soit croustillant, soit environ 15 minutes. • Ajouter en remuant la sauce tomate et faire cuire pendant 5 minutes. • Ajouter les haricots et leur eau de cuisson, ainsi que les pommes de terre. Amener à ébullition et faire cuire pendant 20 minutes. • Ajouter les pâtes et poursuivre la cuisson pour obtenir des pâtes *al dente*. • Déposer les dernières 2 cuillères à table d'huile et ajouter un soupçon de poivre noir.

Donne 4 portions • Prép. : 25 min • Cuisson : 2 h • Difficulté : 1

SOUPE AUX POIS CHICHES

Minestra di pasta e ceci

Mettre les haricots dans un grand poêlon et ajouter l'eau. Amener à ébullition à feu doux. Éliminer l'écume. Faire cuire à feu doux pendant 3 heures, ou jusqu'à ce que les pois chiches soient très tendres. • Saler et retirer du feu (il devrait rester beaucoup d'eau de cuisson). • Chauffer l'huile et le lard dans un poêlon moyen. Faire sauter l'ail et le romarin pendant 2 minutes, jusqu'à ce que l'ail soit doré. • Ajouter en remuant la sauce tomate et laisser mijoter pendant 3 minutes. • Ajouter les pois chiches et environ 1,5 litre d'eau de cuisson. Amener à ébullition et ajouter les pâtes. Faire cuire selon les indications sur le paquet. Retirer et jeter le romarin. • Servir dans des bols avec un soupçon d'huile d'olive extra vierge.

Donne 4 à 6 portions • Prép. : 30 min + temps de trempage des pois chiches • Cuisson : 4 h • Difficulté : 1

- 300 g de pois chiches secs, trempés toute la nuit et égouttés
- 4 litres d'eau, plus au besoin
- sel
- 60 ml d'huile d'olive extra vierge, et un peu plus, pour vaporiser
- 1 cuillère à table de lard ou beurre, coupé finement
- 2 gousses d'ail finement hachées
- 1 tige de romarin frais
- 3 cuillères à table de sauce tomate non assaisonnée
- 200 g de pâtes courtes ou fettuccini aux œufs, secs, cassés en petits morceaux

Soupe aux pâtes et haricots frais

Carrés de pâtes fraîches aux féveroles

CARRÉS DE PÂTES FRAÎCHES AUX FÉVEROLES
Quadrucci con le fave

Pour faire les pâtes
- 200 g de farine tout usage
- ¼ cuillère à thé de sel
- 2 gros œufs

Soupe
- 50 g de prosciutto ou jambon de Parme
- 1 cuillère à table de menthe finement hachée
- ½ oignon rouge finement coupé
- sel
- 60 ml d'huile d'olive extra vierge
- 4 tomates fermes et mûres, pelées et grossièrement coupées
- 250 g de féveroles ou gourganes fraîches
- 200 ml de fond ou bouillon de viande, plus au besoin
- poivre noir fraîchement moulu

Pour faire les pâtes : tamiser la farine et le sel sur la surface de travail, puis creuser un puits au centre. Casser les œufs dans le puits et bien incorporer pour faire une pâte lisse. Pétrir pendant 15 à 20 minutes, jusqu'à ce qu'elle soit élastique. Façonner la pâte en une boule, l'emballer dans une pellicule plastique et laisser reposer pendant 30 minutes. • Rouler la pâte sur une surface enfarinée. Couper des carrés de 3 cm et disposer sur un linge de cuisine pour qu'ils sèchent. • Soupe : couper finement le prosciutto et mélanger à la menthe, à l'oignon et à une pincée de sel. • À feu moyen, faire sauter ce mélange dans l'huile, dans un poêlon pendant 3 minutes, jusqu'à ce qu'il soit aromatisé. • Ajouter les tomates et les féveroles et faire sauter pendant 3 minutes. • Ajouter en remuant le bouillon chaud. Faire cuire à feu doux, à couvert, pendant 1 heure, en ajoutant plus de bouillon si le mélange commence à s'assécher. • Saler et poivrer. • Faire cuire les pâtes dans une grande marmite d'eau bouillante salée pendant 2 à 3 minutes ou jusqu'à ce qu'elles soient *al dente*. • Égoutter et ajouter au poêlon avec les féveroles. • Servir très chaud.

Donne 4 portions • Prép. : 1 h • Cuisson : 75 min • Difficulté : 1

PESTO AUX NOIX
Nociata

- 200 g de noix
- 2 cuillères à table de sucre brun
- ⅛ cuillère à thé de cannelle moulue
- Zeste de ½ citron
- 350 g de pâtes sèches courtes, par exemple des penne

Blanchir les noix dans une eau bouillante pendant 1 minute. Égoutter et transférer sur une grande serviette de cuisine en coton. Plier la serviette sur les noix et les frotter pour enlever les minces pelures intérieures. • Transférer les noix sur une planche à découper et couper finement. • Mélanger les noix avec le sucre brun, la cannelle et le zeste de citron. • Faire cuire les pâtes dans une grande marmite d'eau bouillante salée jusqu'à ce qu'elles soient *al dente*. • Égoutter et ajouter au pesto. • Servir chaud.

Donne 4 portions • Prép. : 30 min • Cuisson : 20 min • Difficulté : 1

FETTUCCINI À LA ROMAINE
Fettuccine alla romana

- 1 oignon rouge finement coupé
- 1 petite carotte finement coupée
- 1 petite tige de céleri finement coupée
- 60 ml d'huile d'olive extra vierge
- 200 g de bœuf maigre haché
- 100 ml de vin rouge sec, plus au besoin
- 100 g de foies de poulet parés et en cubes
- 310 g de grosses tomates pelées, pressées

Dans un grand poêlon, faire sauter l'oignon, la carotte et le céleri dans l'huile, à feu moyen, pendant 5 minutes, jusqu'à ce que l'oignon soit légèrement bruni. • Ajouter en remuant le bœuf et faire cuire pendant 3 minutes, jusqu'à ce qu'il soit bruni de toutes parts. • Augmenter l'intensité et verser le vin. • Ajouter les foies de poulet et faire cuire à feu doux pendant 15 minutes. • Ajouter les tomates, les champignons et la feuille de laurier, saler et poivrer. Faire cuire à feu doux pendant 1 heure. • Faire cuire les pâtes dans une grande marmite d'eau bouillante salée jusqu'à ce qu'elles soient *al dente*. • Égoutter et ajouter à la sauce. Saupoudrer de parmesan, déposer le beurre et le laisser fondre sur les pâtes. Servir.

Donne 4 portions • Prép. : 30 min • Cuisson : 90 min • Difficulté : 1

dans une passoire à mailles fines (passata)
- 15 g de champignons porcini séchés, trempés dans l'eau tiède pendant 15 minutes et finement coupés
- 1 feuille de laurier
- sel et poivre noir fraîchement moulu
- 350 g de fettuccini frais aux œufs du commerce
- 125 g de parmesan fraîchement râpé
- 60 g de beurre coupé en morceaux

Sauces

BUCATINI À LA PANCETTA ET AU PECORINO

Bucatini all'amatriciana bianca

- 150 g de pancetta ou bacon en cubes
- 60 ml d'huile d'olive extra vierge
- 1 oignon finement coupé
- 60 ml de vin blanc sec
- sel et poivre noir fraîchement moulu
- 350 g de bucatini secs
- 2 cuillères à table de persil frais finement haché
- 30 g de pecorino romano fraîchement râpé

À feu doux, faire sauter la pancetta dans l'huile, dans une petite poêle à frire, pendant 5 minutes. • Retirer de la poêle et réserver. • Ajouter l'oignon et faire sauter pendant 10 à 15 minutes, ou jusqu'à tendreté. Remettre la pancetta dans la poêle, augmenter l'intensité, et verser le vin. Saler et poivrer. • Faire cuire les pâtes dans une grande marmite d'eau bouillante salée jusqu'à ce qu'elles soient *al dente*. • Égoutter et ajouter à la sauce. Saupoudrer de persil et de pecorino et servir.

Donne 4 portions • Prép. : 10 min • Cuisson : 25 min • Difficulté : 1

SPAGHETTI AUX PALOURDES ET MOULES

Spaghetti vongole e cozze

Faire tremper les palourdes et les moules séparément dans de grands bols d'eau chaude salée pendant 1 heure. • Arracher le foin des moules. Égoutter les palourdes et les moules et les transférer dans un grand poêlon, ajouter 60 ml de vin et faire cuire à feu élevé pendant 3 à 5 minutes, ou jusqu'à ce qu'elles s'ouvrent. Jeter toutes celles qui ne se sont pas ouvertes. • Égoutter le liquide de cuisson et réserver. • À feu moyen, faire sauter l'ail et le piment dans le reste d'huile, dans une grande poêle à frire, jusqu'à ce que l'ail soit doré, soit environ 2 minutes. • Ajouter les palourdes et les moules avec leurs coquilles et faire cuire pendant 2 minutes. • Verser le reste du vin et le laisser s'évaporer. • Faire cuire les pâtes dans une grande marmite d'eau bouillante salée jusqu'à ce qu'elles soient *al dente*. • Égoutter et ajouter à la sauce, en ajoutant un peu du liquide de cuisson filtré. • Incorporer le beurre en remuant et saupoudrer de persil.

Donne 4 portions • Prép. : 30 min + 60 min pour le trempage des fruits de mer • Cuisson : 25 min • Difficulté : 2

- 500 g de palourdes dans leurs coquilles
- 700 g de moules dans leurs coquilles
- 150 ml de vin blanc sec
- 4 gousses d'ail finement hachées
- $1/8$ cuillère à thé de piment de Cayenne sec
- 6 cuillères à table d'huile d'olive extra vierge
- 350 g de spaghettini secs
- 1 cuillère à table de beurre, en morceaux
- 1 cuillère à table de persil frais finement haché

Bucatini à la pancetta et au pecorino

Spaghetti au pecorino

SPAGHETTI AU PECORINO

Spaghetti cacio e pepe

- 150 g de pecorino romano fraîchement râpé
- sel et poivre noir fraîchement moulu
- 125 ml d'eau
- 500 g de spaghettini secs

Mélanger le pecorino et $1/8$ cuillère à thé de poivre dans un grand bol. Diluer avec l'eau. • Faire cuire les pâtes dans une grande marmite d'eau bouillante salée jusqu'à ce qu'elles soient *al dente*. • Égoutter, en réservant un peu d'eau de cuisson, et ajouter les pâtes dans le bol avec le pecorino. Ajouter un peu de l'eau de cuisson et un soupçon de poivre noir. Ne pas ajouter trop d'eau car le fromage fondera sous forme de filaments plutôt que de crème.

Donne 6 portions • Prép. : 5 min • Cuisson : 10 min • Difficulté : 1

FETTUCCINI À LA CRÈME ET AU BEURRE

Fettuccine al doppio burro

Faire cuire les pâtes dans une grande marmite d'eau bouillante salée jusqu'à ce qu'elles soient *al dente*. Égoutter et réserver 60 ml de liquide de cuisson. • Faire chauffer 2 cuillères à table de beurre dans une grande poêle à frire. Dès que celui-ci commence à fondre, ajouter les fettuccini et l'eau de cuisson. • Ajouter en remuant 1 cuillère à table de crème, 1 cuillère à table de beurre et 1 cuillère à table de parmesan. • Continuer de la sorte jusqu'à ce que tous les ingrédients aient été utilisés. Faire cuire pendant 1 minute, en retirant les pâtes très minutieusement à l'aide d'une paire de fourchettes. Servir immédiatement.

Donne 4 portions • Prép. : 5 min • Cuisson : 15 min • Difficulté : 1

- 350 g de fettuccini frais aux œufs du commerce
- 100 g de beurre, plus au besoin
- 180 ml de double crème ou crème épaisse
- 60 g de parmesan fraîchement râpé

Sauces

PÂTES MAISON ET SAUCE À LA MACÉDOINE
Lombrichelli

Pour faire les pâtes
- 350 g de farine tout usage
- ¼ cuillère à thé de sel
- eau tiède

Sauce
- 1 gros oignon rouge finement coupé
- 1 carotte finement coupée
- 1 tige de céleri finement coupée
- 6 cuillères à table d'huile d'olive extra vierge ou de lard
- sel
- 2 gousses d'ail finement hachées
- 1 cuillère à table de persil frais finement haché
- 1 piment de Cayenne, finement haché
- 750 g de tomates pelées et grossièrement coupées
- 2 cuillères à table de parmesan pecorino romano râpé

Les pâtes maison comme ces lombrichelli reflètent bien leur origine étrusque. Elles sont fabriquées partout dans le centre de l'Italie. Leurs noms, qui diffèrent d'un endroit à l'autre, sont souvent très imaginatifs. La sauce d'accompagnement est de type campagnard, en version moins étoffée que celle utilisée pour les occasions spéciales.

Pour faire les pâtes : tamiser la farine et le sel sur la surface de travail, puis creuser un puits au centre. Incorporer suffisamment d'eau pour créer une pâte lisse. Pétrir pendant 15 à 20 minutes, jusqu'à ce qu'elle soit élastique. Façonner la pâte en une boule, l'emballer dans une pellicule plastique et laisser reposer pendant 30 minutes. • Détacher des morceaux de pâte et les rouler en spaghetti de 15 cm x 3 cm. Laisser sécher sur un linge enfariné toute la nuit afin d'éviter qu'ils ne collent ensemble • Sauce: mettre l'oignon, la carotte et le céleri dans l'huile, dans une grande poêle à frire, sur un feu moyen. Saler. Couvrir et faire cuire pendant 30 minutes, ou jusqu'à ce que les légumes soient très tendres. • Ajouter l'ail, le persil et le piment et faire cuire à feu élevé pendant 1 minute. • Ajouter en remuant les tomates et faire cuire à feu moyen pendant 30 minutes. Saler et retirer du feu. • Faire cuire les pâtes dans une grande marmite d'eau bouillante salée pendant environ 10 minutes ou jusqu'à ce qu'elles soient *al dente*. • Égoutter et ajouter à la sauce. Saupoudrer de pecorino et servir.

Donne 4 portions • Prép.: 40 min + 12 h de repos pour faire sécher les pâtes • Cuisson: 75 min • Difficulté: 2

PENNE À LA SAUCE TOMATE ÉPICÉE
Penne all'arrabbiata

La recette de sauce arrabbiata, qui signifie « en colère », est très courante dans le centre de l'Italie et y est présente sous plusieurs formes. Le piment de Cayenne et les tomates en sont les éléments de base.

À feu moyen, faire sauter la pancetta dans l'huile, dans une poêle à frire, pendant 5 minutes jusqu'à ce qu'elle soit croustillante. • Retirer du feu et transférer la pancetta sur une assiette que l'on gardera au chaud. • Dans la même huile, faire sauter le piment et l'ail pendant 2 minutes, jusqu'à ce que l'ail soit doré. • Ajouter et remuant les tomates et saler. Ajouter le persil et laisser mijoter pendant 10 minutes, ou jusqu'à ce que les tomates se brisent. • Ajouter la pancetta et faire cuire pendant 3 minutes. • Faire cuire les pâtes dans une grande marmite d'eau bouillante salée jusqu'à ce qu'elles soient *al dente*. Égoutter et ajouter à la sauce. Saupoudrer de pecorino et servir.

Donne 4 portions • Prép.: 30 min • Cuisson: 45 min • Difficulté: 1

- 100 g de pancetta ou bacon coupé en fines languettes
- 6 cuillères à table d'huile d'olive extra vierge
- 2 piments de Cayenne frais et épicés
- 3 gousses d'ail finement hachées
- 300 g de tomates pelées, épépinées et grossièrement coupées
- sel
- 1 cuillère à table de persil frais finement haché
- 350 g de penne secs
- 30 g de pecorino fraîchement râpé

SPAGHETTI CARBONARA
Carbonara

Faire sauter l'oignon dans l'huile, dans un petit poêlon pendant 2 à 3 minutes, jusqu'à ce qu'il soit légèrement bruni. • Ajouter la pancetta et faire sauter pendant 5 minutes, ou jusqu'à ce qu'elle soit croustillante. Retirer du feu et réserver. • Battre les jaunes d'œufs et la crème dans un grand bol. Saler et poivrer, et saupoudrer de parmesan. • Faire cuire les pâtes dans une grande marmite d'eau bouillante salée jusqu'à ce qu'elles soient *al dente*. • Égoutter et ajouter à la pancetta. Augmenter l'intensité à feu élevé, ajouter le mélange d'œufs et touiller les pâtes brièvement afin que les œufs cuisent légèrement, mais qu'ils restent crémeux. • Servir chaud.

Donne 4 portions • Prép.: 15 min • Cuisson: 20 min • Difficulté: 2

- ½ oignon finement coupé
- 2 cuillères à table d'huile d'olive extra vierge
- 120 g de pancetta ou bacon fumé en cubes
- 4 gros jaunes d'œufs
- 60 ml de double crème ou crème épaisse (facultatif)
- sel et poivre noir fraîchement moulu
- 2 cuillères à table de parmesan fraîchement râpé
- 350 g de spaghettini secs

PÂTES EN SPIRALES MAISON

Ciufulitti di rieti

- 350 g de farine tout usage, un peu plus pour rouler la pâte
- eau bouillante

Servir ces pâtes typiquement romaines avec une sauce à l'agneau et aux poivrons (voir page 152).

Tamiser la farine dans un grand bol et ajouter assez d'eau pour faire une pâte ferme. • Déposer sur une surface de travail et pétrir pendant 10 minutes. Réserver 5 minutes. • Détacher des morceaux de pâte et les rouler en longs spaghetti de 10 cm de longueur. Utiliser assez de farine pour éviter que la pâte ne colle. Enrouler chaque morceau de pâte sur un bâton enfariné (environ de la grosseur d'une grosse aiguille à tricoter) et le laisser glisser sur la surface enfarinée. • Faire cuire les pâtes dans une grande marmite d'eau bouillante salée pendant environ 5 minutes ou jusqu'à ce qu'elles soient *al dente*. • Égoutter et servir au goût.

Donne 4 portions • Prép. : 30 min • Cuisson : 5 min • Difficulté : 2

RAVIOLI FARCIS À LA RICOTTA

Ravioli di ricotta

<u>Pour faire les pâtes</u> : tamiser la farine et le sel sur la surface de travail, puis creuser un puits au centre. Casser les œufs au centre du puits et intégrer avec suffisamment d'eau pour créer une pâte lisse. Pétrir pendant 15 à 20 minutes, jusqu'à ce qu'elle soit élastique. Façonner la pâte en une boule, l'emballer dans une pellicule plastique et laisser reposer pendant 30 minutes. • <u>Garniture</u> : mélanger la ricotta, le pecorino, les œufs, le sel, le poivre et la muscade dans un grand bol. • Rouler la pâte jusqu'à ce qu'elle soit mince. Couper en bandelettes de 10 x 40 cm et déposer une petite quantité de garniture près d'une extrémité, soit à environ 2 cm de distance. Replier chaque bande de pâte sur la longueur pour recouvrir la garniture. Refermer en s'assurant de ne laisser aucune poche d'air, puis couper en carrés à l'aide d'un taille-ravioli. Les ravioli devraient être lisses d'un côté et gaufrés sur les trois autres côtés. • Disposer les pâtes sur un linge de cuisine enfariné. • Faire cuire les pâtes par petites portions dans une grande marmite d'eau bouillante salée pendant 2 minutes. • Transférer dans un plat de service à l'aide d'une cuillère à rainures et recouvrir de beurre fondu. Saupoudrer de parmesan et servir.

Donne 6 portions • Prép. : 2 h • Cuisson : 10 min • Difficulté : 3

Pour faire les pâtes
- 400 g de farine tout usage
- $\frac{1}{4}$ cuillère à thé de sel
- 3 gros œufs
- 3 cuillères à table d'eau, plus au besoin

Garniture
- 330 g de ricotta
- 5 cuillères à table de pecorino mi-âgé râpé
- 2 gros œufs
- sel et poivre blanc fraîchement moulu
- $\frac{1}{8}$ cuillère à thé de muscade fraîchement râpée

Pour servir
- 6 cuillères à table de beurre fondu
- 90 g de parmesan fraîchement râpé

Pâtes en spirales maison

Gnocchi frits

GNOCCHI FRITS

Gnocchi di latte

- 100 g de fécule de pommes de terre
- ⅛ cuillère à thé de muscade moulue
- ⅛ cuillère à thé de cannelle moulue
- ⅛ cuillère à thé de sel
- 500 ml de lait
- 1 gros œuf + 5 gros jaunes d'œufs, légèrement battus
- 1 cuillère à table de sucre
- 125 g de beurre coupé en morceaux
- 150 g de farine tout usage
- 125 g de chapelure fine et sèche
- 5 cuillères à table de parmesan fraîchement râpé

Tamiser la fécule de pommes de terre, la muscade, la cannelle et le sel dans un bol moyen. Incorporer le lait pour former une pâte lisse. • Battre les jaunes d'œufs et le sucre dans un grand bol à l'aide d'un fouet rond jusqu'à l'obtention d'une mousse. • Incorporer en battant la pâte de farine jusqu'à homogénéité. Verser le mélange dans un poêlon creux avec 2 cuillères à table de beurre et cuire à feu doux. Amener à ébullition en remuant sans arrêt. Faire cuire pendant 3 minutes. • Beurrer une surface de travail et y verser le mélange. Étendre le mélange, à l'aide d'une spatule, pour obtenir une épaisseur de 1 cm et laisser refroidir complètement. • Couper des diamants de 4 cm. Tremper dans la farine, ensuite dans l'œuf battu et terminer dans la chapelure. • Faire fondre 6 cuillères à table de beurre dans une grande poêle à frire, sur feu moyen. Faire frire les gnocchi pendant 5 à 7 minutes, ou jusqu'à ce qu'ils soient brunis et croustillants. • Égoutter et tamponner avec du papier essuie-tout pour les assécher. Saupoudrer de parmesan et servir chaud.

Donne 4 portions • Prép. : 20 min • Cuisson : 20 min
• Difficulté : 2

GNOCCHI À LA SEMOULE

Gnocchi di semolino

Préchauffer le four à 400 °F / 200 °C. • Beurrer un plat de cuisson. • Amener le lait à ébullition avec 60 g du beurre, le sel, le poivre et la muscade. Incorporer lentement la semoule et battre vigoureusement à l'aide d'un fouet pour éviter que des grumeaux ne se forment. • Faire cuire pendant 20 minutes en remuant sans arrêt. Retirer du feu, laisser refroidir et ajouter 2 cuillères à table de parmesan et les jaunes d'œufs. • Verser la semoule sur une surface de travail graissée avec de l'huile. Étendre uniformément avec les mains et une spatule et laisser refroidir complètement. • Couper la pâte en rondelles de 6 cm à l'aide d'un emporte-pièce. • Disposer le reste de pâte dans le fond d'un plat de cuisson beurré. Garnir des rondelles en les faisant se chevaucher légèrement. • Saupoudrer de parmesan et déposer le reste de beurre. • Faire cuire de 12 à 15 minutes, ou jusqu'à ce que le plat soit légèrement doré. • Servir chaud.

Donne 6 portions • Prép. : 40 min • Cuisson : 45 min
• Difficulté : 2

- 1 litre de lait
- 100 g de beurre, plus au besoin
- sel et poivre blanc fraîchement moulu
- ⅛ cuillère à thé de muscade fraîchement râpée
- 250 g de semoule de blé tendre
- 125 g de parmesan fraîchement râpé
- 3 gros jaunes d'œufs, battus avec 1 cuillère à table de lait

SPAGHETTI AU THON

Spaghetti al tonno

- 2 gousses d'ail finement hachées
- 60 ml d'huile d'olive extra vierge
- 150 g de thon, dans l'huile, émietté
- 100 ml de vin blanc sec, plus au besoin
- 3 tomates cerises coupées en deux
- sel et poivre blanc fraîchement moulu au goût
- 350 g de spaghettini secs
- 1 cuillère à table de persil finement haché

À feu moyen, faire sauter l'ail dans l'huile, dans une grande poêle à frire, jusqu'à ce qu'il soit doré de toutes parts, soit environ 2 minutes. • Ajouter le thon et faire sauter brièvement. • Verser le vin et faire cuire jusqu'à ce qu'il s'évapore • Ajouter les tomates. Saler et poivrer et faire cuire pendant 15 minutes, en écrasant les tomates contre les côtés de la poêle avec une cuillère de bois. • Faire cuire les pâtes dans une grande marmite d'eau bouillante salée jusqu'à ce qu'elles soient *al dente*. • Égoutter et transférer dans des bols. • Couvrir de sauce piquante. • Saupoudrer de persil et servir immédiatement.

Donne 4 portions • Prép.: 10 min • Cuisson: 30 min
• Difficulté: 1

PÂTES À L'AIL ET À L'HUILE

Pasta aglio e olio

- 2 gousses d'ail finement hachées
- 125 ml d'huile d'olive extra vierge
- 2 anchois emballés dans le sel ou 4 anchois emballés dans l'huile, rincés et finement coupés (facultatif)
- 50 g de pain sec, en miettes
- 1 cuillère à table de persil frais finement haché
- ¹⁄₈ cuillère à thé de flocons de piment de Cayenne
- 350 g de pâtes sèches longues (des bucatini, spaghetti ou vermicelles par exemple)

À feu moyen, faire sauter l'ail dans l'huile, dans une petite poêle à frire, pendant 1 minute. • Ajouter les anchois, si vous en utilisez, et les laisser se dissoudre. • Ajouter le pain, le persil et les flocons de piment et faire sauter à feu élevé pendant 5 minutes. • Faire cuire les pâtes dans une grande marmite d'eau bouillante salée jusqu'à ce qu'elles soient *al dente*. • Égoutter et ajouter à la sauce. • Servir chaud.

Donne 4 portions • Prép.: 15 min • Cuisson: 15 min
• Difficulté: 1

RAGOÛT DE BŒUF AUX CLOUS DE GIROFLE

Garofolato

Ce ragoût de bœuf est parfumé aux clous de girofle (connu en dialecte romain (le romanesco) sous garofolo). La sauce est très appréciée et habituellement servie avec des fettuccini. Servir la viande en plat principal, ensuite les pâtes, nappées de sauce.

Saupoudrer le sel, poivre, 1 cuillère à table de persil et la moitié de l'ail sur une planche à couper. Rouler le lard dans ce mélange. Larder la viande en pratiquant des trous dans la direction du grain avec un couteau long et mince et en y insérant des bandes de lard. • Attacher la viande avec de la ficelle de cuisson afin qu'elle conserve sa forme. • Chauffer l'huile et le lard dans un grand poêlon à feu moyen. Ajouter le reste de l'ail, du persil, l'oignon et le céleri et faire sauter pendant 2 minutes, jusqu'à ce que l'ail soit doré. • Ajouter le bœuf et le faire griller de toutes parts. Saler, poivrer et assaisonner de muscade et de clous de girofle. • Lorsque les légumes commencent à brunir, verser le vin. Faire cuire pendant 30 minutes de plus, en ajoutant de l'eau lorsque le mélange devient trop épais. • Ajouter en remuant les tomates et assez d'eau ou de bouillon pour couvrir la viande. • Faire cuire à feu doux pendant 2 heures, ou jusqu'à ce que la sauce se soit épaissie. • Servir la sauce avec des pâtes longues.

Donne 6 portions • Prép.: 45 min • Cuisson: 3 h • Difficulté: 2

- sel et poivre noir fraîchement moulu
- 2 cuillères à table de persil frais finement haché
- 3 gousses d'ail finement hachées
- 100 g de lard ou jambon cuit gras, coupé en petites languettes
- 1 kg de croupe de bœuf maigre
- 3 cuillères à table d'huile d'olive extra vierge
- 2 cuillères à table de lard ou beurre
- 1 oignon rouge finement coupé
- 1 tige de céleri finement coupée
- ¹⁄₈ cuillère à thé de muscade fraîchement râpée
- 3 clous de girofle écrasés
- 200 ml de vin rouge sec, plus au besoin
- 250 g de grosses tomates pelées, pressées dans une passoire à mailles fines (passata)
- eau ou bouillon de bœuf

ABRUZZES ET MOLISE

Fougueuses et chaleureuses, la cuisine de ces régions est parmi les plus épicées d'Italie en raison de la grande utilisation que font les habitants des piments de Cayenne. Essayez les tagliattelle alla chitarra, confectionnées en roulant des pâtes aux œufs sur une chitarra, une boîte de bois avec des cordes. Ce plat est servi avec une sauce aux poivrons ou aux tomates. Les scripelle (crêpes) sont servies dans du bouillon maison et saupoudrées de fromages à pâte dure locaux. Les sauces sont généralement à base de mouton ou d'agneau. Pour un petit goûter d'été, servez les vermicelles aux fleurs de zucchinis pour le dîner du dimanche.

Lasagne des Abruzzes (voir page 152)

Sauces, soupes et pâtes au four

SAUCE À L'AGNEAU ET AUX POIVRONS
Ragù di agnello e peperoni

- 2 gousses d'ail légère-ment écrasées mais entières
- 1 oignon rouge finement coupé
- 2 feuilles de laurier
- 200 g d'agneau maigre, coupé en petits morceaux
- 5 cuillères à table d'huile d'olive extra vierge
- 100 ml de vin blanc, plus au besoin
- 1 poivron vert ou piment sec, épépiné et coupé en très minces languettes
- 1 poivron jaune ou piment sec, épépiné et coupé en très minces languettes
- 2 tomates mûres et fer-mes, pelées, épépinées et grossièrement coupées
- sel et poivre noir fraîchement moulu

Dans un grand poêlon, faire sauter l'ail, l'oignon, les feuilles de laurier et l'agneau dans l'huile à feu moyen pendant 5 minutes, jusqu'à ce que la viande soit brunie. • Verser la moitié du vin et faire cuire jusqu'à ce qu'il s'évapore. Baisser l'intensité et verser le reste du vin, couvrir et faire cuire pendant 40 minutes, ou jusqu'à ce que la viande soit tendre. • Ajouter les poivrons et les tomates et faire cuire pendant 30 minutes. Saler et poivrer. • Utiliser cette sauce à la viande pour accompagner n'importe quel type de pâtes sèches ou des gnocchi.

Donne 4 portions • Prép.: 30 min • Cuisson: 90 min • Difficulté: 1

SPAGHETTI AU BOUILLON DE POISSON
Minestra di brodo di pesce

- 2 gousses d'ail légèrement écrasées mais entières
- 1/8 cuillère à thé de flocons de piment de Cayenne
- 60 g d'huile d'olive extra vierge
- 500 g de grosses toma-tes pelées, pressées dans une passoire à mailles fines (passata)
- 1 kg de poisson à chair blanche nettoyé (par exemple le bar ou vivaneau)
- 1,5 litre d'eau bouillante
- sel
- 200 g de spaghetti secs, cassés en morceaux courts

À feu doux, faire sauter l'ail et les flocons de piment de Cayenne dans l'huile, dans une grande poêle à frire, jusqu'à ce que l'ail soit doré, soit environ 3 minutes. • Ajouter en remuant les tomates et ame-ner à ébullition. • Faire cuire pendant 5 minutes puis déposer délicatement le poisson dans la poêle. • Incorporer l'eau et saler. Couvrir et faire cuire à feu très doux pendant 20 minutes, ou jusqu'à ce que la chair du poisson se détache des arêtes. • Retirer le poisson délicatement de la poêle et en faire des filets. Réserver la chair ainsi préparée pour la servir comme plat principal. • Passer le fond. • Faire cuire les spaghetti dans le bouillon filtré en ébullition jusqu'à ce qu'ils soient *al dente*. • Servir immédiatement.

Donne 4 portions • Prép.: 30 min • Cuisson: 40 min • Difficulté: 1

LASAGNE DES ABBRUZES
Lasagne Abruzzesi

Pour faire les pâtes : tamiser la farine et le sel sur la sur-face de travail, puis creuser un puits au centre. Casser les œufs dans le puits et bien incorporer pour faire une pâte lisse. Pétrir pendant 15 à 20 minutes, jusqu'à ce qu'elle soit élastique. Façonner la pâte en une boule, l'emballer dans une pellicule plastique et laisser reposer pendant 30 minutes. • Rouler la pâte sur une surface légèrement enfarinée jusqu'à ce qu'elle soit très fine. Couper en rectangles de 15 cm x 10 cm. Blanchir la pâte pendant 1 minute et disposer sur un linge humide (voir page 222). • Sauce à la viande : chauffer l'huile dans un grand poêlon à feu moyen. Ajouter le bœuf et le jambon et faire sauter à feu élevé pendant 3 à 4 minutes, jusqu'à ce que la viande soit brunie de toutes parts. • Verser le vin et le laisser s'évaporer, soit environ 3 minutes. • Ajouter en remuant la sauce tomate, saler et poivrer. Faire cuire à feu doux pendant au moins 1 heure. • Préchauffer le four à 400 °F / 200 °C. • Hui-ler un plat de cuisson. • Boulettes de viande : mélanger le veau, les œufs et le pecorino dans un grand bol. Saler et poivrer et former des boulettes de la taille d'une noisette. • Ajouter les boulettes de viande à la sauce et faire cuire pendant 10 minutes. • Déposer une première couche de lasagne dans le plat de cuisson huilé, en couvrant le fond et les côtés, en s'assurant d'en utiliser suffisamment pour pouvoir la retourner sur la couche du dessus. Recouvrir de sauce à la viande, de Fior di Latte, des œufs durs et de pecorino. Continuer de déposer des couches de ces ingrédients pour en for-mer cinq. Replier les couches de lasagne sur le dessus. Déposer quelques morceaux de beurre et saupoudrer de pecorino. • Faire cuire de 35 à 40 minutes, ou jus-qu'à ce qu'elles soient légèrement dorées. Laisser repo-ser à la température de la pièce pendant 20 minutes avant de servir.

Donne 6 portions • Prép.: 60 min + 30 min de repos pour la pâte • Cuisson: 2 h • Difficulté: 2

Pour faire les pâtes
- 300 g de farine tout usage
- 1/4 cuillère à thé de sel
- 3 gros œufs

Sauce à la viande
- 2 cuillères à table d'huile d'olive extra vierge
- 200 g de bœuf maigre haché
- 100 g de jambon cuit gras et maigre, coupé finement
- 100 ml de vin rouge sec, plus au besoin
- 1 litre de sauce tomate du commerce
- sel et poivre noir fraîchement moulu

Boulettes de viande
- 300 g de bœuf ou veau haché
- 2 gros œufs
- 2 cuillères à table de pecorino fraîchement râpé
- sel et poivre noir fraîchement moulu
- 300 g de Fior di Latte ou mozzarella fraîche, en tranches
- 3 œufs durs, finement coupés
- 90 g de pecorino fraîchement râpé
- 2 cuillères à table de beurre, en morceaux

Soupes et sauces

TAGLIATELLE DANS LE BOUILLON

Brodosini

Pour faire les pâtes
- 300 g de farine tout usage
- ¼ cuillère à thé de sel
- 3 gros œufs
- 90 g de lard ou pancetta grasse en cubes

Pour servir
- 500 ml de fond ou bouillon de viande

Pour faire les pâtes : tamiser la farine et le sel sur la surface de travail, puis creuser un puits au centre. Casser les œufs dans le puits et bien incorporer pour faire une pâte lisse. Pétrir pendant 15 à 20 minutes, jusqu'à ce qu'elle soit élastique. Façonner la pâte en une boule, l'emballer dans une pellicule plastique et laisser reposer pendant 30 minutes. • Rouler la pâte sur une surface légèrement enfarinée jusqu'à ce qu'elle soit mince, environ 3 mm d'épaisseur. Couper en languettes de 10 cm x 2 cm. À feu moyen, faire frire le lard dans une poêle à frire antiadhésive, jusqu'à ce qu'il soit légèrement doré, soit environ 3 minutes. • Amener le bouillon à ébullition dans une grande marmite et ajouter le lard. • Faire cuire les pâtes dans le bouillon pendant 10 minutes, ou jusqu'à ce qu'elles soient *al dente*. • Servir chaud.

Donne 6 portions • Prép. : 1 h + 30 min de repos pour la pâte • Cuisson : 20 min • Difficulté : 2

SOUPE AUX LENTILLES ET AUX LÉGUMES

Virtù

Dans un grand poêlon, amener 2 litres d'eau à ébullition avec les pois chiches et les fèves. Éliminer l'écume. Réduire le feu et faire mijoter pendant 90 minutes, ou jusqu'à ce que les fèves soient presque tendres. • Égoutter et réserver le bouillon. Le temps de cuisson varie selon chaque type de fèves. • À feu doux, faire sauter la pancetta dans l'huile, dans un fait-tout, pendant 5 minutes. • Ajouter l'oignon et faire cuire pendant 5 minutes. • Ajouter les herbes et les tomates et faire cuire pendant 3 minutes. • Ajouter les 2 litres d'eau restant et l'os de jambon et amener à ébullition. Saler et ajouter tous les légumes. • Faire cuire à feu moyen pendant 30 minutes. • Ajouter les fèves égouttées et les lentilles et environ la moitié du bouillon réservé. Hacher l'ail et couper le lard et les ajouter. • Faire cuire pendant 30 minutes, ou jusqu'à ce que les légumes soient tendres. • Faire cuire les pâtes dans la soupe en ébullition jusqu'à ce qu'elles soient *al dente*. S'il n'y a pas assez de liquide, ajouter plus de bouillon au besoin. • Saupoudrer de pecorino, poivrer et servir chaud ou tiède.

Donne 4 portions • Prép. : 60 min + 12 h pour tremper les fèves Cuisson : 3 h • Difficulté : 1

- 125 g de fèves sèches, comme des féveroles ou féveroles à grosses graines, ou encore des pois chiches, trempés toute la nuit et égouttés.
- 125 g de lentilles
- 4 litres d'eau
- 60 g de pancetta (ou bacon) ou jambon cuit finement coupés
- 60 ml d'huile d'olive extra vierge
- 1 oignon finement coupé
- 3 cuillères à table de mélange d'herbes fraîches finement hachées (marjolaine, thym, persil et sauge par exemple)
- 150 ml de grosses tomates pelées, pressées dans une passoire à mailles fines (passata)
- 1 os de jambon
- sel
- 500 g de légumes de saison, comme des carottes, du céleri, des épinards, de la bette à cardes, des pommes de terre ou des zucchinis ou courgettes, finement coupés
- 2 gousses d'ail
- 30 g de beurre ou lard, coupé
- 200 g de pâtes sèches courtes mélangées, par exemple des ditalini
- 30 g de pecorino fraîchement râpé
- poivre noir fraîchement moulu

Tagliatelle dans le bouillon

Fusilli et sauce aux légumes

FUSILLI ET SAUCE AUX LÉGUMES

Fusilli al sugo (finto)

- 6 cuillères à table d'huile d'olive extra vierge
- 1 gros oignon rouge finement coupé
- 1 carotte finement coupée
- 1 tige de céleri finement coupée
- sel et poivre noir fraîchement moulu
- 2 gousses d'ail finement hachées
- 1 cuillère à table de menthe fraîche finement hachée
- 700 g de tomates fermes et mûres, pelées et grossièrement coupées
- 350 g de fusilli ou bucatini secs
- 2 cuillères à table de parmesan pecorino romano râpé

Chauffer l'huile dans une grande poêle à frire à feu moyen. Ajouter l'oignon, la carotte, le céleri saler et poivrer. Couvrir et cuire à feu moyen pendant 30 minutes. • Ajouter l'ail et la menthe et faire cuire à feu élevé pendant 3 minutes. • Ajouter en remuant les tomates et faire cuire à feu moyen pendant 30 minutes de plus. • Saler et retirer du feu. • Cuire les pâtes dans une grande marmite d'eau bouillante salée pendant environ 10 minutes ou jusqu'à ce qu'elles soient *al dente*. • Égoutter et ajouter à la sauce. Saupoudrer de pecorino et servir.

Donne 4 portions • Prép. : 40 min • Cuisson : 70 min • Difficulté : 1

CRÊPES DANS LE BOUILLON

Scrippelle in brodo

Tamiser la farine et le sel dans un grand bol. • Ajouter les œufs en battant la pâte jusqu'à homogénéité. • Verser le lait et ajouter le persil. Battre le mélange à l'aide d'un fouet rond jusqu'à l'obtention d'une consistance lisse. Laisser reposer dans un endroit frais pendant au moins 1 heure. • Faire chauffer une petite quantité d'huile dans une crêpière antiadhésive de 22 cm, ou une poêle à frire, à feu moyen. Mélanger la pâte et verser environ 2 cuillères à table dans la poêle, en faisant basculer celle-ci pour former une couche mince et uniforme. Faire cuire jusqu'à ce que le dessus soit pris et le dessous doré, soit environ 1 minute. Retourner la crêpe et cuire l'autre côté jusqu'à ce qu'il soit légèrement bruni, soit environ 30 secondes. Répéter jusqu'à ce que toute la pâte ait été utilisée, en huilant la poêle à chaque fois. Empiler les crêpes cuites en les séparant d'une feuille de papier ciré. • Saupoudrer chaque crêpe de pecorino et les rouler. Déposer deux crêpes dans chacun des six bols et verser le bouillon en ébullition. Servir chaud.

Donne 6 portions • Prép. : 40 min + 60 min de repos pour la pâte • Cuisson : 30 min • Difficulté : 1

- 200 g de farine tout usage
- 1/8 cuillère à thé de sel
- 4 gros œufs
- 250 ml de lait
- 1 cuillère à table de persil frais finement haché
- 3 à 4 cuillères à table d'huile d'olive extra vierge
- 60 g de pecorino fraîchement râpé
- 2 litres de fond ou bouillon de bœuf ou poulet

Spaghetti maison aux tomates et à la roquette

SPAGHETTI MAISON
AUX TOMATES ET À LA ROQUETTE
Tagliatelle alla chitarra con rucola

Pour faire les pâtes
- 400 g de farine tout usage
- ¼ cuillère à thé de sel
- 4 gros œufs légèrement battus

Sauce
- 2 gousses d'ail finement hachées
- 1 piment de Cayenne séché, en morceaux
- 5 cuillères à table d'huile d'olive extra vierge
- 500 ml de tomates pelées et grossièrement coupées
- 2 gros bouquets de roquette, déchirés
- 1 tige céleri, en gros morceaux
- 60 g de parmesan en flocons
- 1 cuillère à table de persil frais finement haché

Pour faire les pâtes : tamiser la farine et le sel sur la surface de travail, puis creuser un puits au centre. Casser les œufs dans le puits et bien incorporer pour faire une pâte lisse. Pétrir pendant 15 à 20 minutes, jusqu'à ce qu'elle soit élastique. Façonner la pâte en une boule, emballer dans une pellicule plastique et laisser reposer pendant 30 minutes. • Rouler la pâte sur une surface légèrement enfarinée jusqu'à ce qu'elle soit fine. À l'aide d'une guitare pour pâtes, couper la pâte en lanières (voir les photos sur cette page). • Sauce : à feu moyen, faire sauter l'ail et le piment de Cayenne dans l'huile, dans une poêle à frire, jusqu'à ce que l'ail soit doré de toutes parts, soit environ 2 minutes. • Ajouter en remuant les tomates et faire cuire à feu élevé pendant 15 minutes. • Faire cuire les pâtes dans une grande marmite d'eau bouillante salée jusqu'à ce qu'elles soient *al dente*. • Égoutter et ajouter à la sauce. Ajouter la roquette, le céleri, le parmesan et le persil. • Bien touiller et servir.

• Sauce : Donne 4 portions • Prép. : 40 min + 30 min de repos pour la pâte • Cuisson : 30 min • Difficulté : 2

SPAGHETTI MAISON
AUX BOULETTES DE VIANDE
Tagliatelle alla chitarra con polpettine

Sauce : à feu moyen, faire sauter l'oignon et la carotte dans l'huile, dans une grande poêle à frire, jusqu'à ce qu'ils soient tendres, soit environ 5 minutes. • Ajouter le bœuf et poursuivre la cuisson, en tournant la viande fréquemment, jusqu'à ce qu'elle soit dorée de toutes parts. • Ajouter en remuant les tomates. Faire mijoter à feu doux pendant 3 heures. Saler. • Boulettes de viande : mélanger le veau, l'œuf, le parmesan, la chapelure et la muscade dans un grand bol jusqu'à homogéinité. Former des petites boulettes de 1 cm de diamètre. • Chauffer l'huile dans une grande poêle à frire jusqu'à ce qu'elle soit très chaude. Faire frire les boulettes de viande par petits lots, pendant 5 à 7 minutes, jusqu'à ce qu'elles soient légèrement dorées. Bien égoutter et tamponner avec du papier essuie-tout pour les assécher. • Faire cuire les pâtes dans une grande marmite d'eau bouillante salée jusqu'à ce qu'elles soient *al dente*. • Égoutter et ajouter au poêlon avec la sauce. Bien touiller et servir avec les boulettes de viande.

Donne 4 portions • Prép. : 40 min • Cuisson : 3 h 20 min • Difficulté : 2

Sauce
- 1 petit oignon finement coupé
- 1 carotte finement coupée
- 180 ml d'huile d'olive extra vierge
- 250 g de bœuf, en un morceau
- 500 g de tomates grossièrement coupées
- sel au goût

Boulettes de viande
- 250 g de bœuf ou veau haché
- 1 œuf
- 250 g de parmesan fraîchement râpé
- 250 g de chapelure fraîche
- ⅛ cuillère à thé de muscade fraîchement râpée
- 250 ml d'huile d'olive, pour faire frire
- 1 recette de spaghetti maison (voir la recette à gauche)

POUR FAIRE DES TAGLIATELLE ALLA CHITARRA

1. Faire passer tous les morceaux de pâte dans la machine à pâtes, au cran le plus large pour commencer, au deuxième plus large par la suite, et ainsi de suite. Laisser sécher sur un linge enfariné pendant 20 minutes.

2. Lorsque la pâte s'est légèrement asséchée, la faire passer dans les rouleaux coupant pour en faire des tagliatelle ou taglierini..

3. Pour confectionner des tagliatelle alla chitarra, vous aurez besoin d'une feuille de pâte de la même largeur que la guitare. Déposer la feuille de pâte sur les cordes très raides et utiliser le rouleau à pâtisserie pour appuyer sur la pâte, jusqu'à ce qu'elle soit coupée par les cordes.

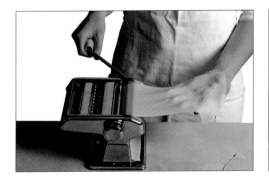

GNOCCHI AUX PÂTES ET AU PAIN

Gnocchi di pasta e pane

Pour faire les pâtes

- 400 g de farine tout usage
- 200 ml d'eau, plus au besoin
- 20 g de levure active
- pincée de sel

Sauce

- 250 ml de sauce à la viande ligurienne (voir page 17)
- 125 g de pecorino fraîchement râpé

Pour faire les pâtes : tamiser les deux tiers de la farine et le sel dans un grand bol. Dissoudre la levure dans l'eau. Ajouter le mélange de levure au bol et bien mélanger. Ajouter graduellement toute la farine nécessaire pour obtenir une pâte lisse. Pétrir la pâte sur une surface légèrement enfarinée pendant 10 minutes, jusqu'à ce qu'elle soit élastique. Déposer la pâte dans un bol huilé et laisser monter pendant 1 heure. • Déposer la pâte sur une surface légèrement enfarinée et pétrir pendant 3 minutes de plus. Détacher des morceaux de pâte. Former des retailles de pâte de 1 cm de largeur et couper en morceaux de 1 cm. Déposer sur un linge enfariné et laisser lever pendant 30 minutes. • Faire cuire les gnocchi dans une grande marmite d'eau salée bouillante jusqu'à ce qu'ils montent à la surface, soit 3 à 5 minutes. • Sauce : faire chauffer la sauce dans une poêle à frire à feu doux. Transférer les gnocchi dans la poêle à frire. • Saupoudrer de pecorino. Servir chaud.

Donne 4 portions • Prép. : 60 min + 90 min pour faire lever la pâte • Cuisson : 15 min • Difficulté : 2

PÂTES FRAÎCHES À LA PANCETTA ET SAUCE TOMATE

Patellette

Dans les Abruzzes, le mot patellette est utilisé pour désigner des morceaux de pâtes ou de lasagne. La semoule de maïs donne à ces pâtes une consistance croustillante.

Pour faire les pâtes : tamiser la farine, la semoule de maïs et le sel sur la surface de travail puis creuser un puits au centre. Incorporer suffisamment d'eau pour créer une pâte lisse. Pétrir pendant 15 à 20 minutes, jusqu'à ce qu'elle soit élastique. Façonner la pâte en une boule, l'emballer dans une pellicule plastique et laisser reposer pendant 30 minutes. • Rouler la pâte jusqu'à ce qu'elle ait environ 3 mm d'épaisseur. Couper en carrés de 2 cm. • Sauce : à feu doux, faire sauter l'oignon et la pancetta dans l'huile, dans une petite poêle à frire, jusqu'à ce que l'oignon soit tendre, soit environ 10 minutes. • Ajouter en remuant les tomates et faire cuire à feu moyen pendant 5 minutes. • Saler et poivrer et laisser mijoter à feu doux pendant 20 minutes. • Faire cuire les pâtes dans une grande marmite d'eau bouillante salée pendant environ 5 minutes, jusqu'à ce qu'elles soient *al dente*. • Égoutter et ajouter à la sauce. Saupoudrer de pecorino et servir.

Donne 4 portions • Prép. : 40 min + 30 min de repos pour la pâte • Cuisson : 40 min • Difficulté : 2

Pour faire les pâtes

- 300 g de farine tout usage
- 100 g de semoule de maïs finement broyée
- $\frac{1}{4}$ cuillère à thé de sel
- 150 ml d'eau tiède, plus au besoin

Sauce

- 1 oignon rouge finement coupé
- 150 g de pancetta ou bacon
- 2 cuillères à table d'huile d'olive extra vierge
- 500 g de grosses tomates pelées, pressées dans une passoire à mailles fines (passata)
- sel et poivre noir fraîchement moulu
- 30 g de pecorino âgé fraîchement râpé

Pâtes et gnocchi au pain

Abruzzes et Molise

Ravioli sucrés frits

SPAGHETTI À L'AIL, À L'HUILE ET AUX POIVRONS

Spaghetti aglio, olio, e peperoncino

- 350 g de spaghettini secs
- 2 gousses d'ail finement hachées
- 2 piments de Cayenne séchés, finement hachés
- 60 ml d'huile d'olive extra vierge
- 1 cuillère à table de persil frais finement haché

Cette sauce est probablement l'une des plus classiques d'Italie pour les pâtes sèches. Elle est préparée sous plusieurs formes, selon la région et les goûts.

À feu moyen, faire sauter le piment et l'ail dans l'huile, dans une grande poêle à frire, jusqu'à ce que l'ail soit doré de toutes parts, soit environ 2 minutes. • Retirer du feu et réserver. • Faire cuire les pâtes dans une grande marmite d'eau bouillante salée jusqu'à ce qu'elles ne soient pas tout à fait *al dente*. • Égoutter et ajouter à la poêle à frire. • Faire sauter à feu moyen pendant 2 minutes et saupoudrer de persil.

Donne 4 portions • Prép.: 5 min • Cuisson: 20 min • Difficulté: 1

RAVIOLI SUCRÉS FRITS

Ravioli abruzzesi

<u>Pour faire les pâtes</u>: tamiser la farine et le sel sur la surface de travail, puis creuser un puits au centre. Casser les œufs dans le puits et bien incorporer pour faire une pâte ferme. Pétrir pendant 15 à 20 minutes, jusqu'à ce qu'elle soit élastique. • Façonner la pâte en un disque, emballer dans une pellicule plastique et laisser reposer pendant 30 minutes. • <u>Garniture à la ricotta</u>: mélanger la ricotta, l'œuf et le jaune d'œuf, le sucre et la cannelle dans un grand bol. • Rouler la pâte sur une surface de travail légèrement enfarinée jusqu'à ce qu'elle soit très fine. Couper en bandelettes de 20 cm de longueur et déposer une petite quantité de garniture près d'une extrémité, soit à environ 2 cm de distance. Replier chaque bande de pâte sur la longueur pour recouvrir la garniture. Refermer, puis couper en carrés à l'aide d'un taille-ravioli. • Chauffer l'huile dans une grande poêle à frire jusqu'à ce qu'elle soit très chaude (375 °F / 190 °C). Faire frire les ravioli en petits lots, jusqu'à ce qu'ils soient dorés. • Égoutter et tamponner avec du papier essuie-tout pour les assécher. • Saupoudrer de sucre à glacer et servir chaud.

Donne 4 portions • Prép.: 40 min + 30 min de repos pour la pâte • Cuisson: 30 min • Difficulté: 3

Pour faire les pâtes

- 200 g de farine tout usage
- ¼ cuillère à thé de sel
- 2 gros œufs

Garniture à la ricotta

- 480 g de ricotta, bien égouttée
- 1 gros œuf + 1 gros jaune d'œuf, légèrement battu
- 1 cuillère à table de sucre cristallisé
- ¼ cuillère à thé de cannelle moulue

Pour servir

- 250 ml d'huile d'arachide, pour faire frire
- 75 g de sucre à glacer, pour décorer

Abruzzes et Molise

Vermicelles aux fleurs de zucchinis

VERMICELLES AUX FLEURS DE ZUCCHINIS

Vermicelli con fiori di zucca

- 1 oignon rouge
- 2 bouquets de persil frais
- 20 fleurs de courges (en réserver 4 pour la décoration)
- 60 ml d'huile d'olive extra vierge
- sel et poivre noir fraîchement moulu
- pincée de tiges de safran mélangée à 1 cuillère à table d'eau tiède.
- 180 ml de fond ou de bouillon de viande
- 350 g de vermicelles secs
- 1 jaune d'œuf
- 2 cuillères à table de pecorino fraîchement râpé

Un des ingrédients les plus représentatifs des Abruzzes est le safran, que l'on obtient des stigmates de crocus qui sont cultivés dans les hautes terres de Navelli, dans la province de l'Aquila. Dans cette recette, nous utilisons des stigmates entiers, ou des tiges, pour rehausser le parfum de la sauce.

Hacher finement l'oignon, le persil et les 16 fleurs de courges pour en faire un mélange homogène. • À feu doux, faire sauter le mélange haché dans l'huile, dans une grande poêle à frire, pendant 2 minutes, jusqu'à ce qu'il soit aromatisé. • Saler et poivrer et ajouter le safran. Faire cuire pendant 15 à 20 minutes à feu moyen, en remuant souvent et en ajoutant du bouillon si le mélange devient trop épais. • Faire cuire les pâtes dans une grande marmite d'eau bouillante salée jusqu'à ce qu'elles soient *al dente*. • Égoutter et transférer dans la poêle avec la sauce. Ajouter en remuant le jaune d'œuf et 2 cuillères à table de bouillon. Faire cuire à feu doux, en remuant sans arrêt, jusqu'à ce que le mélange d'œufs ait pris et soit cuit. • Saupoudrer de pecorino. • Couper les fleurs de courge réservées en deux. • Garnir les pâtes avec les fleurs de courge et servir.

Donne 4 portions • Prép.: 30 min • Cuisson: 30 min • Difficulté: 1

CRÊPES AU FOUR ET SAUCE À LA VIANDE

Timballo di scrippelle

Sauce à la viande : Chauffer l'huile dans un grand poêlon à feu élevé. Ajouter le bœuf, la saucisse et le jambon et faire cuire pendant 2 à 3 minutes, jusqu'à ce qu'ils soient brunis de toutes parts. • Verser le vin et le laisser s'évaporer. • Ajouter en remuant la sauce tomate, saler et poivrer. Laisser mijoter à feu doux pendant 1 heure. • Boulettes de viande : Mélanger le veau, les œufs et le pecorino dans un grand bol. Saler et poivrer et former des boulettes de la taille d'une noisette. • Déposer les boulettes de viande dans la sauce à la viande et faire cuire pendant 10 minutes. • Crêpes : Tamiser la farine et le sel dans un bol moyen. • Ajouter les œufs en battant la pâte jusqu'à homogénéité. • Verser le lait. Battre le mélange à l'aide d'un fouet rond jusqu'à l'obtention d'une consistance lisse. Laisser reposer dans un endroit frais pendant au moins 1 heure. • Faire chauffer une petite quantité d'huile dans une crêpière antiadhésive de 22 cm, ou une poêle à frire, à feu moyen. Mélanger la pâte et verser environ 2 cuillères à table dans la poêle, en faisant basculer celle-ci pour former une couche mince et uniforme. Faire cuire jusqu'à ce que le dessus soit pris et le dessous doré, soit environ 1 minute. Retourner la crêpe et cuire l'autre côté jusqu'à ce qu'il soit légèrement bruni, soit environ 30 secondes. Répéter jusqu'à ce que toute la pâte ait été utilisée, en huilant la poêle à chaque fois. Empiler les crêpes cuites en les séparant d'une feuille de papier ciré. • Préchauffer le four à 400°F / 200°C. • Huiler un plat de cuisson et y déposer une crêpe dans le fond. Recouvrir d'une petite quantité de sauce à la viande. Saupoudrer de morceaux de Fior di Latte, des œufs durs, des pois et de pecorino. Continuer de la sorte jusqu'à ce que tous les ingrédients aient été utilisés. Déposer quelques morceaux de beurre et saupoudrer de pecorino. • Faire cuire de 35 à 40 minutes, ou jusqu'à ce que le plat soit légèrement doré. • Laisser reposer à la température de la pièce pendant 20 minutes avant de servir.

Donne 6 portions • Prép.: 1 h + 1 h de repos pour la pâte • Cuisson: 2 h • Difficulté: 1

Sauce à la viande

- 200 g de bœuf maigre haché
- 100 g de jambon cuit gras et maigre, coupé finement
- 2 saucisses italiennes, boyaux retirés et émiettées
- 100 ml de vin rouge sec, plus au besoin
- 500 ml de grosses tomates pelées, pressées dans une passoire à mailles fines (passata)
- 2 cuillères à table d'huile d'olive extra vierge
- sel et poivre noir fraîchement moulu

Boulettes de viande

- 300 g de bœuf ou veau haché maigre
- 2 gros œufs
- 2 cuillères à table de pecorino fraîchement râpé
- sel et poivre noir fraîchement moulu

Crêpes

- 200 g de farine tout usage
- 1/8 cuillère à thé de sel
- 4 gros œufs
- 250 ml de lait
- 60 ml d'huile d'olive extra vierge, et un peu plus pour graisser la poêle à frire

Garniture

- 60 g de Fior di Latte ou mozzarella, en cubes
- 2 œufs durs, écaillés et coupés en tranches minces
- 60 g de pois frais ou congelés
- 125 g de pecorino fraîchement râpé
- 60 g de beurre

POUILLES

Située dans le talon de la botte italienne, la région des Pouilles a toujours bénéficié de terres fertiles et de la proximité de la mer. Les moules, les palourdes et les anchois sont tous dans le répertoire de cuisine maison et des restaurants près de la riviera. Les pâtes maison à base de semoule, comme les orecchiette, une pâte en forme d'oreille, et les cavatieddi, en forme de coquille mince, sont servies avec des légumes de culture frais et des tomates séchées. Essayez les lagane, des feuilles de pâtes fraîches aux œufs, servies dans les terres avec des pois chiches, mais préférées avec de la sauce à l'anguille le long de la côte. Rehaussez vos pâtes avec des piments de Cayenne frais ou en flocons.

Pâtes au four aux boulettes de viande
(voir page 166)

Sauces

SPAGHETTI AUX TOMATES

Spaghetti alla pizzaiola

- 5 cuillères à table d'huile d'olive extra vierge
- 300 g de bœuf en tranches (bœuf de ronde ou croupe)
- 300 g de tomates fermes et mûres grossièrement coupées
- 3 tiges de persil frais grossièrement coupées
- 2 gousses d'ail
- 1 cuillère à table de câpres saumurées, rincées
- sel
- 350 g de spaghetti secs

Chauffer l'huile dans un grand poêlon à feu moyen et ajouter le bœuf, les tomates, le persil, l'ail et les câpres. Faire cuire à feu doux pendant 1 heure.
- Saler. • Faire cuire les pâtes dans une grande marmite d'eau bouillante salée jusqu'à ce qu'elles soient *al dente*. • Égoutter et ajouter au poêlon avec la sauce à la viande. La viande elle-même peut être servie en deuxième service, accompagnée de légumes.

Donne 4 portions • Prép. : 15 min • Cuisson : 1 h • Difficulté : 1

PÂTES AUX ANCHOIS ET AUX CÂPRES

Pasta alla sangiovannello

- 125 ml d'huile d'olive extra vierge
- 3 anchois saumurés ou 6 filets d'anchois emballés dans l'huile, rincés et finement coupés
- 3 gousses d'ail finement hachées
- 2 cuillères à table de câpres saumurées, rincées
- 1 piment de Cayenne séché, en morceaux
- 350 g de pâtes sèches courtes, par exemple des penne

Faire chauffer 2 cuillères à table d'huile dans un petit poêlon à feu doux. Ajouter les anchois et faire cuire pendant 5 à 10 minutes, jusqu'à ce qu'ils se dissolvent et deviennent pâteux. Retirer du feu et réserver. • À feu moyen, faire sauter l'ail, les câpres et le piment dans les 6 cuillères à table d'huile restantes, dans une grande poêle à frire, jusqu'à ce que l'ail soit doré, soit environ 2 à 3 minutes. • Faire cuire les pâtes dans une grande marmite d'eau bouillante salée jusqu'à ce qu'elles soient *al dente*. • Égoutter et ajouter à la poêle à frire. Intégrer les anchois et servir chaud.

Donne 4 portions • Prép. : 15 min • Cuisson : 20 min • Difficulté : 1

PÂTES AUX MOULES

Lagane con le cozze

Faire tremper les moules dans un grand bol d'eau tiède salée pendant 1 heure. Arracher la barbiche des moules. • Insérer un couteau mince et le tourner jusqu'à ce que les moules s'ouvrent. • <u>Pour faire les pâtes</u> : tamiser la farine et le sel sur la surface de travail, puis creuser un puits au centre. Mélanger l'huile et suffisamment d'eau pour créer une pâte assez ferme. Pétrir pendant 15 à 20 minutes, jusqu'à ce qu'elle soit lisse et élastique. Façonner la pâte en une boule, l'emballer dans une pellicule plastique et laisser reposer pendant 30 minutes. • Rouler la pâte sur une surface légèrement enfarinée jusqu'à ce qu'elle soit fine. Couper en languettes de 1 cm x 20 cm.
- <u>Sauce</u> : battre les œufs, le pecorino, le persil, l'ail haché et le poivre dans un grand bol jusqu'à homogénéité. Incorporer suffisamment de chapelure pour obtenir une consistance semblable à une pâte. • Garnir chaque moitié des moules ouvertes de ce mélange. • À feu doux, faire sauter l'ail entier dans l'huile, dans une grande poêle à frire, jusqu'à ce qu'il soit doré de toutes parts, soit environ 5 minutes. • Retirer et jeter l'ail. Augmenter l'intensité et ajouter les tomates. Saler et poivrer et laisser mijoter pendant 5 minutes. • Ajouter les moules et faire cuire, à couvert, à feu moyen pendant 10 minutes. • Faire cuire les pâtes dans une grande marmite d'eau bouillante salée jusqu'à ce qu'elles soient al dente.
- Égoutter et ajouter à la sauce. Servir chaud.

Donne 6 portions • Prép. : 40 min + 1 h pour faire tremper les moules • Cuisson : 30 min • Difficulté : 2

- 1 kg de moules dans leurs coquilles

Pour faire les pâtes
- 200 g de farine tout usage
- 1/4 cuillère à thé de sel
- 2 cuillères à table d'huile d'olive extra vierge
- eau tiède

Sauce
- 2 gros œufs
- 2 cuillères à table de pecorino fraîchement râpé
- 2 cuillère à table de persil frais finement haché
- 1 gousse d'ail légèrement hachée + 1 gousse d'ail légèrement écrasée, mais entière
- poivre blanc fraîchement moulu
- 30 g de chapelure fine, plus au besoin
- 400 g de grosses tomates pelées, pressées dans une passoire à mailles fines passata
- 2 cuillères à table d'huile d'olive extra vierge
- sel

PÂTES AU BROCOLI

Pasta e broccoli

- 2 gousses d'ail finement hachées
- 2 anchois saumurés, rincés et en filets
- 60 ml d'huile d'olive extra vierge
- 3 têtes de brocoli, d'un poids total d'environ 1 kg
- sel
- 350 g de pâtes sèches courtes (des penne, des coquilles ou des orecchiette par exemple)
- 1/8 cuillère à thé de flocons de piment de Cayenne

À feu doux, faire sauter l'ail et les anchois dans l'huile, dans une poêle à frire, jusqu'à ce que les anchois se soient dissouts. • Retirer du feu et laisser refroidir. • Défaire le brocoli en fleurons et en pieds. Peler les pieds et les couper grossièrement. • Amener à ébullition une grande marmite d'eau salée. Ajouter les pieds de brocoli et faire cuire pendant 2 minutes. Ajouter les fleurons et faire cuire pendant 4 à 6 minutes, jusqu'à ce qu'ils soient tendres. Retirer à l'aide d'une cuillère à rainures et réserver. Ramener l'eau à ébullition. • Ajouter les pâtes et poursuivre la cuisson pour obtenir des pâtes *al dente*. • Égoutter et ajouter à la sauce avec le brocoli. Assaisonner de flocons de piment de Cayenne et servir.

Donne 4 portions • Prép. : 15 min • Cuisson : 40 min • Difficulté : 1

Pâtes au brocoli

PÂTES AU FOUR AUX BOULETTES DE VIANDE

Pasta al forno

Boulettes de viande : mélanger le bœuf, la saucisse, le persil, le pecorino, l'ail, le sel et le poivre dans un grand bol. Ajouter en remuant la chapelure et former des boulettes de la taille d'une noisette. • Chauffer l'huile dans une poêle à frire profonde jusqu'à ce qu'elle soit très chaude. Faire frire les boulettes de viande par petits lots, pendant 5 à 7 minutes, jusqu'à ce qu'elles soient brunies et croustillantes • Égoutter et tamponner avec du papier essuie-tout pour les assécher. • Sauce : faire sauter l'oignon dans l'huile dans un poêlon moyen à feu doux. Couvrir et faire cuire pendant 20 minutes, ou jusqu'à ce qu'il ait ramolli. • Ajouter les tomates et le basilic, puis saler et poivrer. • Faire cuire, à découvert, à feu moyen pendant 30 minutes ou jusqu'à ce que l'huile se sépare des tomates. • Préchauffer le four à 350 °F / 180 °C. • Faire cuire les pâtes dans une grande marmite d'eau bouillante salée pendant la moitié du temps indiqué sur le paquet (voir page 222). • Égoutter. Dans un grand bol, touiller les pâtes avec la moitié de la sauce. Transférer la moitié du mélange de pâtes dans un plat de cuisson. Garnir de la moitié de la mozzarella et la moitié des boulettes de viande. Recouvrir avec le reste du mélange de pâtes. Couvrir du reste de boulettes de viande et de mozzarella. Finir de garnir avec le reste de la sauce et saupoudrer de pecorino. • Faire cuire pendant 40 à 45 minutes ou jusqu'à ce que le fromage soit doré. • Servir tiède.

Donne 6–8 portions • Prep : 65 min • cuisson : 1 h 40 min • Difficulté : 1

Boulettes de viande
- 200 g de bœuf maigre haché
- 2 saucisses italiennes, boyaux retirés et émiettées
- 1 cuillère à table de persil frais finement haché
- 1 gros œuf
- 2 cuillères à table de pecorino âgé fraîchement râpé
- 1 gousse d'ail finement hachée
- sel et poivre noir fraîchement moulu
- 2 cuillères à table de chapelure fraîche
- 250 ml d'huile d'olive, pour faire frire

Sauce
- 1 gros oignon rouge finement coupé
- 60 ml d'huile d'olive extra vierge
- 1 kg de grosses tomates pelées, pressées dans une passoire à mailles fines (passata)
- 1 tige de basilic frais
- sel et poivre noir fraîchement moulu
- 500 g de penne secs
- 500 g de mozzarella, finement tranchée
- 2 cuillères à table de pecorino fraîchement râpé

Penne au chou-fleur

ORECCHIETTE AU BROCOLI ROMANESCO
Orecchiette con cavolfiore verde e lardo

- 1 kg de brocoli romanesco ou de chou-fleur vert, coupé en fleurons
- 2 gousses d'ail finement hachées
- 1 piment de Cayenne séché, en morceaux
- 150 ml d'huile d'olive extra vierge
- 100 g de beurre ou lard, coupé
- 8 tomates cerises finement tranchées
- 400 g de pâtes fraîches, par exemple des orecchiette (voir page 168)
- 5 cuillères à table de parmesan fraîchement râpé
- 3 cuillères à table de pecorino fraîchement râpé

Faire cuire le brocoli dans une eau bouillante salée pendant 8 à 12 minutes ou jusqu'à tendreté. • Utiliser une cuillère à rainures pour le retirer; réserver l'eau de cuisson. • À feu doux, faire sauter l'ail et le piment de Cayenne dans l'huile et le lard, pendant 3 minutes, jusqu'à ce le lard ait fondu. • Augmenter l'intensité et ajouter les tomates cerises. Faire cuire quelques minutes et ajouter le brocoli. • Amener à ébullition l'eau de cuisson réservée et faire cuire les pâtes jusqu'à ce qu'elles soient *al dente*. • Égoutter et ajouter à la sauce. • Saupoudrer de parmesan et de pecorino et servir.

Donne 4 portions • Prép.: 20 min • Cuisson: 30 min • Difficulté: 1

PENNE AU CHOU-FLEUR
Pasta al cavolfiore

À feu moyen, faire sauter l'ail dans l'huile, dans une poêle à frire, jusqu'à ce que l'ail soit doré de toutes parts, soit environ 2 minutes. • Retirer du feu et laisser refroidir. • Défaire le chou-fleur en fleurons. Faire cuire dans une grande marmite d'eau bouillante salée pendant environ 5 minutes, jusqu'à ce qu'il soit tendre. Retirer à l'aide d'une cuillère à rainures. Ramener l'eau à ébullition. • Ajouter les pâtes et poursuivre la cuisson pour obtenir des pâtes *al dente*. • Égoutter les pâtes et ajouter à la sauce avec le chou-fleur et le persil. Assaisonner d'un soupçon de poivre et servir.

Donne 4 portions • Prép.: 15 min • Cuisson: 40 min • Difficulté: 1

- 1 chou-fleur moyen, d'environ 500 g
- 350 g de pâtes sèches courtes (des penne ou des orecchiette, par exemple)
- 2 gousses d'ail finement hachées
- 60 ml d'huile d'olive extra vierge
- 2 cuillères à table de persil frais finement haché
- sel et poivre noir fraîchement moulu

Sauces et pâtes fraîches

ORECCHIETTE AUX TOMATES ET À LA RICOTTA
Orecchiette con pomodori e ricotta

- 400 g d'orecchiette fraîches (voir ci-dessous) ou 300 g si sèches
- 3 cuillères à table de ricotta salata ou apulienne si disponible
- 500 g de grosses tomates pelées, pressées dans une passoire à mailles fines passata
- 60 ml d'huile d'olive extra vierge

Faire cuire les pâtes dans une grande marmite d'eau bouillante salée jusqu'à ce qu'elles soient *al dente*.
• Égoutter et touiller avec la ricotta, les tomates et l'huile. • Servir immédiatement.

Donne 4 portions • Prép. : 20 min • Cuisson : 20 min • Difficulté : 1

ORECCHIETTE

Le mot orecchiette signifie petites oreilles. Ce sont des pâtes classiques.

Tamiser les deux types de farine sur une surface de travail, puis creuser un puits au centre. Mélanger ensemble l'huile, si désiré, et suffisamment d'eau pour créer une pâte lisse. Pétrir pendant 15 à 20 minutes, jusqu'à ce qu'elle soit élastique. • Façonner la pâte pour créer des cylindres minces et les couper en morceaux de 1 cm de longueur. Façonner les orecchiette en appuyant sur les morceaux à l'aide d'un couteau à lame ronde. Retourner chaque coquille sur votre doigt et confectionner la forme d'oreille. • Déposer les pâtes sur un linge de cuisine recouvert de semoule et laisser sécher pendant 30 minutes. Lorsque les orecchiette sont complètement sèches, elles peuvent être conservées pendant près de 2 semaines.

Donne 4 portions • Prép. : 1 h + temps pour laisser sécher les pâtes • Difficulté : 2

- 200 g de semoule de blé tendre
- 200 g de farine tout usage
- eau tiède
- huile d'olive extra vierge (facultatif)

FAIRE DES ORECCHIETTE

1. Tamiser la semoule sur une planche à pâtisserie, creuser un puits au centre et verser l'eau tiède.

2. Commencer à mélanger la farine de l'intérieur du puits jusqu'à ce que toute la farine ait été ajoutée.

3. Mélanger jusqu'à l'obtention d'une pâte lisse.

4. Pétrir et rouler la pâte sur un marbre, en la pliant sur elle-même, pendant 15 à 20 minutes, jusqu'à ce qu'elle soit lisse et élastique. Façonner la pâte en cylindres longs et minces.

5. Couper en cylindres courts d'environ 1 cm de longueur. Utiliser un couteau à lame ronde pour ramener chaque section le long de la planche à pâtisserie en bois.

6. Retourner chaque coquille sur votre doigt pour former les orecchiette.

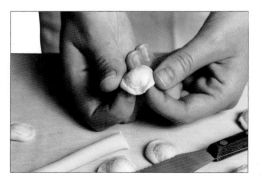

Sauces

ORECCHIETTE À LA ROQUETTE ET AUX POMMES DE TERRE
Orecchiette con rucola e patate

- 400 g de pommes de terre, pelées et coupées en tranches de 0,5 cm d'épaisseur
- 4 gousses d'ail légèrement écrasées mais entières
- 400 g d'orecchiette fraîches (voir page 168)
- 350 g de roquette, déchirée
- ⅛ cuillère à thé de flocons de piment de Cayenne
- 5 cuillères à table d'huile d'olive extra vierge
- sel

Faire cuire les pommes de terre dans une eau bouillante salée pendant 15 minutes. • Ajouter 2 gousses d'ail et faire cuire pendant 10 minutes de plus. • Ajouter les orecchiette et la roquette et faire cuire jusqu'à ce que les pâtes soient *al dente*. • À feu doux, faire sauter les 2 gousses d'ail restantes et le piment de Cayenne dans l'huile, dans une grande poêle à frire, pendant 3 minutes, jusqu'à ce le tout soit aromatisé. • Égoutter les pâtes avec la roquette et les pommes de terre et transférer dans la poêle. • Jeter l'ail, touiller pour mélanger et servir.

Donne 4 portions • Prép.: 20 min • Cuisson: 40 min • Difficulté: 1

ORECCHIETTE À LA VERDURE
Orecchiette con cime di rapa

Faire cuire les feuilles de navet dans l'eau bouillante pendant 12 à 15 minutes ou jusqu'à tendreté. • Utiliser une cuillère à rainures pour retirer les feuilles; réserver l'eau de cuisson. À feu moyen, faire sauter l'ail dans l'huile, dans une grande poêle à frire, jusqu'à ce que l'ail soit doré de toutes parts, soit pendant environ 2 minutes. • Ajouter les anchois et les laisser se dissoudre à feu doux pendant 5 à 10 minutes. • Ajouter les feuilles et laisser mijoter pendant 3 minutes. Saler. • Amener à ébullition l'eau de cuisson des feuilles de navet et faire cuire les pâtes jusqu'à ce qu'elles soient *al dente*. • Égoutter et ajouter à la sauce. • Servir chaud.

Donne 4 portions • Prép.: 30 min • Cuisson: 1 h • Difficulté: 2

- 1 kg de feuilles de navet, grossièrement hachées
- 4 gousses d'ail légèrement écrasées mais entières
- 6 cuillères à table d'huile d'olive extra vierge
- 3 anchois saumurés, rincés et en filets
- 400 g d'orecchiette fraîches (voir page 168)
- sel

Orecchiette à la roquette et aux pommes de terre

Penne aux asperges

PENNE AUX ASPERGES

Penne con asparagi

- 350 g d'asperges, pelées et coupées en tiges de 2,5 cm de longueur
- 2 gousses d'ail finement hachées
- 60 ml d'huile d'olive extra vierge
- 3 tomates pelées et grossièrement coupées
- sel et poivre blanc fraîchement moulu
- 2 gros jaunes d'œufs
- 5 cuillères à table de pecorino fraîchement râpé
- 350 g de penne striés secs

La meilleure saison pour faire ce plat est le printemps, lorsque les asperges sauvages sont disponibles. On peut aussi utiliser les asperges de culture, qui ont des pointes particulièrement fournies.

Faire cuire les asperges dans une grande marmite d'eau bouillante salée pendant environ 4 minutes, jusqu'à ce qu'elles soient tendres. Retirer à l'aide d'une cuillère à rainures et ramener l'eau à ébullition. • À feu moyen, faire sauter l'ail dans l'huile, dans une grande poêle à frire, jusqu'à ce qu'il soit doré de toutes parts, soit environ 2 minutes. • Ajouter les tomates et faire cuire de 12 à 15 minutes, ou jusqu'à ce que les tomates se brisent. • Saler et poivrer. • Mélanger les jaunes d'œufs et le pecorino dans un grand bol. Mettre au bain marie et cuire à feu doux, en remuant sans arrêt, jusqu'à ce que la température des œufs soit à 160 °F / 80 °C) sur un thermomètre à lecture instantanée. Plonger dans un bol d'eau glacée et poivrer. • Faire cuire les pâtes dans une grande marmite d'eau bouillante salée jusqu'à ce qu'elles soient *al dente*. • Égoutter et transférer dans le bol avec les œufs. Bien mélanger et transférer dans la poêle à frire avec les asperges et la sauce tomate. • Bien touiller et servir.

Donne 4 portions • Prép. : 20 min • Cuisson : 20 min • Difficulté : 1

PÂTES À LA SAUCE TOMATE FROIDE

Pasta con la pomarola fredda

Couper les tomates en deux, les presser délicatement pour en retirer les pépins et le jus, et les passer dans un moulin. Passer ensuite les tomates au robot culinaire ou au mélangeur jusqu'à ce qu'elles soient réduites en purée. • Transférer dans un grand bol, saler, et réfrigérer pendant 1 heure. • Retirer le liquide qui s'est séparé de la purée à l'aide d'une écumoire. • Mélanger l'ail, l'oignon, le basilic, l'huile, le piment et le sucre (si les tomates ne sont pas de saison). • Faire cuire les pâtes dans une grande marmite d'eau bouillante salée jusqu'à ce qu'elles soient *al dente*. • Égoutter et ajouter à la sauce tomate.

Donne 4 portions • Prép. : 30 min + 1 h de repos pour faire refroidir la purée • Cuisson : 15 min • Difficulté : 1

- 700 g de tomates fermes et mûres, préférablement de type San Marazano ou Roma
- sel
- 2 gousses d'ail finement hachées
- 40 g d'oignon rouge très finement coupé
- 6 feuilles de basilic frais déchirées
- 5 cuillères à table d'huile d'olive extra vierge
- 1 piment de Cayenne séché épicé
- $\frac{1}{8}$ cuillère à thé de sucre (facultatif)
- 350 g de penne ou autres pâtes courtes

Pâtes au four et sauces

SPAGHETTI AUX FRUITS DE MER AU FOUR
Spaghetti di mare al cartoccio

- 700 g de palourdes dans leurs coquilles
- 700 g de moules dans leurs coquilles
- 400 g d'un petit calmar, nettoyé
- 500 g de tomates mûres et fermes, pelées et épépinées
- 2 gousses d'ail finement hachées
- 1 piment de Cayenne séché épicé
- 2 cuillères à table de persil frais finement haché
- 6 cuillères à table d'huile d'olive extra vierge
- 100 ml de vin blanc sec, plus au besoin
- 350 g d'écrevisses décortiquées
- 350 g de spaghetti secs
- sel au goût

Faire tremper les palourdes et les moules séparément dans de grands bols pendant 1 heure. • Égoutter et réserver. Arracher la barbiche des moules. • Retirer la peau marbrée des calmars et couper les corps en petits morceaux. Couper les tentacules en deux. • Presser les tomates pour en retirer le surplus de jus; couper en tranches minces. Préchauffer le four 350 °F / 180 °C. • À feu élevé, faire sauter l'ail, le piment et le persil dans l'huile, dans un petit poêlon, jusqu'à ce que l'ail soit doré de toutes parts. • Verser le vin et le laisser s'évaporer. • Ajouter les tomates et faire cuire pendant 1 minute. • Ajouter les calmars, les palourdes, les moules et les écrevisses. Couvrir et faire cuire à feu moyen jusqu'à ce que les palourdes et les moules s'ouvrent. • Retirer du feu et retirer les fruits de mer qui ne se sont pas ouverts. • Décortiquer la moitié des fruits de mer. • Faire cuire les spaghetti dans l'eau bouillante salée pendant la moitié du temps indiqué sur le paquet. • Égoutter et ajouter à la sauce aux fruits de mer. • Couper quatre grands morceaux de papier d'aluminium et les plier en deux pour en doubler l'épaisseur. • Diviser les pâtes en quatre portions et déposer dans le centre des feuilles d'aluminium, en ajoutant 3 cuillères à table d'eau de cuisson des pâtes à chaque portion. Fermer et bien sceller les feuilles. Prévoir une poche d'air dans chacune des papillotes. • Transférer sur une grande plaque de cuisson. • Faire cuire pendant 12 à 15 minutes ou jusqu'à ce que les papillotes aient gonflé. • Les papillotes doivent être servies dans des assiettes individuelles et amenées à table. Les hôtes peuvent ensuite ouvrir le papier aluminium et puiser directement dedans.

Donne 4 portions • Prép.: 1 h + 1 h pour tremper les fruits de mer • Cuisson: 30 min • Difficulté: 2

CAVATELLI À LA ROQUETTE
Cavatelli con la rucola

Vous pouvez utiliser n'importe quelle pâte de farine de semoule de blé dur faite à la main semolina. De la roquette sauvage relèvera la saveur de la sauce.

Blanchir la roquette dans de l'eau salée portée à faible ébullition pendant 5 minutes. • Ajouter les cavatelli et cuire jusqu'à ce qu'elles soient *al dente*. • Égoutter, réserver un peu d'eau de cuisson. • Faire revenir l'ail dans l'huile dans une grande poêle à feu moyen pendant deux minutes, jusqu'à ce qu'il devienne doré. • Ajouter les pâtes et la roquette, ainsi qu'un peu d'eau de cuisson. • Saupoudrer de pecorino et recouvrir de sauce tomate. • Touiller et servir

Donne 4 portions • Préparation: 15 min • Cuisson: 30 min • Difficulté: 1

- 500 g de roquette
- 350 g de pâtes fraîches cavatelli (voir plus bas)
- 2 gousses d'ail, finement hachées
- 60 ml d'huile d'olive extra vierge
- 60 g de pecorino fraîchement râpé
- 6 cuillères à table de sauce tomate non assaisonnée

LA FABRICATION DES CAVATELLI

1. Former les pâtes à partir de farine de semoule de blé dur semolina (voir page 168) en de longs et minces cylindres. Couper en petits morceaux d'environ 2 cm de long.

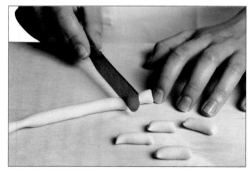

2. Utiliser le revers d'une spatule ou d'un couteau pour faire glisser chacun des petits morceaux sur votre planche à découper en bois afin de les rendre plus minces et leur donner une forme concave.

Sauces

PÂTES FRAÎCHES AUX POIS CHICHES

Lagane e ceci

- 300 g de pois chiches, trempés toute la nuit et égouttés
- 3 litres d'eau
- 1 branche de céleri, finement hachée
- 1 oignon finement haché
- 3 gousses d'ail, légèrement écrasées mais entières
- 1 feuille de laurier
- 2 cuillères à table d'huile extra vierge plus 3 autres cuillères à table pour le service
- Sel et poivre noir fraîchement moulu

Les lagane sont de grandes tagliatelle faites de pâte fraîche. Cette recette peut aussi être faite avec des pâtes courtes ou d'autres types de pâtes longues cassées

Amener l'eau à ébullition à feu moyen dans une grande casserole avec les pois chiches, le céleri, l'oignon, l'ail, la feuille de laurier et l'huile. Enlever l'écume. Cuire pendant 90 minutes, ou jusqu'à ce que les pois chiches soient très mous. • Assaisonner avec le sel, cuire encore 10 minutes, et retirer du feu (il devrait rester encore suffisamment d'eau de cuisson). • Pour la préparation des pâtes : creuser un puits au centre de la farine tamisée avec le sel sur une surface plane. Mélanger l'huile avec suffisamment d'eau pour en faire une pâte molle. Pétrir pendant 15 à 20 minutes, jusqu'à l'obtention d'une pâte élastique.

Faire une boule de votre pâte, l'enveloper dans une pellicule plastique et laisser reposer pendant 30 minutes. • Rouler la pâte dans un peu de farine saupoudrée sur une surface plane jusqu'à ce qu'elle soit très mince et couper en petits rectangles de 2 cm x 10 cm. • Remettre les pois chiches à bouillir et ajouter les pâtes. Cuire jusqu'à ce que les pâtes soient *al dente*, en ajoutant plus d'eau au besoin. • Égoutter puis verser les deux cuillères à table d'huile restantes en ajoutant un peu de poivre noir du moulin.

Donne 6 portions • Préparation : 1 h + 30 min pour laisser reposer la pâte • Cuisson : 2 h 30 min • Difficulté : 2

Pour faire les pâtes

- 200 g de farine tout usage
- $\frac{1}{4}$ de cuillère à thé de sel
- 2 cuillères à table d'huile d'olive extra vierge
- Eau tiède, autant que nécessaire

Pâtes fraîches aux pois chiches

Pâtes fraîches et sauce à l'anguille

PÂTES FRAÎCHES ET SAUCE À L'ANGUILLE

Lasagne con anguilla

Dans les Pouilles, le terme lasagne est utilisé pour designer les fettucine ou les tagliatelle fines faites d'une pâte semblable à celle des orecchiette (pâtes en forme d'oreille).

Pour le mélange à pâte : creuser un puits au centre de la farine tamisée avec le sel sur une surface plane. Ajouter suffisamment d'eau pour en faire une pâte molle. Pétrir pendant 15 à 20 minutes, jusqu'à ce qu'elle soit bien élastique. En faire une boule, l'envelopper dans une pellicule plastique et laisser reposer pendant 30 minutes. Rouler la pâte sur une surface légèrement recouverte de farine jusqu'à ce qu'elle soit très mince et la laisser reposer sur un linge de cuisine pendant 20 minutes. Couper la pâte en lanières d'une largeur de $^1/_4$ de pouce (3 mm). Façonner les lanières de manière à former des nids et déposer sur un linge sec. • Sauce à l'anguille : faire revenir l'ail et le persil dans l'huile dans une poêle à feu moyen pendant 2 minutes, jusqu'à ce que l'ail devienne doré. • Augmenter la chaleur du feu et verser le vin. Ajouter l'anguille, couvrir et cuire à feu doux pendant 10 minutes. Introduire les tomates en remuant et cuire à feu vif pendant 2 minutes. Assaisonner de sel et retirer du feu. • Cuire les pâtes dans une grande casserole d'eau bouillante salée jusqu'à ce qu'elles soient *al dente*. • Égoutter et ajouter le tout à la sauce. Servir chaud.

Donne 4 portions • Préparation : 90 min + 30 min pour faire reposer la pâte • Cuisson : 30 min • Difficulté : 2

Pour faire les pâtes

• 400 g de farine tout usage
• $^1/_4$ de cuillère à thé de sel
• 6 cuillères à table d'eau, plus au besoin

Sauce à l'anguille

• 2 gousses d'ail hachées
• 1 cuillère à table de persil frais finement découpé
• 6 cuillères à table d'huile d'olive extra vierge
• 180 ml de vin blanc sec
• 500 g d'anguilles, nettoyées et coupées en gros morceaux
• 5 tomates, pelées et tranchées finement
• Sel

MACARONI AUX POIVRONS

Maccheroni ai peperoni

• 3 poivrons jaunes
• 6 cuillères à table d'huile d'olive extra vierge
• Sel
• 2 gousses d'ail, finement hachées
• 500 g de tomates, pelées et coupées en tranches minces
• 1 cuillère à table de persil frais finement découpé
• 350 g de macaroni

Faire griller les poivrons jusqu'à ce que la peau noircisse complètement. Les envelopper dans un sac de papier pendant 5 minutes, puis retirer la peau ainsi que les pépins. Trancher finement. • Faire revenir les poivrons dans 3 cuillères à table d'huile dans une poêle à frire, à feu vif, pendant 2 minutes. Assaisonner de sel et retirer du feu. • Faire revenir l'ail dans ce qu'il reste des trois cuillères à table d'huile dans une grande poêle, à feu moyen, pendant deux minutes, jusqu'à ce qu'il devienne doré. Introduire les tomates en remuant et cuire à feu vif pendant 5 minutes. • Assaisonner de sel et ajouter le persil. Retirer du feu. • Cuire les pâtes dans une grande casserole d'eau bouillante salée jusqu'à ce qu'elles soient *al dente*. • Égoutter. Ajouter les pâtes et les poivrons dans la poêle contenant le mélange de tomates et mélanger. Servir chaud.

Donne 4 portions • Préparation : 40 min • Cuisson : 20 min • Difficulté : 1

BASILICATE ET CAMPANIE

À l'ombre du menaçant Vésuve, la région de la Campanie tire le plus grand avantage de son climat, de son sol volcanique et de sa végétation. Le chaud soleil de l'été permet la production des olivettes San Marzano, des poivrons géants et des olives. La mozzarella, le fromage de chèvre et le scamorza sont ses fromages les plus populaires. La région de la Basilicate est, quant à elle, l'endroit le plus reculé de la péninsule, située au haut de la colline. Les lagane (pâtes ressemblant à des lasagne) accompagnées de pois sont un classique de la Basilicate, faisant ressortir tout le côté rustique de la nature et de la cuisine du sud de l'Italie.

Sauce à la mode de la Campanie
(voir page 80)

Sauces

RIGATONI AU BASILIC FRAIS

Rigatoni al basilico

- Les feuilles de trois branches de basilic
- 1 gousse d'ail
- Sel
- 2 cuillères à table de lard ou de beurre
- 3 cuillères à table d'huile d'olive extra vierge
- poivre blanc fraîchement moulu
- 350 g de pâtes rigatoni
- 3 cuillères à table de parmesan fraîchement râpé
- 2 cuillères à table de pecorino râpé

Il s'agit d'un plat qui se prépare rapidement, idéal pour l'été, la saison par excellence du basilic.

Couper finement le basilic avec l'ail et une pincée de sel. Déposer le lard et l'huile dans une grande poêle à feu doux et ajouter le mélange de basilic. Faire revenir pendant 2 minutes et assaisonner avec le sel et le poivre. • Cuire les pâtes dans une grande casserole d'eau bouillante salée jusqu'à ce qu'elles soient *al dente*. Égoutter et transvider les pâtes dans la poêle avec le basilic. Saupoudrer de parmesan et de pecorino, puis servir.

Donne 4 portions • Préparation : 10 min • Cuisson : 20 min • Difficulté : 1

SPAGHETTI AUX OLIVES, TOMATES ET ANCHOIS

Spaghetti alla puttanesca

Faire revenir l'oignon et le piment dans l'huile dans une grande poêle, à feu moyen, pendant 5 minutes. Ajouter l'ail et les anchois et cuire à feu doux jusqu'à ce que les anchois se dissoudent, environ 5 à 10 minutes. Introduire les tomates en remuant et cuire pendant 10 minutes. Ajouter les olives et les câpres et cuire encore 3 minutes à faible ébullition. • Cuire les pâtes dans une grande casserole d'eau bouillante salée jusqu'à ce qu'elles soient *al dente*. • Égoutter et ajouter le tout à la sauce. Parsemer de persil et servir.

Donne 4 portions • Préparation : 30 min • Cuisson : 20 min • Difficulté : 1

- ¹/₂ oignon rouge, haché
- 1 piment sec
- 60 ml d'huile d'olive extra vierge
- 2 gousses d'ail hachées
- 2 anchois dessalés, rincés et apprêtés en filets
- 500 g de tomates, finement hachées
- 500 g d'olives noires
- 1 cuillère à table de câpres saumurées, hachées
- 350 g de spaghetti
- 1 cuillère à table de persil frais

ZITI AU PESTO ET BASILIC FRAIS

Zite alla napoletana

- 350 g de ziti, cassés en morceaux d'environ 6 cm
- 80 g de pesto genovese (voir page 16)
- Les feuilles d'une petite botte de basilic frais, déchirées
- 125 g de caciocavallo ou provolone râpé

Chauffer une grande soupière • Cuire les pâtes dans une grande casserole d'eau bouillante salée jusqu'à ce qu'elles soient *al dente*, pendant 10 minutes. Égoutter et allonger une couche de pâtes dans le fond de la soupière. Ajouter un peu de pesto, de basilic et de caciocavallo. Allonger autant de couches de pâtes qu'il y en a. Servir chaud.

Donne 4 portions • Préparation : 10 min • Cuisson : 10 min • Difficulté : 1

SAUCE TOMATE À LA MODE DE CAMPANIE

Salsa di pomodoro, pomarlo

Cette sauce est l'emblème de la cuisine italienne et peut être préparée de plusieurs façons, toutes similaires, mais avec quelques nuances qui modifient délicatement le produit final. Cette version typique de la Campanie possède plusieurs utilités, dont la première et principale étant de servir de sauce pour les pâtes. Cette recette peut nourrir six personnes.

Cuire les tomates avec ¹/₈ de cuillère à thé de sel dans une casserole recouverte, à feu moyen, pendant 5 minutes. • Transvider dans une passoire à grands trous et laisser égoutter pendant une heure. Dans la casserole, ajouter l'oignon, l'ail, le basilic, l'huile, le sucre et le sel. Couvrir et amener à ébullition à feu moyen. Cuire doucement pendant 40 minutes, ou jusqu'à ce que la sauce épaississe. • Retirer du feu et utiliser un moulin, un malaxeur ou un robot culinaire pour rendre la sauce lisse.

Donne 500 ml • Préparation : 20 min + 1 heure pour égoutter les tomates. • Cuisson : 50 min • Difficulté : 1

- 1,5 kg de tomates prunes bien fermes, préférablement des San Marzano, hachées grossièrement.
- Sel
- 1 oignon rouge finement tranché
- 2 gousses d'ail, finement hachées
- Les feuilles d'une petite botte de basilic frais, déchirées
- 2 cuillères à table d'huile d'olive extra vierge
- ¹/₈ de cuillère à thé de sucre

Sauces et pâtes au four

RAVIOLI ET SAUCE À LA VIANDE

Ravioli di ricotta e ragù potentino

Sauce

- 400 g de bœuf ou porc, en un seul morceau
- 3 cuillères à table de fromage pecorino fraîchement râpé
- 1 gousse d'ail, finement hachée
- $\frac{1}{8}$ de cuillère à thé de poivre rouge moulu
- 1 cuillère à table de persil frais finement découpé
- 2 tranches de pancetta ou de bacon, coupés en petites languettes
- 60 ml d'huile d'olive extra vierge
- 6 cuillères à table de vin blanc sec
- 500 g de tomates prunes pelées, pressées dans une passoire
- Sel et poivre noir fraîchement moulu
- Les feuilles d'une petite botte de basilic frais, déchirées

Pour faire les pâtes

- 300 g de farine tout usage
- $\frac{1}{4}$ de cuillère à thé de sel
- 2 gros œufs
- eau tiède

Farce

- 400 g de fromage ricotta
- 2 gros œufs
- 60 g de fromage pecorino fraîchement râpé
- 2 cuillères à table de persil frais finement découpé
- Sel et poivre noir fraîchement moulu

Sauce: utiliser un pilon à viande pour attendrir le bœuf jusqu'à ce qu'il soit complètement aplati. Parsemer de pecorino, d'ail, de piment rouge en flocons et de persil. Rouler la viande et l'attacher avec de la ficelle alimentaire. • Faire revenir l'ail dans l'huile dans une grande casserole à feu moyen pendant 5 minutes, jusqu'à ce qu'il soit croustillant. Déposer avec précaution la viande dans une poêle et faire cuire de tous les côtés à feu vif pendant environ 5 minutes. Verser le vin et le laisser s'évaporer. Incorporer les tomates en remuant, assaisonner de sel et poivre et ajouter le basilic. • Amener à ébullition, couvrir, laisser mijoter pendant deux heures ou jusqu'à ce que la viande soit tendre. Servir la viande en plat principal. • Pour faire les pâtes : creuser un puits au centre de la farine tamisée avec le sel sur une surface plane. Casser les œufs dans le puits et mélanger le tout avec suffisamment d'eau pour donner à la pâte une consistance molle. Pétrir pendant 15 ou 20 minutes, jusqu'à ce qu'elle soit bien élastique. • Former une boule, l'envelopper dans une pellicule plastique et laisser reposer pendant 30 minutes. • Pour la farce : mélanger la ricotta, les œufs, le pecorino, le persil, le sel et le poivre dans un grand bol, et réfrigérer le tout pendant 30 minutes. Rouler la pâte sur une surface plane légèrement saupoudrée de farine jusqu'à ce qu'elle devienne très mince. Couper la pâte en carrés de 4 cm et déposer un soupçon de farce au centre de chacun. Plier en deux (en rectangles) et fermer de façon bien étanche à l'aide d'une fourchette. • Cuire les pâtes par petites quantités dans une grande casserole d'eau bouillante salée pendant 2 minutes. Transvider les pâtes dans un grand plat à service à l'aide d'une cuillère à rainures et recouvrir le tout de sauce.

Donne 6 portions • Préparation : 1 h + 30 min pour faire reposer la pâte + 30 min pour faire refroidir la farce • Cuisson : 2 h 30 min • Difficulté : 3

GRAINES DE BLÉ ET SAUCE À LA VIANDE

Grano al ragù

Mesurer les graines de blé. Déposer dans une grande casserole avec autant d'eau tiède que nécessaire pour doubler leur volume. Amener à ébullition et cuire pendant environ 2 heures, ou jusqu'à ce qu'elles deviennent tendres. • Sauce à la viande : faire revenir l'ail et les flocons de piment rouge dans l'huile dans une casserole en fonte, à feu moyen, pendant 3 à 5 minutes, jusqu'à ce que l'ail ait pris une couleur dorée. Jeter l'ail. • Ajouter l'agneau et le bœuf et cuire à feu vif pendant deux minutes, jusqu'à ce que la viande prenne une couleur brune uniforme. Ajouter les tomates et le sel. • Couvrir, amener doucement à ébullition et laisser mijoter pendant 2 heures ou jusqu'à ce que la viande soit tendre. Égoutter les graines de blé et recouvrir de la sauce à la viande et de la ricotta salata.

Donne 6 portions • Préparation : 30 min +1 nuit pour faire tremper les graines de blé. • Cuisson : 2 h 30 min • Difficulté : 1

- 400 g de graines de blé, égouttées après avoir trempé toute la nuit
- eau

Sauce à la viande

- 2 gousses d'ail, légèrement écrasées mais entières
- flocons de piment rouge
- 2 cuillères à table d'huile d'olive extra vierge
- 200 g d'agneau haché maigre
- 200 g de bœuf haché maigre
- 500 g de tomates prunes pelées, pressées dans une passoire à trous fins
- Sel
- 100 g de ricotta salata en morceaux (flocons)

Ravioli et sauce à la viande

Crêpes à la ricotta cuites au four

CRÊPES À LA RICOTTA CUITES AU FOUR

Crespelle con la ricotta

Crêpes

- 100 g de farine tout usage
- 1/8 de cuillère à thé de sel
- 4 gros œufs
- 250 ml de lait
- 2 cuillères à table d'huile d'olive extra vierge

Farce

- 310 g de fromage ricotta
- 30 g de fromage parmesan fraîchement râpé

Préchauffer le four à 400 °F / 200 °C. Préparer un plat pour le four. • Crêpes : tamiser la farine et le sel dans un bol de taille moyenne. Ajouter les œufs, et battre jusqu'à ce que tout soit bien mélangé. Verser le lait et battre de nouveau à l'aide d'un fouet jusqu'à ce que le mélange soit onctueux. Laisser reposer dans un endroit frais pendant au moins 1 heure. • La farce : mélanger la ricotta, le parmesan, la mozzarella, le persil et le basilic dans un grand bol. Assaisonner de sel et de poivre. • Faire chauffer un peu d'huile dans une poêle antiadhésive, à crêpe ou ordinaire, d'environ 22 cm, à feu moyen. • En touillant bien la pâte à crêpe, en verser environ 2 cuillères à table dans la poêle inclinée afin que la pâte forme une mince couche. Cuire jusqu'à ce que le dessus soit saisi et le fond

doré, soit environ 1 minute. Retourner les crêpes et cuire le deuxième côté jusqu'à ce que celui-ci brunisse, soit environ 30 secondes. Répéter jusqu'à ce qu'il ne reste plus de pâte à crêpe tout en huilant bien la poêle à chaque fois. • Empiler les crêpes en plaçant une feuille de papier ciré entre chacune d'elles. Verser la garniture uniformément sur chacune des crêpes, rouler et déposer dans le plat pour le four, en prenant soin de placer le côté de l'ouverture face contre le plat. Couvrir partiellement de sauce tomate et parsemer de parmesan. Cuire pendant de 12 à 15 minutes, ou jusqu'à ce que le fromage ait une couleur dorée. Servir chaud.

Donne 6 portions • Préparation : 40 min + 1 h pour laisser reposer la pâte à crêpe • Cuisson : 40 min • Difficulté : 2

- 250 g de mozzarella fraîche, préférablement faite de lait de bufflonne, coupée en petits cubes.
- 1 cuillère à table de persil frais finement découpé
- 4 à 6 feuilles de basilic frais, déchirées
- Sel et poivre blanc fraîchement moulu
- 250 ml de sauce tomate nature du commerce
- 30 g de fromage parmesan fraîchement râpé

Sauces et pâtes au four

PENNE À LA MODE DE NAPLES
Penne alla napoletana

- ½ oignon rouge, finement haché
- 6 cuillères à table de beurre, coupé en morceaux
- 2 cuillères à table d'huile d'olive extra vierge
- 1 kg de tomates prunes, préférablement des San Marzano, pelées, épépinées et finement découpées
- 5 feuilles de basilic frais, déchirées
- Sel et poivre noir fraîchement moulu
- 350 g de penne légèrement séchés
- 90 g de fromage cacio-cavallo ou provolone fraîchement râpé

Faire revenir l'oignon dans 4 cuillères à table de beurre et d'huile dans une grande casserole, à feu doux. Ajouter les tomates et le basilic, et cuire pendant environ 5 minutes, jusqu'à ce que les tomates soient complètement défaites. Assaisonner de sel et poivre et ajouter 2 cuillères à table de beurre restantes. Retirer du feu et mélanger jusqu'à ce que le beurre se soit dissout. • Cuire les pâtes dans une grande casserole d'eau bouillante salée jusqu'à ce qu'elles soient al dente. Égoutter et transvider les pâtes dans la casserole avec la sauce tomate. Parsemer de caciocavallo et servir.

Donne 4 portions • Préparation : 20 min • Cuisson : 20 min • Difficulté : 1

PÂTES AUX DEUX FROMAGES ET AUX ŒUFS
Maccheroni cacio e uova

- 2 gros œufs
- ⅛ de cuillère à thé de sel
- ⅛ de cuillère à thé de poivre noir fraîchement moulu
- 2 cuillères à table de fromage pecorino fraîchement râpé
- 2 cuillères à table de fromage parmesan fraîchement râpé
- 2 cuillères à table de persil frais finement découpé
- 2 cuillères à table de beurre
- 350 g de pâtes courtes (comme des ditalini)
- eau froide (facultatif)

Battre les œufs avec le sel, le poivre, le pecorino, le parmesan et une cuillère à table de persil dans un petit bol. Faire fondre le beurre dans une grande poêle et retirer du feu. • Cuire les pâtes dans une grande casserole d'eau bouillante salée jusqu'à ce qu'elles soient al dente. • Égoutter et ajouter les pâtes dans la poêle. Verser le mélange d'œufs et cuire à feu vif jusqu'à ce que les œufs soient crémeux, en prenant bien soin de ne pas les briser. Si cela se produit, ajouter l'eau froide afin d'interrompre la cuisson des œufs. Parsemer de persil et servir.

Donne 4 portions • Préparation : 5 min • Cuisson : 15 min • Difficulté : 1

LASAGNE DU CARNAVAL
Lasagne di carnevale

Pour le mélange à pâte : creuser un puits au centre de la farine tamisée avec le sel sur une surface plane. Casser les œufs dans le puits et mélanger le tout jusqu'à consistance molle. Pétrir pendant 15 à 20 minutes, jusqu'à ce que la pâte soit élastique. Former une boule, l'envelopper dans une pellicule plastique et laisser reposer pendant 30 minutes. • Rouler la pâte sur une surface plane légèrement saupoudrée de farine jusqu'à ce qu'elle devienne très mince. Couper en rectangles de 10 cm x 15 cm. Blanchir les pâtes pendant 1 minute et déposer dans un linge de cuisine humide. • Boulettes de viande : mélanger le veau, les œufs et le pecorino dans un grand bol. Assaisonner de sel et de poivre. • Former des boulettes de la grosseur d'une noisette. Faire chauffer l'huile dans une poêle, à feu moyen, jusqu'à ce qu'elle devienne très chaude. Faire frire les boulettes quelques-unes à la fois pendant 7 à 10 minutes, ou jusqu'à ce qu'elles brunissent. Égoutter bien et faire sécher sur un papier absorbant. Couper les saucisses en morceaux en les piquant bien un peu partout. Cuire les saucisses avec le vin dans une casserole de grandeur moyenne pendant 5 minutes, ou jusqu'à ce qu'elles soient tendres. Retirer le gras et réserver. Préchauffer le four à 400 °F / 200 °C. Huiler un plat pour le four. • Étendre la première couche de pâtes au fond et sur les côtés du plat, de façon à ce que les pâtes débordent et puissent être repliées pour recouvrir le dessus, une fois tous les ingrédients ajoutés. Ajouter sur la première couche de pâtes un peu de ricotta, de sauce, de fromage blanc, de saucisse, de pecorino et quelques boulettes. • Répéter ces deux opérations jusqu'à ce que vous ayez 5 couches. Refermer sur le dessus la première couche de pâtes dépassant du plat. Couvrir de morceaux de beurre et de pecorino. Cuire au four pendant 40 à 45 minutes, ou jusqu'à l'obtention d'une couleur dorée. Réserver pendant 20 minutes avant de servir.

Donne 8 portions • Préparation : 1 h + 30 min pour faire reposer les pâtes. • Cuisson : 80 min • Difficulté : 3

Pour le mélange à pâte
- 400 g de farine de sarrasin (blé noir)
- ¼ de cuillère à thé de sel
- 4 gros œufs

Boulettes de viande
- 350 g de veau ou de bœuf haché maigre
- 2 gros œufs
- 2 cuillères à table de fromage pecorino fraîchement râpé
- Sel et poivre noir fraîchement moulu
- 500 ml d'huile d'olive
- 300 g de saucisse italienne fraîche, coupée en petits morceaux
- 125 ml de vin blanc sec
- 310 g de fromage ricotta
- 1 portion de sauce à la viande à la mode de Naples (voir page 187)
- 310 g de fromage blanc mou, comme de la mozzarella, coupé en dés
- 125 g de fromage pecorino fraîchement râpé
- 2 cuillères à table de beurre, coupé en morceaux

PÂTES ET POMMES DE TERRE

Pasta e patate

- 4 cuillères à table de lard ou de beurre, coupé en morceaux
- 1 petite carotte, finement hachée
- 1 branche de céleri, finement hachée
- ½ cuillère à table de persil frais finement découpé
- 1 oignon finement haché
- 60 ml d'huile d'olive extra vierge
- 750 g de pommes de terre, pelées et découpées en petits cubes
- la croute d'un parmesan (facultatif)
- ½ cuillère à table de pâte/purée de tomate dissoute dans une cuillère à table d'eau chaude
- eau froide
- Sel et poivre blanc fraîchement moulu
- 125 g de trois différentes sortes de pâtes courtes, comme des penne, des farfalle ou des coquilles, gardées séparément (375 g au total)
- 125 g de fromage parmesan fraîchement râpé

Cuire le lard, les carottes, le céleri, le persil et l'oignon dans l'huile dans une grande casserole, à feux doux, pendant 10 minutes. Ajouter les pommes de terre et la croûte de parmesan (au choix). Incorporer le mélange de pâte de tomate en remuant. • Verser suffisamment d'eau froide pour recouvrir le tout et cuire à feu moyen. Assaisonner de sel et poivre, amener à ébullition. Cuire pendant 15 à 20 minutes, ou jusqu'à ce que les pommes de terre soient tendres. Retirer le quart des légumes, broyer à l'aide d'un robot culinaire et reverser la purée dans la casserole. Au besoin, ajouter plus d'eau pour cuire les pâtes et assaisonner de sel et poivre. • Cuire les pâtes, en commençant avec celles qui requièrent le plus de temps pour la cuisson, et ajouter les deux autres sortes en fonction également de leur temps de cuisson. • Lorsque toutes les pâtes seront *al dente*, le mélange devrait être passablement réduit. Parsemer de parmesan et servir.

Donne 6 portions • Préparation : 30 min • Cuisson : 40 min • Difficulté : 1

SPAGHETTI À LA SAUCE TOMATE TOUTE SIMPLE

Spaghetti di maratea

Placer les tomates, l'ail, l'huile, le sel et le poivre dans un grand plat à service allant au four. Laisser mariner pendant la cuisson des pâtes. • Cuire les pâtes dans une grande casserole d'eau bouillante salée jusqu'à ce qu'elles soient *al dente*. Utiliser une cuillère à rainures pour transvider les pâtes dans le bol contenant les tomates. Placer le bol à service sur le dessus de la casserole toujours pleine d'eau de cuisson. Cuire de la sorte, dans cette forme de bain-marie, pendant environ 15 minutes, ou jusqu'à ce que les tomates se défassent un peu. Servir chaud.

Donne 4 portions • Préparation : 20 min • Cuisson : 25 min • Difficulté : 1

- 500 g de tomates fermes en grappes, pelées, épépinées et grossièrement coupées.
- 2 gousses d'ail, finement hachées
- 60 ml d'huile d'olive extra vierge
- Sel et poivre noir fraîchement moulu
- 350 g de spaghetti

Pâtes et pommes de terre

Sauce à la viande à la mode de Naples

SAUCE À LA VIANDE À LA MODE DE NAPLES
Ragù napoletano

- 1,5 kg de bœuf ou de porc
- 50 g de pancetta, coupée en tranches minces
- 80 g de prosciutto (jambon de Parme), coupé en tranches minces
- 1 cuillère à table de persil frais finement découpé
- poivre noir fraîchement moulu
- 3 oignons
- 9 cuillères à table de lard ou de beurre, coupé en morceaux
- 40 g de pancetta finement tranchée
- 3 gousses d'ail

D'abord, larder la viande en y faisant des entailles dans le sens du grain à l'aide d'un long et mince couteau, puis insérer les tranches de pancetta et de prosciutto ainsi que le persil et une pincée de poivre. • Couper l'oignon, 3 cuillères à table de lard, la pancetta et l'ail. Verser les 6 cuillères à table restantes de lard et d'huile dans une grande casserole à fond épais déposée sur un rond à feu doux. • Placer le mélange d'ingrédients coupés dans la casserole et assaisonner de poivre. • Ajouter la viande lardée puis couvrir et cuire à feu doux, en tournant la viande de temps en temps jusqu'à ce que les oignons prennent une couleur dorée un peu brune, soit environ 1 heure. • Verser dans la casserole un peu de vin rouge et cuire jusqu'à évaporation. • Continuer d'ajouter le vin rouge à petite dose, en le laissant s'évaporer à chaque fois. • Cela prendra environ1 heure, faisant en sorte qu'il n'y aura plus de liquide du tout dans la casserole. Mélanger 2 cuillères à table de pâte de tomate avec le vin marsala et l'eau chaude. • Aug-

menter la chaleur et ajouter environ 6 cuillères à table du mélange de pâte de tomate. Amener à ébullition jusqu'à ce que les tomates noircissent. • Ajouter un peu de pâte de tomate diluée. Continuer ainsi jusqu'à épuisement, laissant la sauce devenir passablement foncée avant d'en ajouter. • Cela prendra environ 2 heures. Assaisonner de sel. Ajouter le bouillon, le basilic et le bâton de cannelle. Porter à ébullition et retirer la viande (cela peut être utile pour un deuxième plat).
• Réduire la chaleur et cuire à couvert pendant environ 2 heures, en ajoutant plus de bouillon ou d'eau si la sauce devient trop épaisse. • Laisser la sauce à la viande reposer pendant toute une nuit. Retirer la fine couche de gras formée sur le dessus, ainsi que le bâton de cannelle et servir sur des pâtes.

Donne 6 à 8 portions • Préparation : 30 min + 1 nuit pour laisser reposer la sauce • Cuisson : 6 h (requérant une attention continuelle) • Difficulté : 2

- 150 ml d'huile d'olive extra vierge
- poivre noir fraîchement moulu
- 250 ml de vin rouge sec
- 200 g de pâte/purée de tomate
- 150 ml de vin de marsala ou de sherry sec
- 60 ml d'eau chaude
- 310 ml de bouillon ou de fond de viande
- Sel
- Les feuilles d'une branche de basilic frais, déchirées
- 1 bâton de cannelle

Sauces et gnocchi

FUSILLI À LA MODE DE NAPLES

Fusilli alla napoletana

- 3 oignons rouges finement hachés
- 2 carottes finement hachées
- 2 branches de céleri, finement hachées
- 2 gousses d'ail, légèrement écrasées mais entières
- 180 g de pancetta coupée en dés
- 60 ml d'huile d'olive extra vierge
- 1 kg de bœuf à ragoût, fait par exemple de haut de ronde, en une seule pièce
- 150 ml de vin blanc sec
- 60 ml de pâte/purée de tomate dissoute dans 60 ml de vin blanc sec
- 1,5 kg de tomates prunes pelées, pressées dans une passoire à trous fins
- Les feuilles d'une petite botte de basilic frais, déchirées
- Sel et poivre noir fraîchement moulu
- 200 ml de fond ou de bouillon de viande (facultatif)
- 500 g de longs fusilli
- 180 g de salami coupé en dés, préférablement du napolitain
- 400 g de fromage ricotta
- 6 cuillères à table de fromage pecorino fraîchement râpé

Faire revenir les oignons, les carottes, le céleri, l'ail et la pancetta dans l'huile, dans une casserole en fonte, à feu vif, pendant 2 à 3 minutes, jusqu'à ce qu'ils deviennent légèrement dorés. • Ajouter la viande et saisir tout le tour. • Cuire à feu doux pendant 90 minutes. • Augmenter la chaleur du feu, verser le vin et le mélange de pâte de tomate, puis laisser s'évaporer. • Ajouter les tomates et le basilic, et assaisonner de sel et poivre. • Porter à faible ébullition, en couvrant partiellement, à feu doux, pendant environ 2 heures, ou jusqu'à ce que la viande soit attendrie, en ajoutant le bouillon si la sauce devient trop épaisse. • Cuire les pâtes dans une grande casserole d'eau bouillante salée jusqu'à ce qu'elles soient al dente. • Égoutter puis transvider les pâtes dans un grand bol avec le salami et la moitié de la sauce. Allonger le tiers des pâtes dans un plat allant au four et y étendre le tiers de la ricotta. Recouvrir de pecorino et de plus de sauce. Continuer d'ajouter des couches de pâtes, de sauce, de ricotta, de sauce et de pecorino jusqu'à ce qu'il ne reste plus d'aucun ingrédient. La viande doit être servie en plat principal. Servir chaud.

Donne 6 portions • Préparation : 40 min • Cuisson : 3 h 40 min • Difficulté : 1

GNOCCHETTI MAISON SAUCE À LA VIANDE

Gnocchetti di casa

Pour le mélange à pâte : faire bouillir les pommes de terre dans de l'eau salée pendant 15 à 20 minutes, ou jusqu'à ce qu'elles soient tendres. • Égoutter, peler et transvider les pommes de terre dans un grand bol. • Faire une purée de pommes de terre à l'aide d'une fourchette ou d'un pilon. Tamiser les farines de blé entier et de sarrasin avec le sel dans un grand bol. • Mélanger la purée de pommes de terre. Assaisonner de sel et ajouter suffisamment d'eau afin de former une pâte bien ferme. • Sur une surface de travail légèrement enfarinée, faire des rondelles de pâte de 1,5 cm de diamètre. Couper en morceaux de 2 cm et utiliser un couteau ou le pouce pour donner aux gnocchetti la forme d'un coquillage. • Étendre les gnocchetti sur un linge de cuisine enfariné. • Cuire les pâtes dans une grande casserole d'eau bouillante salée jusqu'à ce qu'elles soient *al dente*, pendant 10 minutes. • Égoutter et servir avec la sauce et le pecorino.

Donne 4 portions • Préparation : 1 h • Cuisson : 25 à 30 min • Difficulté : 2

Pour le mélange à pâte

- 2 pommes de terre farineuses de taille moyenne
- 100 g de farine de blé entier
- 200 g de farine de sarrasin (blé noir)
- 1/8 de cuillère à thé de sel
- eau froide (facultatif)
- Sauce à la viande à la mode de Naples (voir page 187)
- 90 g de fromage pecorino fraîchement râpé

RIGATONI À LA SAUCE AUX OIGNONS

MacMacchèroni alla moda di torano

Faire fondre le beurre dans une petite poêle à feux doux. Ajouter l'oignon et cuire pendant 10 à 15 minutes, ou jusqu'à ce qu'il soit translucide. • Augmenter l'intensité, verser le vin et laisser s'évaporer pendant 5 minutes. • Cuire les pâtes dans une grande casserole d'eau bouillante salée jusqu'à ce qu'elles soient al dente. • Égoutter et ajouter les pâtes à la sauce. Assaisonner de sel et de poivre. Parsemer de pecorino et servir chaud.

Donne 4 portions • Préparation : 10 min • Cuisson : 20 min • Difficulté : 1

- 150 g de beurre ou de lard de porc coupé en dés
- 1 oignon finement haché
- 60 ml de vin blanc sec
- 350 g de rigatoni
- Sel et poivre noir fraîchement moulu au goût
- 4 cuillères à table de fromage pecorino fraîchement râpé

Bucatini à l'huile pimentée

BUCATINI À L'HUILE PIMENTÉE
Bucatini o maccheroni di fuoco

- 4 piments rouges frais, hachés
- 4 gousses d'ail, hachées
- 6 cuillères à table d'huile d'olive extra vierge
- Sel
- 350 g de bucatini ou une autre sorte de pâtes longues

Ajuster la quantité de piment à votre goût.

Dans un robot culinaire, hacher finement le piment et l'ail dans l'huile. • Chauffer l'huile dans une grande poêle à feu moyen, y ajouter le mélange de piment. • Aussitôt que commence un grésillement, retirer du feu et assaisonner de sel. • Cuire les pâtes dans une grande casserole d'eau bouillante salée jusqu'à ce qu'elles soient *al dente*. • Égoutter et ajouter l'huile pimentée. • Touiller bien et servir.

Donne 4 portions • Préparation : 5 min • Cuisson : 10 min • Difficulté : 1

PÂTES DURES
Minnicchi—Pasta di grano duro

Pour le mélange à pâte : creuser un puits au centre de la farine tamisée avec le sel sur une surface plane. Mélanger suffisamment d'eau pour faire une pâte molle. Pétrir pendant 15 à 20 minutes, jusqu'à l'obtention d'une consistance élastique. Former une boule, l'envelopper dans une pellicule plastique et laisser reposer pendant 30 minutes. • Former des cylindres de 1 cm de diamètre. • À l'aide d'un *ferretto* d'environ 1 mm de chaque côté (ou d'une aiguille à tricoter) percer des cylindres de 5 cm de long, tels les bucatini. Étendre les pâtes sur un linge de cuisine saupoudré de farine de semoule de blé dur semolina. • Cuire les pâtes dans une grande casserole d'eau bouillante salée pendant 3 à 5 minutes, jusqu'à ce qu'elles soient *al dente*. • Égoutter et servir avec la sauce. Parsemer de pecorino.

Donne 6 portions • Préparation : 1 h • Cuisson : 15 min • Difficulté : 2

Pour le mélange à pâte
- 400 g de farine de semoule de blé
- $\frac{1}{4}$ de cuillère à thé de sel
- eau tiède

Sauce
- 500 ml de sauce tomate campanaise (voir page 180)
- 60 g de fromage pecorino fraîchement râpé

VERMICELLE AUX OIGNONS ET AUX MIETTES DE PAIN

Vermicelli alla carrettiera

- 1 oignon finement haché
- 60 ml d'huile d'olive extra vierge
- 2 gousses d'ail, finement hachées
- 1 cuillère à table d'origan frais finement découpé
- Sel et poivre noir fraîchement moulu
- 2 cuillères à table de pain frais émietté
- 350 g de vermicelle
- 1 cuillère à table de persil frais finement découpé

Faire revenir l'oignon dans 2 cuillères à table d'huile dans une grande poêle, à feu moyen, pendant 10 minutes, ou jusqu'à ce qu'il soit translucide. • Ajouter l'ail et l'origan et cuire encore 1 minute à faible ébullition. • Assaisonner de sel et de poivre et retirer du feu. • Faire griller le pain émietté dans les 2 cuillères à table d'huile restantes, dans une petite poêle, à feu moyen, jusqu'à ce qu'il prenne une couleur brun doré. • Cuire les pâtes dans une grande casserole d'eau bouillante salée jusqu'à ce qu'elles soient *al dente*. • Égoutter et ajouter à l'oignon. Parsemer du pain émietté grillé et de persil. Servir chaud.

Donne 4 portions • Préparation : 15 min • Cuisson : 10 min • Difficulté : 1

PÂTES AU LARD

Pasta strascinata

Le petit côté particulier de ces pâtes est le goût et la texture rendus par le lard.

<u>Pour le mélange à pâte</u> : creuser un puits au centre de la farine tamisée avec le sel sur une surface plane. Mélanger le lard avec suffisamment d'eau pour en faire une pâte molle. Pétrir pendant 15 à 20 minutes, jusqu'à l'obtention d'une consistance élastique. Former une boule, l'envelopper dans une pellicule plastique et laisser reposer pendant 30 minutes. • Former des cylindres de 1,5 cm et de 10 cm de long. Vous pouver également rouler la pâte pour en faire des rectangles ressemblant à des lasagne. • Étendre la pâte sur un linge de cuisine saupoudré de farine de semoule de blé dur semolina. • Cuire la pâte dans une grande casserole d'eau bouillante salée pendant 15 minutes, jusqu'à ce qu'elles soient al dente. • Égoutter et servir avec la sauce tomate et le pecorino.

Donne 6 portions • Préparation : 30 min + 30 min pour laisser reposer la pâte • Cuisson : 15 min • Difficulté : 2

Pour le mélange à pâte

- 400 g de farine tout usage
- ¼ de cuillère à thé de sel
- 1 cuillère à table de lard, découpé
- eau tiède

Sauce

- 500 ml de sauce tomate campanaise (voir page 180), réchauffée
- 60 g de fromage pecorino fraîchement râpé

Vermicelles aux oignons
et pain émietté

Sauces

SPAGHETTI AUX MOULES
Spaghetti alle cozze

- 1 kg de moules
- 60 ml de vin blanc sec
- 2 gousses d'ail, finement hachées
- 1 petite botte de persil, finement hachée

Faire tremper les moules dans un grand bol d'eau chaude salée pendant 1 heure. Retirer et jeter la barbiche des moules. • Transvider les moules dans une grande casserole, verser le filet de vin, et cuire à feu vif pendant 10 minutes, en secouant la casserole à l'occasion, jusqu'à ce que les coquilles s'ouvrent. • Jeter toutes celles dont la coquille ne se sera pas ouverte. Filtrer le liquide et réserver. • Laisser huit moules dans leurs coquilles. Retirer la coquille de toutes les autres et couper grossièrement. • Faire revenir l'ail, le persil et les moules dans l'huile dans une poêle, à feu moyen. Assaisonner généreusement

de sel et de poivre et laisser cuire à faible ébullition pendant 4 à 5 minutes, jusqu'à ce que l'ail soit doré. • Retirer le mélange de moules et réserver à couvert dans un plat conservant la chaleur. Ajouter le liquide filtré de la cuisson des moules et porter à ébullition. • Cuire les pâtes dans une grande casserole d'eau bouillante salée jusqu'à ce qu'elles soient *al dente*. • Égoutter et finir la cuisson dans le liquide bouillant. • Ajouter les moules, mélanger bien et servir chaud.
Donne 4 portions • Préparation : 15 min • Cuisson : 30 min • Difficulté : 1

- 125 ml d'huile d'olive extra vierge
- Sel et poivre noir fraîchement moulu au goût
- 350 g de spaghetti

LASAGNE AUX HARICOTS
Lasagne e fagioli

- 300 g de haricots frais bien rincés, tels des borlotti ou des haricots cranberry
- 1 feuille de laurier
- 1 gousse d'ail
- 2 cuillères à table d'huile d'olive extra vierge
- Sel
- 2 gousses d'ail, finement hachées
- 1 piment sec moulu
- 60 ml d'huile d'olive extra vierge

Dans la région de la Basilicate, il existe de nombreuses recettes de pâtes à base de haricots. La version décrite ici peut également être faite de pois garbanzo (pois chiches) ou de lentilles.

Placer les haricots dans une très grande casserole. Ajouter suffisamment d'eau pour couvrir et doubler le volume des haricots. Ajouter la feuille de laurier, l'ail et l'huile et amener doucement à ébullition, à feu doux. • Laisser mijoter ainsi pendant 60 minutes, ou jusqu'à ce que les haricots s'attendrissent. • Assaisonner avec du sel et cuire pendant 10 minutes encore. • <u>Pour la préparation à pâtes</u> : creuser un puits au centre de la farine tamisée avec le sel sur une surface plane. Mélanger suffisamment d'eau pour amolir la pâte. Pétrir pendant 15 à 20 minutes, jusqu'à l'obtention d'une consistance molle et élastique. Faire une boule de votre pâte,

envelopper la pellicule plastique et laisser reposer pendant 20 minutes. • Pétrir de nouveau, mais brièvement, et laisser reposer pour 30 minutes de plus. • Faire revenir l'ail et le piment dans l'huile, dans une petite poêle, à feu doux, pendant 5 minutes, jusqu'à ce que l'ail devienne doré. • Retirer du feu. • Rouler la pâte sur une surface plane légèrement enfarinée jusqu'à ce qu'elle devienne très mince. Couper en languettes de 3 cm x 15 cm, en forme de lasagne. • Cuire les pâtes dans une grande casserole d'eau bouillante salée jusqu'à ce qu'elles soient *al dente*. • Égoutter et ajouter les pâtes aux haricots. Recouvrir d'huile à l'ail et au piment, puis servir.
Donne 4 portions • Préparation : 1 h + 50 min pour laisser reposer la pâte • Cuisson : 2 h • Difficulté : 1

Pour le mélange à pâte
- 200 g de farine de semoule de blé dur semolina
- $1/4$ de cuillère à thé de sel
- 60 ml d'eau tiède, plus au besoin

CALABRE

Des kilomètres de côtes encore sauvages bordent la Messina, la mer séparant la Calabre de la Sicile. Malgré la beauté de sa nature, la Calabre demeure à l'écart des circuits touristiques. Les poissons frais et les fruits de mer abondent tant dans les chaumières que dans les restaurants. L'huile d'olive pressée artisanalement est de tous les plats de pâtes produits localement, dont on relève le goût de peperoncini (piment). Les Calabrais considèrent les pâtes avec révérence, et font des mélanges curieusement instinctifs de sauces et de pâtes de tous genres.

Macaroni à la mode calabraise
(voir page 197)

Spaghetti aux calmars

SPAGHETTI AUX CALMARS
Spaghetti al ragù di totano

- 800 g de petits calmars, coupés en rondelles, en laissant les tentacules entiers
- Sel
- 125 ml d'huile d'olive extra vierge
- 1 oignon rouge finement haché
- 1 gousse d'ail, légèrement écrasée mais entière
- 1 cuillère à table de sauce tomate nature
- $1/8$ de cuillère à thé de sucre
- $1/8$ de cuillère à thé de piment finement haché
- eau (facultatif)
- 350 g de spaghetti
- 4 feuilles de basilic frais, déchirées

Cuire les calmars dans une casserole avec une pincée de sel, à feu très doux, jusqu'à ce qu'ils deviennent translucides. • Verser l'huile et ajouter l'oignon et l'ail. Cuire pendant 5 minutes jusqu'à ce que l'oignon soit transparent. • Faire attention à ce que l'ail ne brunisse pas, car il deviendra amer. Incorporer la sauce tomate, le sucre et le piment en remuant. Cuire à feu doux, pendant 20 minutes, à faible ébullition et en ajoutant de l'eau si la sauce devient trop épaisse. • Retirer les calmars et l'ail. Les rondelles de calmars peuvent être trempées dans la farine et frites. Elles pourront servir de plat d'accompagnement. • Cuire les pâtes dans une grande casserole d'eau bouillante jusqu'à ce qu'elles soient *al dente*. Égoutter et servir avec la sauce aux calmars et garnir de basilic. Recouvrir des tentacules cuits.

Donne 4 portions • Préparation : 20 min • Cuisson : 30 min
• Difficulté : 1

RIGATONI AU FOUR
Schiaffettoni

- 1 oignon finement haché
- 4 cuillères à table d'huile d'olive extra vierge
- Sel et poivre noir fraîchement moulu
- 2 saucisses d'environ 200 g chacune
- 150 g de salami coupé en dés
- 500 g de bœuf haché maigre
- 250 ml de fond ou de bouillon de viande (facultatif)
- 3 œufs cuits dur, émiettés
- 500 g de rigatoni
- 1 quart de litre de sauce tomate
- 125 g de fromage pecorino fraîchement râpé
- Chapelure, pour en saupoudrer le plat

Faire revenir l'oignon dans l'huile dans une grande poêle, à feu moyen, pendant 10 minutes. Assaisonner de sel. • Piquer les saucisses et blanchir dans de l'eau chaude pendant 3 minutes. Égoutter, retirer les boyaux et émietter la chair. • Ajouter la chair des saucisses, le salami et le bœuf à l'oignon. Cuire à feu moyen pendant 30 minutes, en ajoutant un peu de bouillon au mélange s'il commence à coller à la poêle. • Ajouter les œufs et assaisonner de sel et de poivre. • Cuire les pâtes pour seulement la moitié du temps inscrit sur l'emballage. Égoutter et laisser refroidir. Préchauffer le four à 350 °F / 180 °C. Beurrer un plat pour le four et parsemer de pain émietté (chapelure). • Remplir les pâtes de sauce à la viande. Placer les pâtes dans le plat préparé pour le four avec la sauce et le pecorino. • Couvrir de ce qui reste de sauce et de pecorino. Cuire au four pendant 40 à 45 minutes, ou jusqu'à l'obtention d'une couleur dorée. Servir chaud.

Donne 6 à 8 portions • Préparation : 1 h • Cuisson : 80 min
• Difficulté : 2

MACARONI À LA MODE CALABRAISE
Maccheroni alla calabrese

Le Capocollo est une viande apprêtée avec un mélange d'herbes aromatiques et d'épices. Elle est d'une couleur très vive et d'une odeur très prononcée. Si vous êtes incapables d'en trouver, utilisez plutôt du salami épicé ou du prosciutto (jambon de Parme).

Faire chauffer 3 cuillères à table d'huile, 1 cuillère à table de lard et l'ail dans une poêle de taille moyenne, à feu doux. • Ajouter l'oignon et faire revenir pendant 5 minutes, jusqu'à ce qu'il devienne translucide. Ajouter le capocollo, le persil et le basilic. Ajouter les tomates et assaisonner de sel et de poivre. • Cuire pendant 30 minutes, ou jusqu'à ce que les tomates se défassent. • Dans un malaxeur, faire une purée et réserver. • Cuire les pâtes dans une grande casserole d'eau bouillante jusqu'à ce qu'elles soient *al dente*. • Bien égoutter. Faire fondre ce qui reste de lard et en enduire les pâtes. Faire de même avec les deux cuillères à table d'huile. Assaisonner de poivre. • Préchauffer le four à 400 °F / 200 °C. • Remplir un plat allant au four de la moitié des pâtes, recouvrir avec la moitié de la sauce et parsemer de la moitié du pecorino. • Couvrir de ce qu'il reste de pâtes, de sauce et de pecorino. • Cuire pendant 12 à 15 minutes, ou jusqu'à ce que le fromage bouillonne. Faire refroidir pendant 15 minutes avant de servir.

Donne 4 portions • Préparation : 30 min • Cuisson : 1 h
• Difficulté : 2

- 5 cuillères à table d'huile d'olive extra vierge
- 6 cuillères à table de lard ou de beurre
- 1 gousse d'ail, légèrement écrasée mais entière
- $1/2$ oignon rouge, finement haché
- 90 g de capocollo (ou coppa ou prosciutto), finement haché
- Les feuilles d'une branche de persil frais, finement découpées
- Les feuilles d'une branche de basilic frais, finement découpées
- 6 tomates fermes en grappe, pelées et épépinées
- Sel et poivre noir fraîchement moulu
- 350 g de ziti cassés en quatre ou de macaroni
- 30 g de fromage pecorino fraîchement râpé

Soupes et sauces

SOUPE AUX PÂTES ET POIS CALABRAIS
Millecoselle

- 200 g de pois mélangés (des lentilles, des fèves et des pois chiches) trempés toute la nuit et égouttés
- Eau
- Sel
- 2 gousses d'ail, finement hachées
- 60 g de pancetta ou bacon, coupés en dés
- 60 ml d'huile d'olive extra vierge
- 1 oignon finement haché
- 1 branche de céleri, finement hachée
- ½ petit chou de Savoie, finement effiloché
- 15 g de champignons déshydratés, trempés dans de l'eau chaude pendant 15 minutes puis égouttés
- 200 g de pâtes courtes (comme des ditalini)
- poivre noir fraîchement moulu
- 30 g de fromage pecorino fraîchement râpé

Ce plat est généralement fait au printemps avec les pois séchés restants de l'hiver.

Rincer les pois sous une eau courante froide et déposer dans une grande casserole. Verser de l'eau afin de couvrir et doubler le volume des pois. • Laisser mijoter doucement pendant 60 minutes, ou jusqu'à ce que les pois soient tendres. Assaisonner de sel. Égoutter et réserver le liquide de cuisson. • Faire revenir l'ail et la pancetta dans l'huile dans une grande poêle, à feu moyen, pendant 5 minutes. Ajouter l'oignon, le céleri et le chou et laisser mijoter pendant 3 minutes. Égoutter les champignons, en filtrant l'eau à l'aide d'un filtre à café ou d'un papier afin d'en retirer le sable. • Hacher finement les champignons et verser dans la poêle. Verser ensuite suffisamment d'eau de cuisson des pois réservés pour recouvrir les légumes. • Cuire pendant 30 minutes, ou jusqu'à ce que les légumes soient tendres. Ajouter les pois et cuire pendant 10 minutes encore. Ajouter les pâtes et cuire jusqu'à ce que celles-ci soient *al dente*, en ajoutant au besoin plus d'eau de cuisson réservée. Assaisonner de sel. Servir chaud parsemé de poivre et de pecorino.

Donne 4 portions • Préparation : 1h + 1 nuit pour faire tremper les pois • Cuisson : 3 h • Difficulté : 1

PÂTES À L'AIL ET AU PAIN PERDU
Pasta con la mollica

Faire revenir l'ail dans l'huile dans une grande poêle, à feu doux, pendant 1 minute. Ajouter le pain perdu émietté et l'origan et cuire pendant 3 minutes, jusqu'à ce que les miettes de pain brunissent. Retirer du feu.
• Cuire les pâtes dans une grande casserole d'eau bouillante salée jusqu'à ce qu'elles soient *al dente*.
• Égoutter et ajouter au pain émietté. Cuire à feu doux pendant 1 minute, jusqu'à ce que la sauce colle aux pâtes. Assaisonner de poivre et servir.

Donne 4 portions • Préparation : 10 min • Cuisson : 10 min • Difficulté : 1

- 3 gousses d'ail, finement hachées
- 125 ml d'huile d'olive extra vierge
- 150 g de pain vieux d'un jour émietté (chapelure)
- 1 cuillère à table d'origan frais finement haché ou 2 cuillères à café d'origan séché
- 350 g de pâtes, comme des spaghetti ou des vermicelles
- poivre noir fraîchement moulu

Soupe aux pâtes et pois calabrais

Pâtes et sauce à la viande rôtie

PÂTES ET SAUCE À LA VIANDE RÔTIE

Pasta e arrosto

- 125 ml d'huile d'olive extra vierge
- 4 cailles
- 300 g de porc sans gras (ou de bœuf ou de veau)
- 1 botte de sauge fraîche
- 2 brins de romarin frais
- Sel et poivre blanc fraîchement moulu
- 100 ml de vin rouge
- 350 g de ziti

Préchauffer le four à 375 °F / 190 °C. • Verser 60 ml d'huile dans un petit plat allant au four. • Disposer les cailles, le porc, la sauge et le romarin dans le plat préparé pour le four. Assaisonner de sel et de poivre et arroser délicatement du 60 ml d'huile restant. Faire rôtir pendant 20 minutes. • Retirer le plat du four et arroser délicatement la viande de 65 ml de vin. Abaisser la chaleur du four à 325 °F / 170 °C. • Remettre la viande au four et faire rôtir encore 1 heure, en retournant la viande à l'occasion et en l'arrosant avec ce qui reste de vin. • Retirer les cailles et le porc. Filtrer les jus et les verser dans une grande

poêle à frire. Désosser les cailles et réserver les poitrines. Couper grossièrement et déposer la chair du porc et des cailles dans la poêle. Assaisonner de sel.
• Cuire les pâtes dans une grande casserole d'eau bouillante salée jusqu'à ce qu'elles soient *al dente*.
• Égoutter et ajouter les pâtes à la sauce à la viande. Servir garni des poitrines de cailles.

Donne 4 portions • Préparation : 30 min • Cuisson : 90 min
• Difficulté : 2

Rigatoni et sauce au fromage

RIGATONI ET SAUCE AU FROMAGE
Rigatoni alla pastora

- 100 g de saucisses luga-nega fraîches (une lon-gue et mince saucisse sans herbes), boyaux retirés et émiettées
- 100 ml d'eau
- 200 g de ricotta faite de lait de chèvre frais, égouttée à l'aide d'une passoire à trous fins.
- Sel et poivre blanc fraîchement moulu
- 350 g de pâtes (comme des rigatoni)
- 3 cuillères à table de fromage pecorino fraîchement râpé

Il s'agit d'une recette très simple qui dépend entièrement de la qualité de la ricotta. Si vous désirez réaliser un plat encore plus riche, augmentez la quantité de saucisses, que vous émietterez tout au long de la cuisson, en utilisant tout, même le gras, sans en réserver aucun morceau à d'autres fins.

Cuire les saucisses dans l'eau dans une petite casserole à feu très doux, pendant 5 minutes, en remuant à l'aide d'une fourchette à l'occasion, jusqu'à ce que le gras se soit dissout. Retirer les plus gros morceaux de saucisses. Mélanger la ricotta dans la poêle avec ce qui reste de saucisses et de liquide. Assaisonner de sel et de poivre. • Cuire les pâtes dans une grande casserole d'eau bouillante salée jusqu'à ce qu'elles soient *al dente*. Égoutter, réserver 250 ml de liquide de cuisson et ver-ser dans la poêle avec la ricotta. Parsemer de pecorino et arroser d'un peu d'eau de cuisson des pâtes si cela semble trop sec. Bien mélanger et servir chaud.

Donne 4 portions • Préparation : 5 min • Cuisson : 20 min
• Difficulté : 1

PÂTES AU FENOUIL
Pasta e finocchietto selvatico

Nettoyer le fenouil en retirant les tiges les plus dures • Cuire le fenouil dans une grande casserole d'eau bouillante salée, pendant 15 à 20 minutes, ou jusqu'à ce qu'il soit tendre. Enlever le fenouil de la casserole, réserver, de même que le liquide de cuisson. • Faire revenir l'ail dans l'huile, dans une grande poêle, à feu moyen, pendant 2 minutes, jusqu'à ce qu'il devienne doré. Ajouter le fenouil égoutté et le paprika. Faire revenir à feu vif pendant 5 minutes. Amener à ébul-lition le liquide de cuisson réservé, ajouter les pâtes et faire cuire jusqu'à ce qu'elles soient *al dente*. • Égout-ter et ajouter le fenouil au mélange. Servir chaud.

Donne 4 portions • Préparation : 5 min • Cuisson : 30 min
• Difficulté : 1

- 1 grosse botte de fenouil pesant environ 300 g
- 2 gousses d'ail, finement hachées
- 125 ml d'huile d'olive extra vierge
- $1/8$ de cuillère à thé de paprika
- 350 g de pâtes, tels des bucatini, des spaghetti ou des vermicelles

PÂTES CAVATELLI
À LA SAUCE TOMATE ÉPICÉE
Cavatelli al pomodoro

Pour faire les pâtes
- 400 g de farine tout usage
- $1/4$ de cuillère à thé de sel
- environ 150 ml d'eau bouillante

Sauce
- 2 gousses d'ail, finement hachées
- 1 piment rouge frais, finement haché
- 300 g de poivrons verts doux, grossièrement hachés

L'eau bouillante utilisée pour la préparation des pâtes, donne à celles-ci une consistance particuliè-rement gommante (gluante) qui les aide à garder leur forme au moment de la cuisson.

Pour faire les pâtes : Creuser un puits au centre de la farine tamisée avec le sel sur une surface plane. Mélanger suffisamment d'eau pour faire une pâte molle. Pétrir pendant 15 à 20 minutes, jusqu'à ce qu'elle soit bien élastique. Former une boule, l'enve-lopper dans une pellicule plastique et laisser reposer pendant 10 minutes. Nettoyer la surface de travail pour y rouler des cylindres d'environ 1,5 cm de dia-mètre. • Couper en morceaux de 2 cm de long et uti-liser deux doigts pour les tourner en les aplatissant légèrement, pour leur donner une forme de coquillage

arrondi. Garder en tout temps mains et surface de travail bien enfarinées. • Sauce : faire revenir l'ail, le piment et les poivrons dans l'huile, dans une grande poêle, à feu moyen, pendant 2 minutes, jusqu'à ce que l'ail devienne doré. Incorporer les tomates en remu-ant et cuire à feu vif pendant 5 minutes, ou jusqu'à ce qu'elles se défassent. Assaisonner de sel et retirer du feu. • Cuire les pâtes dans une grande casserole d'eau bouillante salée jusqu'à ce qu'elles soient *al dente*. • Égoutter et ajouter les pâtes à la sauce. Cuire à feu vif pendant 1 minute, jusqu'à ce que la sauce colle aux pâtes. Parsemer de parmesan et de persil.

Donne 4 portions • Préparation : 90 min + 10 min pour faire reposer la pâte • Cuisson : 30 min • Difficulté : 2

- 6 cuillères à table d'huile d'olive extra vierge
- 1 kg de tomates en grappes bien fermes, pelées et grossièrement découpées
- Sel
- 1 cuillère à table de persil frais finement découpé
- 90 g de fromage parmesan fraîchement râpé

Sauces

SPAGHETTI ET SAUCE AUX ARTICHAUTS

Spaghetti ai carciofi

- 2 medium artichokes
- 2 artichauts de grosseur moyenne
- 1 citron
- 60 ml d'huile d'olive extra vierge
- 2 gousses d'ail, finement hachées
- 2 cuillères à table de persil frais finement découpé
- Sel et poivre noir fraîchement moulu
- 6 cuillères à table d'eau
- 60 ml de vin blanc sec
- 350 g de spaghetti
- 2 gros œufs
- 60 ml de fromage pecorino fraîchement râpé

Enlever les feuilles les plus dures qui recouvrent l'artichaut en les arrachant à la base. Couper le tiers des feuilles restantes sur le dessus. Couper les artichauts en deux, retirer la barbiche avec un couteau bien tranchant. Asperger complètement de citron. Couper les artichauts grossièrement. Chauffer l'huile dans une poêle à feu moyen et ajouter l'ail, les artichauts, le persil, le sel, le poivre et l'eau. Cuire pendant 5 minutes, jusqu'à évaporation de l'eau. • Augmenter l'intensité du feu et verser le vin. Cuire pendant 15 minutes encore, ou jusqu'à ce que les artichauts aient ramolli. • Cuire les pâtes dans une grande casserole d'eau bouillante salée jusqu'à ce qu'elles soient *al dente*. • Égoutter et ajouter à la sauce. Battre les œufs dans un bol de taille moyenne avec le sel, le poivre et le pecorino. Cuire les pâtes dans la sauce pendant 30 secondes. Verser les œufs, en laissant mijoter jusqu'à ce que la sauce épaississe. Servir chaud.

Donne 4 portions • Préparation : 15 min • Cuisson 15 min • Difficulté : 2

PÂTES ET SAUCE À LA VIANDE

Pasta alla genovese

Cette sauce est préparée tant dans la Calabre que dans la Campanie, et n'a aucun lien avec la ville de Gênes. Ce sont apparemment les marchands de Gênes, voyageant par voie maritime jusqu'à Naples, qui l'ont rendue populaire, il y a de cela des siècles.

Chauffer l'huile et le lard dans une casserole en fonte à feu moyen. Ajouter les oignons, la pancetta, la feuille de laurier et le bœuf. Couvrir et cuire à feu doux pendant environ 30 minutes, en remuant régulièrement. • Augmenter l'intensité du feu et verser le vin et le bouillon. Ajouter le basilic, le persil, le sel et le poivre, et amener à ébullition. Réduire la chaleur et cuire partiellement couvert, pendant environ 2 heures, en ajoutant plus de bouillon si la sauce devient trop épaisse. • Cuire les pâtes dans une grande casserole d'eau bouillante salée jusqu'à ce qu'elles soient *al dente*. • Égoutter et ajouter à la sauce. Parsemer de pecorino et servir chaud. La viande doit être servie tranchée au plat principal.

Donne 6 portions • Préparation : 1 h • Cuisson : 2 h 40 min • Difficulté : 1

- 60 ml d'huile d'olive extra vierge
- 2 cuillères à table de lard ou de beurre
- 2 oignons finement hachés
- 200 g de pancetta (ou bacon)
- 1 feuille de laurier
- 1 kg de bœuf à ragoût, en une seule pièce
- 150 ml de vin blanc sec
- 150 ml de fond ou de bouillon de viande bouillant, et plus si nécessaire
- Les feuilles d'une petite botte de basilic frais, déchirées
- 1 cuillère à table de persil frais finement découpé
- Sel et poivre noir fraîchement moulu
- 500 g de longs fusilli
- 6 cuillères à table de fromage pecorino fraîchement râpé

Spaghetti et sauce aux artichauts

Vermicelles aux champigons

VERMICELLE AUX CHAMPIGONS

Vermicelli ai funghi

- 500 g de petits champi-gnons mélangés (cèpes/porcini, de Paris, chan-terelles, etc.)
- 60 ml d'huile d'olive extra vierge
- 1 oignon finement haché
- Sel
- 8 tomates, pelées, épé-pinées et coupées en dés
- ⅛ de cuillère à thé de poivre de Cayenne moulu
- 350 g de vermicelles ou une autre sorte de pâtes longues
- 1 cuillère à table de persil frais finement découpé

Nettoyer les champignons et couper les plus gros en morceaux. Chauffer l'huile dans une grande poêle à feu doux, ajouter l'oignon. Assaisonner de sel. Cou-vrir et cuire à feu doux pendant 20 minutes. Ajouter les tomates et le poivre de Cayenne. Couvrir partiel-lement et cuire à feu moyen pendant environ 5 minu-tes, ou jusqu'à ce que la sauce ait légèrement réduit. • Assaisonner de sel et ajouter les champignons. Cuire à feu vif pendant 15 minutes encore, ou jusqu'à ce que les champignons soient cuits. • Cuire les pâtes dans une grande casserole d'eau bouillante salée jus-qu'à ce qu'elles soient *al dente*. • Égoutter et ajouter les champignons à la sauce. Parsemer de persil et servir.

Donne 4 portions • Préparation : 40 min • Cuisson : 1 h
• Difficulté : 1

PETITES PÂTES AUX FÈVES

Pasta e fave

Chauffer l'huile et le lard dans une casserole en fonte à feu doux. Ajouter la pancetta et faire revenir pen-dant 5 minutes. Ajouter l'oignon et cuire pendant 10 minutes. Incorporer les fèves en remuant et verser l'eau. Amener à ébullition, puis faire mijoter pendant environ 40 minutes. • Ajouter les pâtes, assaisonner de sel et cuire jusqu'à ce qu'elles soient *al dente*. S'il semble manquer d'eau, ne pas hésiter à en ajouter au moment de la cuisson des pâtes. Assaisonner de poi-vre et parsemer de pecorino.

Donne 4 portions • Préparation : 20 min • Cuisson : 1 h
• Difficulté : 1

- 2 cuillères à table d'huile d'olive extra vierge
- 2 cuillères à table de lard ou de beurre
- 60 g de pancetta (ou bacon)
- 1 oignon finement haché
- 200 g de fèves fraîches ou de fèves géantes
- 500 ml d'eau froide, plus au besoin
- 200 g de pâtes courtes (tels des ditalini)
- Sel
- poivre noir fraîchement moulu
- 30 g de fromage pecorino fraîchement râpé, préféra-blement de la Calabre

Spaghetti à l'huile pimentée

SPAGHETTI À L'HUILE PIMENTÉE
Pasta con l'olio santo

Olio Santo (huile)

- Piments rouges frais bien forts
- huile d'olive extra vierge
- 350 g de spaghetti
- 60 ml d'huile d'olive extra vierge
- 3 gousses d'ail, légèrement écrasées mais entières
- 4 cuillères à table de pain frais émietté

Olio Santo (huile) : retirer les tiges des piments sans les briser. Les rincer et les essorer. Placer les piments dans un récipient de verre, en le remplissant aux trois quarts. Ajouter l'huile jusqu'à les recouvrir complètement. Recouvrir d'un linge et laisser mariner pendant 2 à 3 mois. Pour accélérer le processus et faire une huile santo en quelques jours seulement, broyer les piments avant de les déposer dans le récipient de verre. • Faire revenir l'ail dans l'huile dans une grande poêle à feu moyen, pendant 2 minutes, jusqu'à ce qu'il devienne doré. • Cuire les pâtes dans une grande casserole d'eau bouillante salée jusqu'à ce qu'elles soient *al dente*. • Égoutter et ajouter à la poêle. Ajouter 2 cuillères à table d'huile santo et le pain émietté. Bien mélanger et servir immédiatement.

Donne 4 portions • Préparation : 10 min • Cuisson : 10 min + le temps de préparation requis pour faire l'huile santo • Difficulté : 1

FUSILLI AUX ESCARGOTS
Fusilli e lumache

- 1 oignon finement haché
- 1 branche de céleri, finement hachée
- 60 ml d'huile d'olive extra vierge
- Sel
- $1/8$ de cuillère à thé de poivre rouge en flocons
- 4 tomates cerises, grossièrement découpées
- 1 cuillère à table de persil frais finement découpé
- 200 g d'escargots en boîte
- 350 g de pâtes longues (comme des fusilli ou des perciatelli)
- 30 g de fromage pecorino fraîchement râpé, préférablement de la Calabre

Déposer l'oignon et le céleri dans l'huile dans une casserole en fonte à feu doux. Couvrir et cuire pendant 20 minutes avec une pincée de sel, jusqu'à ce qu'ils deviennent très tendres et que leurs arômes se dispersent. Ajouter les flocons de piment rouge, les tomates et le persil. Cuire à feu vif pendant 10 minutes, assaisonner de sel et ajouter les escargots. Réduire l'intensité du feu et cuire pendant environ 40 minutes, ou jusqu'à ce que les escargots soient tendres. • Cuire les pâtes dans une grande casserole d'eau bouillante salée jusqu'à ce qu'elles soient *al dente*. • Égoutter et ajouter aux escargots. Parsemer de pecorino et servir.

Donne 4 portions • Préparation : 30 min • Cuisson : 80 min • Difficulté : 1

SOUPE AUX POIS ET CAVATELLI
Minestra di cavatelli e fagioli

Déposer les pois dans une grande poêle et couvrir de 2,5 litres d'eau et porter à ébullition. Laisser mijoter doucement pendant 1 heure, ou jusqu'à ce que les pois soient tendres. Laisser les pois refroidir, puis les réduire en purée avec leur jus de cuisson dans un robot culinaire. • Pour faire les pâtes : creuser un puits au centre de la farine tamisée avec le sel sur une surface plane. Mélanger suffisamment d'eau pour faire une pâte molle. Pétrir pendant 15 à 20 minutes, jusqu'à l'obtention d'une texture élastique. Former une boule, l'envelopper dans une pellicule plastique et laisser reposer pendant 10 minutes. Nettoyer votre surface de travail pour y rouler des cylindres d'environ 1,5 cm de diamètre. • Couper en morceaux de 2 cm de long en utilisant deux doigts pour les tourner et les aplatir légèrement, en leur donnant une forme de coquillage arrondi. Garder en tout temps mains et surface de travail bien enfarinées. • Soupe : couvrir et cuire l'oignon, le piment et la feuille de laurier dans l'huile dans une casserole en fonte pendant 15 minutes. Assaisonner de sel. Ajouter la pâte de tomate et cuire à feu vif pendant 1 minute. Incorporer la purée de pois en remuant et verser 1,5 litre d'eau. Assaisonner de sel et amener à ébullition. • Cuire les pâtes dans une eau bouillante pendant environ 15 minutes, ou jusqu'à ce qu'elles soient *al dente*. Elles vont absorber le jus des pois et l'amidon des pâtes en fera un plat crémeux. Retirer du feu et laisser reposer pendant au moins 5 minutes avant de servir.

Donne 4 portions • Préparation : 75 min + 1 nuit pour laisser tremper les pois + 10 min pour laisser reposer la pâte. • Cuisson : 1 h 50 • Difficulté : 2

- 500 g de pois blancs, tels des cannellini, trempés toute la nuit, égouttés
- 2,5 litres d'eau

Pour faire les pâtes

- 200 g de farine tout usage
- $1/8$ de cuillère à thé de sel
- 125 ml d'eau bouillante, plus au besoin

Soupe

- 1 oignon finement haché
- 1 piment rouge frais, finement haché
- 1 feuille de laurier
- 6 cuillères à table d'huile d'olive extra vierge
- Sel
- 2 cuillères à table de pâte/purée de tomate
- 1,5 litre d'eau

SICILE

L'aromatique et parfumée cuisine de la Sicile est chaleureuse et sentimentale. Servies avec tout un assortiment de sauces, les pâtes sont un plat de base. Les pâtes à la norma sont des pâtes à la sauce tomate recouvertes d'aubergines frites et constituent le plat le plus renommé de l'île. Les menus locaux regorgent de poissons de toutes sortes, incluant le thon et les sardines. Les pâtes cuites au four sont populaires en Sicile, et contiennent souvent des fromages frais produits un peu partout sur l'île.

Bucatini aux sardines et aubergines
(voir page 208)

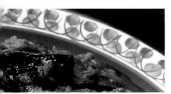

Sauces

PÂTES AUX ZUCCHINIS

Pasta con le zucchine

- 400 g de zucchinis (courgettes)
- 500 ml d'huile d'olive extra vierge
- Sel
- 400 g de spaghetti
- 6 cuillères à table de fromage pecorino fraîchement râpé
- Les feuilles de 4 bottes de basilic frais, déchirées

Nettoyer et couper les zucchinis en rondelles ou en tranches dans le sens de la longueur. • Faire chauffer l'huile dans une poêle à feu moyen jusqu'à ce qu'elle devienne très chaude. Faire frire les zucchinis pendant 5 à 7 minutes, ou jusqu'à ce qu'ils prennent une couleur brun doré. Bien égoutter et faire sécher sur un papier absorbant. Assaisonner de sel et couvrir d'une assiette pour les conserver au chaud. • Cuire les pâtes dans une grande casserole d'eau bouillante salée jusqu'à ce qu'elles soient *al dente*. Égoutter et parsemer de pecorino. Recouvrir des courgettes frites, du basilic et d'une lampée d'huile.

Donne 4 portions • Préparation : 10 min • Cuisson : 20 min • Difficulté : 1

BUCATINI AUX SARDINES ET AUBERGINES

Bucatini con sarde e melanzane

- 2 grosses aubergines, finement tranchées
- gros sel
- 250 ml d'huile d'olive, pour la friture
- 6 cuillères à table d'huile d'olive extra vierge
- 2 gousses d'ail finement hachées
- 250 ml de tomates pelées et hachées
- Sel et poivre noir fraîchement moulu
- 400 g de sardines fraîches, nettoyées et sans arêtes
- 400 g de bucatini
- 4 cuillères à table de pain séché, émietté
- 6 cuillères à table de fromage pecorino fraîchement râpé, préférablement de la Sicile
- ⅛ de cuillère à table d'origan frais finement découpé

Placer l'aubergine dans une passoire. Asperger de sel. Laisser dégorger pendant 1 heure. • Chauffer l'huile dans une grande poêle jusqu'à ce qu'elle devienne très chaude. • Faire frire les aubergines par petites quantités pendant 5 à 7 minutes, ou jusqu'à ce qu'elles prennent une couleur brun doré. • Égoutter et déposer sur un papier absorbant. • Faire revenir l'ail dans 5 cuillères à table d'huile dans une grande poêle, à feu moyen, pendant 2 minutes, jusqu'à ce qu'il prenne une couleur dorée. • Incorporer les tomates en remuant. Assaisonner de sel et de poivre. Cuire pendant 5 minutes, ou jusqu'à ce que les tomates se défassent. • Couper les sardines en petits morceaux et ajouter à la sauce. Cuire à feu doux pendant 10 minutes. • Cuire les pâtes dans une grande casserole d'eau bouillante salée, jusqu'à ce qu'elles soient *al dente*. • Égoutter et laisser tiédir. • Préchauffer le four à 400 °F / 200 °C. • Huiler un plat allant au four et parsemer de miettes de pain séché (chapelure). • Étendre les pâtes, la sauce aux sardines, l'aubergine frite et la moitié du pecorino dans le fond du plat. • Couvrir avec ce qui reste de pecorino, d'origan, de sel, de poivre et des miettes de pain (chapelure). • Cuire de 10 à 15 minutes, ou jusqu'à l'obtention d'une couleur légèrement dorée. Servir chaud.

Donne 4 portions • Préparation : 1 h + 1 h pour laisser l'aubergine dégorger. • Cuisson : 50 min • Difficulté : 1

PÂTES AUX LÉGUMES VERTS

Pasta con i tenerumi

Les tenerumi (taddi en dialecte sicilien) sont les grandes feuilles vertes des courgettes (zucchinis) qui poussent au cours de l'été. Elles ont un goût sucré. Vous pouvez leur substituer la même quantité de bette à cardes.

Laver soigneusement les feuilles et enlever toute tige dure. • Amener l'eau à ébullition dans une grande casserole avec l'oignon, la pomme de terre, une tomate et une gousse d'ail. Assaisonner de sel et ajouter les feuilles. • Cuire pendant 30 minutes, ou jusqu'à ce que les feuilles soient tendres. Retirer et couper les feuilles finement, en réservant le bouillon. • Faire revenir les 2 gousses d'ail dans l'huile, dans une grande poêle, à feu moyen, pendant 2 minutes, jusqu'à ce qu'elles prennent une couleur dorée. • Ajouter les 2 tomates restantes et cuire pendant 5 minutes, ou jusqu'à ce que la sauce ait réduit de moitié. • Assaisonner de sel et cuire les feuilles. Retirer du feu. • Amener le bouillon réservé à ébullition et ajouter le mélange de tomate et les pâtes. • Faire cuire les pâtes, jusqu'à ce qu'elles soient *al dente*, en ajoutant de l'eau chaude au besoin. • Parsemer de pecorino en ajoutant quelques tours de moulin de poivre noir. Servir chaud.

Donne 4 portions • Préparation : 30 min • Cuisson : 1 h • Difficulté : 1

- 500 g de feuilles vertes provenant des zucchinis ou de bette à cardes
- 1,5 litre d'eau
- 1 oignon finement haché
- 1 pomme de terre cireuse de grandeur moyenne, pelée et grossièrement hachée
- 3 tomates, grossièrement découpées
- 3 gousses d'ail, finement hachées
- Sel
- 60 ml d'huile d'olive extra vierge
- 200 g de pâtes courtes (tels des ditalini)
- 90 g de pecorino fraîchement râpé, préférablement de la Sicile, ou ricotta salata
- poivre noir fraîchement moulu

Sauces

PÂTES AUX TOMATES SÉCHÉES

Pasta al pomodoro secco

- 180 g de tomates séchées baignant dans l'huile, finement tranchées
- Piment sec
- Sel
- 350 g de spaghetti
- Les feuilles de 4 bottes de basilic frais, déchirées
- 60 g de fromage caciocavallo ou provolone fraîchement râpé

Verser l'huile des tomates séchées, soit environ 80 ml, dans une poêle à frire. Chauffer à feu doux et ajouter les tomates. Faire revenir rapidement. Assaisonner de piment et de sel. • Cuire les pâtes dans une grande casserole d'eau bouillante salée, jusqu'à ce qu'elles soient *al dente*. Égoutter et ajouter à la poêle. Parsemer de basilic. • Servir de spaghetti encore bien chauds avec le caciocavallo.

Donne 4 portions • Préparation : 5 min • Cuisson : 15 min • Difficulté : 1

PÂTES AUX AUBERGINES FRITES ET À LA SAUCE TOMATE

Pasta alla norma

Placer les tranches d'aubergine dans une passoire et asperger de sel. Laisser dégorger pendant 1 heure. • Chauffer l'huile dans une large poêle à frire jusqu'à ce qu'elle devienne très chaude. Faire frire les aubergines par petites quantités pendant 5 à 7 minutes, ou jusqu'à ce qu'elles prennent une couleur brun-doré. • Égoutter et déposer sur un papier absorbant. • Sauce : Incorporer les tomates, l'oignon, l'ail, le basilic, l'huile, le sucre et le sel dans une poêle de taille moyenne. Couvrir et laisser mijoter à feu moyen pendant 15 minutes, ou jusqu'à ce que les tomates se défassent. • Ne pas couvrir et cuire pendant environ 40 minutes, ou jusqu'à ce que la sauce ait épaissi. • Transvider dans un robot culinaire ou un malaxeur et broyer jusqu'à consistance onctueuse. • Cuire les pâtes dans une grande casserole d'eau bouillante salée, jusqu'à ce qu'elles soient *al dente*. • Égoutter et ajouter à la sauce. Recouvrir des aubergines frites et saupoudrer de parmesan.

Donne 4 portions • Préparation : 1 h + 1 h pour laisser dégorger les aubergines • Cuisson : 1 h 20 • Difficulté : 1

- 1 grosse aubergine d'environ 400 g, finement tranchée
- gros sel
- 250 ml d'huile d'olive, pour la friture

Sauce

- 1 kg de tomates en grappes bien fermes, pelées et grossièrement découpées
- 1 oignon rouge finement tranché
- 2 gousses d'ail, finement hachées
- Les feuilles d'une petite botte de basilic frais, déchirées
- 2 cuillères à table d'huile d'olive extra vierge
- $\frac{1}{8}$ de cuillère à thé de sucre
- Sel
- 350 g de pâtes, comme des spaghetti ou des bucatini
- 125 g de fromage parmesan fraîchement râpé

Pâtes aux tomates séchées

Linguine aux amandes

PÂTES À LA SAUCE TOMATE ET POISSON

Pasta con la neonata

- 2 gousses d'ail, légè-
  rement écrasées mais
  entières
- 6 cuillères à table d'huile
  d'olive extra vierge
- 750 g de tomates pru-
  nes pelées, pressées
  dans une passoire à
  trous fins
- 300 g de petits poissons
  frais, comme des sardi-
  nes ou des anchois,
  écaillés et sans arêtes
- Sel et poivre noir
  fraîchement moulu
- 350 g de spaghetti fins
- 1 cuillère à table de
  persil frais finement
  découpé

Le neonata est une combinaison de différentes espèces de jeunes poissons (nouveaux-nés) incluant les sardines, les anchois et les rougets. C'est un plat d'apparence gélatineuse et extrêmement goûteux.

Faire revenir l'ail dans l'huile dans une grande poêle, à feu moyen, pendant 2 minutes, jusqu'à ce qu'il soit doré. • Incorporer les tomates en remuant et cuire à feu vif pendant environ 5 minutes, ou jusqu'à ce que les tomates se défassent. • Ajouter le poisson et assaisonner de sel et de poivre. Cuire pendant 5 minutes, en secouant la poêle. • Jeter l'ail et retirer la poêle du feu. • Cuire les pâtes dans une grande casserole d'eau bouillante salée, jusqu'à ce qu'elles soient *al dente*. • Égoutter et ajouter à la sauce. Cuire à feu vif pendant 1 minute, jusqu'à ce que la sauce colle aux pâtes. Parsemer de persil et servir.

Donne 4 portions • Préparation : 20 min • Cuisson : 20 min • Difficulté : 1

LINGUINE AUX AMANDES

Linguine con mandorle

Couper les amandes très finement avec l'ail et le basilic. Transvider dans un mortier ou dans un robot culinaire et broyer jusqu'à l'obtention d'un mélange crémeux. • Ajouter la sauce tomate, le parmesan et deux cuillères à table d'huile, et bien mélanger. • Cuire les pâtes dans une grande casserole d'eau bouillante salée, jusqu'à ce qu'elles soient *al dente*. • Pendant que les pâtes cuisent, diluer la sauce avec 2 ou 3 cuillères à table d'eau de cuisson. Assaisonner de sel. • Égoutter les pâtes et servir accompagnées de la sauce aux amandes, en ajoutant un filet d'huile et de l'eau de cuisson au besoin.

Donne 4 portions • Préparation : 20 min • Cuisson : 15 min • Difficulté : 1

- 200 g d'amandes
  blanchies
- 3 gousses d'ail
- Les feuilles de 1 branche
  de basilic
- 3 cuillères à table de
  sauce tomate du
  commerce
- 90 g de fromage par-
  mesan fraîchement râpé
- 2 à 3 cuillères à table
  d'huile d'olive extra
  vierge
- 350 g de linguine
- Sel

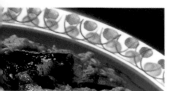

Sauces et couscous

SPAGHETTI À L'ENCRE NOIR

Spaghetti al nero di seppia

- 500 g de calmars ou de seiches
- 2 gousses d'ail, finement hachées
- 60 ml d'huile d'olive extra vierge
- Les feuilles d'une branche de persil frais, finement découpées
- ⅛ de cuillère à thé de poivre rouge en flocons
- 1 cuillère à table de pâte/purée de tomate
- 100 ml de vin blanc
- Sel
- 100 ml d'eau
- 350 g de spaghetti

Utilisez une quantité d'encre selon votre goût. Les seiches possèdent plus d'encre que les calmars, mais ces derniers sont plus accessibles en Amérique du Nord.

Pour nettoyer les calmars, retirer tout ce qui se trouve à l'intérieur du corps, tout en faisant attention de ne pas abîmer la petite poche de couleur gris-argent contenant l'encre située tout en haut du corps. S'assurer de retirer le petit tuyau à l'aspect d'un bout de plastique transparent situé le long de la paroi intérieure. Couper les tentacules juste en-dessous des yeux. Réserver les tentacules et la petite poche d'encre et jeter le reste des entrailles. • Peler, laver et couper les corps en carrés de 2 cm et les tentacules en petits morceaux. • Faire revenir l'ail dans l'huile dans une poêle de taille moyenne, à feu moyen, pendant 2 minutes, jusqu'à ce qu'il soit doré. Ajouter les calmars, le persil et le poivre rouge en flocons.
• Cuire à feu doux pendant 45 minutes. Faire dissoudre la pâte de tomate dans 60 ml de vin et ajouter à la poêle. Cuire pendant 20 minutes. • Assaisonner de sel et ajouter l'eau chaude. Cuire à couvert pendant encore 30 minutes. • Retirer l'encre des petites poches, mélanger avec ce qui reste de vin et ajouter le tout à la sauce quelques minutes avant de servir.
• Cuire les pâtes dans une grande casserole d'eau bouillante salée, jusqu'à ce qu'elles soient *al dente*. Égoutter et servir avec la sauce, en mélangeant bien. Servir chaud.

Donne 4 portions • Préparation : 45 min • Cuisson : 1 h 45 • Difficulté : 2

COUSCOUS SICILIEN

Cuscus

Amener à ébullition le bouillon de poisson avec l'oignon, l'ail, le persil, le safran, la cannelle, le citron et le sel pendant environ 30 minutes. • Réserver le bouillon. • Nettoyer soigneusement le poisson, en faire des filets et en retirer les arêtes. • Faire revenir l'oignon, la feuille de laurier et l'autre bâton de cannelle dans 60 ml d'huile dans une casserole en fonte, à feu doux, pendant 10 minutes. Ajouter l'ail, la pâte de tomate, le zeste de citron et 250 ml d'eau. • Amener à ébullition et ajouter délicatement les filets de poisson. Verser suffisamment d'eau pour recouvrir complètement les filets. Assaisonner de sel, couvrir et cuire à feu très doux pendant environ 1 heure.
• Filtrer le bouillon de poisson et faire bouillir. Placer le couscous dans une grande casserole et mouiller du bouillon de poisson bouillant. Touiller en s'assurant que le couscous soit entièrement recouvert du bouillon de poisson. Couvrir et laisser reposer pendant 10 minutes. Déposer sur un rond à feu doux et ajouter ce qui reste d'huile (60 ml) pour éviter que le couscous ne prenne en pain. Touiller pendant 5 minutes, puis transvider dans un grand et profond plat de service. Verser suffisamment de bouillon de poisson pour recouvrir complètement le couscous. Touiller et couvrir d'un linge de cuisine. Laisser reposer pendant environ 20 minutes avant de servir.

Donne 6 à 8 portions • Préparation : 60 min + 30 min pour laisser reposer • Cuisson : 60 min • Difficulté : 1

- 1,5 litre de fond de bouillon de poisson
- 1 oignon coupé en quartiers
- 2 gousses d'ail, légèrement écrasées mais entières
- 60 ml d'huile d'olive extra vierge
- 1 cuillère à table de persil frais finement découpé
- ½ cuillère à thé de safran écrasé
- 1 petit bâton de cannelle
- ½ citron, haché
- Sel
- 1,5 kg d'un mélange de poissons, comme des rougets, des mérous et des morues (cabillauds)
- 1 oignon rouge finement haché
- 1 feuille de laurier
- 1 petit bâton de cannelle
- 125 ml d'huile d'olive extra vierge
- 2 gousses d'ail, finement hachées
- 2 cuillères à table de pâte/purée de tomate
- Le zeste de ½ citron
- 750 ml d'eau, plus au besoin
- Sel
- 1 kg de couscous instantané

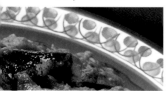

Sauces

SPAGHETTI AUX OLIVES

Spaghetti alla disperata

- 1 cuillère à table de champignons déshydratés, ayant trempés pendant 15 minutes dans l'eau chaude
- 25 g de câpres saumurées
- 1 oignon finement haché
- 5 cuillères à table d'huile d'olive extra vierge
- 1 tomate bien ferme, pelée et taillée en petits cubes

Égoutter les champignons, en réservant l'eau dans laquelle ils ont trempé, et couper finement. • Filtrer l'eau de trempage. • Rincer les câpres sous une eau courante froide et les transvider dans une petite casserole. Ajouter suffisamment d'eau pour couvrir et déposer sur un feu moyen. Amener à ébullition, égoutter les câpres, rincer de nouveau et faire sécher partiellement sur un papier absorbant. • Faire revenir l'ail dans l'huile dans une petite poêle, à feu moyen, pendant 2 minutes, jusqu'à ce qu'il soit doré. • Ajouter les champignons et la tomate, puis cuire pendant 8 à 10 minutes, en ajoutant 2 ou 3 cuillères à table

d'eau de cuisson filtrée des champignons. • Pendant ce temps, couper finement les olives, les câpres et les anchois. Ajouter à la sauce et assaisonner d'origan, de sel et de poivre. Cuire à feu doux pendant 5 minutes. La sauce ne doit jamais bouillir. Et elle doit demeurer plutôt claire. Ajouter plus d'eau réservée des champignons, au besoin. • Cuire les pâtes dans une grande casserole d'eau bouillante salée, jusqu'à ce qu'elles soient *al dente*. Égoutter et parsemer de pecorino. Recouvrir de sauce et servir.

Donne 4 portions • Préparation : 20 min + 15 min pour faire tremper les champignons. • Cuisson : 20 min • Difficulté : 1

- 10 olives vertes dénoyautées
- 3 anchois dessalés, rincés et sans arêtes
- $1/8$ de cuillère à thé d'origan
- Sel et poivre blanc fraîchement moulu
- 350 g de spaghetti
- 6 cuillères à table de fromage pecorino fraîchement râpé

Spaghetti aux olives

Spaghetti au thon et aux câpres

SPAGHETTI AU THON ET AUX CÂPRES

Spaghetti con tonno

- 100 g de câpres dessalées
- 150 g de thon en boîte baignant dans l'huile, égoutté
- Les feuilles d'une botte de menthe fraîche
- $\frac{1}{8}$ de cuillère à thé de poivre rouge en flocons (facultatif)
- 3 cuillères à table d'huile d'olive extra vierge
- Sel
- 350 g de spaghetti

Rincer les câpres sous une eau courante froide et couvrir d'eau fraîche dans une petite poêle. Cuire à feu moyen. Amener à ébullition, égoutter les câpres, rincer de nouveau et faire sécher partiellement sur un papier absorbant. Couper le thon, les câpres, la menthe et le piment rouge en flocons, si désiré. • Transvider dans un grand bol et mélanger dans l'huile. Assaisonner de sel. • Cuire les pâtes dans une grande casserole d'eau bouillante salée, jusqu'à ce qu'elles soient *al dente*. Ajouter 60 ml de l'eau de cuisson à la sauce pour lui donner une consistance crémeuse. Égoutter les pâtes, en réservant un peu d'eau de cuisson, et mélanger avec la sauce au thon, en ajoutant encore de l'eau de cuisson, si nécessaire. Servir immédiatement.

Donne 4 portions • Préparation : 10 min • Cuisson : 15 min • Difficulté : 1

PÂTES AUX ANCHOIS, NOIX DE PIN ET RAISINS

Pasta con l'anciova

Les tripolini sont une variété de grandes trenette, d'environ 1 cm, avec un côté lisse et un côté dentelé Les anchois, dans le dialecte parlé dans certaines parties de la Sicile, sont appelés anciova.

• Faire revenir l'ail dans l'huile dans une grande poêle à feu moyen pendant 2 minutes, jusqu'à ce qu'il devienne doré. Ajouter les noix de pin et les raisins et faire griller pendant 20 minutes, jusqu'à ce que les noix deviennent dorées. Incorporer le mélange de pâte de tomate en remuant. Ajouter les anchois et les laisser se dissoudre, 5 à 10 minutes. Assaisonner de sel et retirer du feu.
• Cuire les pâtes dans une grande casserole d'eau bouillante salée jusqu'à ce qu'elles soient *al dente*. Égoutter et ajouter à la sauce, en ajoutant un peu d'eau de cuisson préalablement réservée au moment d'égoutter les pâtes. Parsemer de persil et servir.

Donne 4 portions • Préparation : 15 min • Cuisson : 20 min • Difficulté : 1

- 1 gousse d'ail finement hachée
- 6 cuillères à table d'huile d'olive extra vierge
- 2 cuillères à table de noix de pin
- 2 cuillères à table de raisins dorés sultana
- 2 ou 3 cuillères à table de pâte/purée de tomate dissoute dans
- 60 ml d'eau tiède
- 4 anchois dessalés, rincés et sans arêtes
- Sel
- 350 g de pâtes longues (tels des tripolini)
- 1 cuillère à table de persil frais finement découpé

Ziti et sauce au thon

ZITI ET SAUCE AU THON
Zite al ragù di tonno

- 2 oignons hachés
- 4 gousses d'ail légèrement écrasées mais entières
- 60 ml d'huile d'olive extra vierge
- 150 ml de vin blanc sec
- 575 g de tomates prunes pelées, pressées dans une passoire fine
- 500 g de thon frais, sans la peau
- 1 petit bouquet de feuilles de fenouil finement hachées et/ou 1 cuillère à table de menthe fraîche finement hachée
- sel et poivre noir fraîchement moulu
- bouillon de poisson ou eau (facultatif)
- 500 g de ziti secs
- 90 g de fromage caciocavallo ou ricotta salata fraîchement râpé

Ajoutez des piments de Cayenne secs pour donner du piquant au plat.

À feu doux, faire revenir l'ail dans de l'huile, dans une grande poêle, pendant 10 minutes, jusqu'à ce qu'il soit ramolli. • Verser le vin et ajouter les tomates, le thon, le fenouil et/ou la menthe. Assaisonner de sel et poivre, amener à ébullition. Baisser le feu et laisser mijoter, partiellement couvert, pendant au moins 1 heure, en ajoutant du bouillon de poisson ou de l'eau chaude si la sauce commence à adhérer au fond de la poêle. • Retirer le thon et l'émietter grossièrement avec une fourchette. Remettre le thon dans la sauce. • Faire cuire les pâtes dans une grande marmite d'eau bouillante salée jusqu'à ce qu'elles soient *al dente*. Égoutter et servir avec la sauce au thon. Saupoudrer de caciocavallo. Servir chaud.

Donne 6 portions • Prép.: 30 min • Cuisson: 90 min • Difficulté: 1

GNOCCHETTI À LA SICILIENNE
Gnocculi

Pâte pour gnocchetti : creuser un puits au centre de la farine tamisée avec le sel sur une surface plane. • Incorporer suffisamment d'eau pour former une pâte très sèche et dont les ingrédients sont bien combinés. Pétrir pendant 15 à 20 minutes, jusqu'à ce qu'elle soit lisse et élastique. Façonner la pâte en une boule, l'emballer dans une pellicule plastique et laisser reposer pendant 30 minutes. Détacher des morceaux de pâte et former des billots d'environ 1 cm de diamètre. Trancher en bandelettes de 1 cm et former des gnocchetti avec les doigts, puis utiliser une fourchette pour créer un motif à rainures sur les gnocchetti. Laisser sécher pendant environ 30 minutes, recouverts d'un linge de cuisine. • Cuire les gnocchetti dans une grande casserole d'eau bouillante salée pendant 10 minutes, jusqu'à ce qu'ils soient *al dente*. • Égoutter et servir avec la sauce. Saupoudrer de caciocavallo et servir.

Donne 4 portions • Prép.: 1 h + 1 h de repos et de séchage pour la pâte • Cuisson: 10 min • Difficulté: 2

Pâte pour gnocchetti
- 400 g de farine de semoule de blé
- ⅛ de cuillère à thé de sel
- eau tiède

Sauce
- Sauce à la viande (voir Pâtes au four en page 221) ou sauce tomate (voir Pâtes à la sauce tomate et aubergines frites, en page 210) ou sauce au porc (voir Macaroni maison et sauce à la viande, en page 226)
- 125 g de fromage caciocavallo ou ricotta salata râpé

PÂTES AU THON
Pasta fredda al tonno

- 300 g de thon frais en un morceau, sans la peau, désossé et coupé
- jus de 1 citron
- 180 ml d'huile d'olive extra vierge
- 20 olives noires, dénoyautées et finement hachées
- 2 gousses d'ail légèrement écrasées mais entières
- 500 g de tomates mûres et fermes, pelées et épépinées
- sel et poivre blanc fraîchement moulu
- 350 g de penne
- 4 à 5 feuilles de basilic frais, déchirées

Déposer le thon dans un bol. Ajouter le jus de citron et 4 cuillères à table d'huile. Ajouter les olives. Laisser mariner pendant 30 minutes. • À feu doux, dans une poêle, faire revenir l'ail dans 4 cuillères à table d'huile pendant quelques secondes. Retirer du feu et laisser refroidir. Retirer et jeter l'ail. • Couper les tomates, les saler et les déposer dans une passoire. Laisser égoutter pendant 15 minutes. • Incorporer les tomates et l'huile infusée à l'ail dans le thon. Saler et poivrer. • Faire cuire les pâtes dans une grande marmite d'eau bouillante salée jusqu'à ce qu'elles soient *al dente*. • Égoutter et refroidir sous l'eau froide. Transvider dans un grand plat de service et mélanger avec le reste de l'huile. Ajouter la sauce au thon et le basilic. • Touiller bien et servir.

Donne 4 portions • Prép.: 40 min + 45 min pour mariner et égoutter • Cuisson: 15 min • Difficulté: 1

SALADE DE PÂTES FROIDES ET CAVIAR
Pasta fredda al caviale

Mélanger l'oignon vert, la ciboulette et le caviar dans un grand bol. Ajouter l'huile, saler et poivrer. • Faire cuire les pâtes dans une grande marmite d'eau bouillante salée jusqu'à ce qu'elles soient *al dente*. • Égoutter et ajouter le mélange au caviar. • Touiller bien et servir.

Donne 4 portions • Prép.: 10 min • Cuisson: 15 min • Difficulté: 1

- 1 oignon vert finement haché
- 1 botte de ciboulette finement hachée
- 50 g de caviar (saumon, esturgeon ou lompe)
- 80 g d'huile d'olive extra vierge
- sel et poivre blanc fraîchement moulu
- 350 g de spaghettini secs

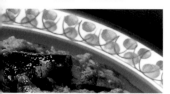

Sauces et pâtes au four

PÂTES FAÇON SYRACUSE

Pasta alla siracusana

- 2 anchois saumurés, rincés
- 2 cuillères à table de câpres saumurées et rincées
- 40 g d'olives vertes
- 2 gousses d'ail légèrement écrasées mais entières
- 6 cuillères à table d'huile d'olive extra vierge
- 2 aubergines coupées en dés
- 500 g de grosses tomates pelées, pressées dans une passoire à mailles fines (passata)
- sel et poivre noir fraîchement moulu
- 2 poivrons jaunes ou piments secs, épépinés et coupés en très minces languettes
- Les feuilles d'une branche de basilic frais, déchirées
- 400 g de macaroni moyens, secs, lisses ou rainurés
- 60 g de pecorino au poivre fraîchement râpé

Hacher finement les anchois et les câpres. • Dénoyauter les olives et les broyer légèrement. • À feu moyen, faire sauter l'ail dans l'huile, dans une grande poêle à frire, jusqu'à ce qu'il soit doré de toutes parts, soit environ 3 minutes. • Jeter l'ail et ajouter l'aubergine dans l'huile. Faire revenir pendant 15 minutes. Ajouter les tomates, saler et poivrer. Laisser réduire pendant 10 minutes. • Ajouter les poivrons, les olives, les câpres et les anchois hachés et le basilic. • Laisser mijoter brièvement et retirer du feu. • Faire cuire les pâtes dans une grande marmite d'eau bouillante salée jusqu'à ce qu'elles soient *al dente*. Égoutter et servir avec la sauce et le pecorino.

Donne 4 portions • Prép. : 30 min • Cuisson : 40 min • Difficulté : 1

PÂTES AU FOUR À L'AUBERGINE

Sformato di maccheroni e melanzane

Placer les tranches d'aubergine dans une passoire et les asperger de sel. Laisser dégorger pendant 1 heure. • Préchauffer le four à 400 °F / 200 °C. • Beurrer un moule à charnière de 25 cm et saupoudrer de 30 g de miettes de pain. Chauffer l'huile dans une large poêle à frire jusqu'à ce qu'elle devienne très chaude. À feu moyen, faire frire les aubergines par petites quantités pendant 5 à 7 minutes, ou jusqu'à ce qu'elles prennent une couleur brun doré. Égoutter bien et faire sécher sur un papier absorbant. • Disposer les aubergines en une seule couche au fond et sur les côtés du moule en laissant l'aubergine dépasser de chaque côté. • Faire cuire les pâtes dans une grande marmite d'eau bouillante salée jusqu'à ce qu'elles soient *al dente*. • Égoutter et transférer dans un grand bol. Incorporer la sauce à la viande, l'origan, le basilic, les fromages et le poivre. • Déposer les pâtes dans le moule en prenant soin de ne pas déplacer les aubergines. Replier les morceaux d'aubergine qui dépassent et recouvrir des autres tranches d'aubergine. • Saupoudrer de miettes de pain et ajouter quelques morceaux de beurre. • Faire cuire de 25 à 30 minutes, ou jusqu'à ce que la surface soit dorée. • Sortir du four et laisser reposer 10 minutes avant de démouler. • Servir tiède.

Donne 6 portions • Prép. : 40 min + 1 h pour égoutter les aubergines + 10 min de repos • Cuisson : 1 h • Difficulté : 1

- 3 grosses aubergines d'environ 500 g chacune, finement tranchées
- gros sel
- 60 g de chapelure fine et sèche
- 250 ml d'huile d'olive, pour la friture
- 500 g de bucatini secs
- 400 ml de sauce à la viande (voir Pâtes au four, en page 221)
- 1/8 de cuillère à thé d'origan
- Les feuilles d'une petite botte de basilic frais, déchirées
- 150 g de mélange de fromages fermes fraîchement râpés, tels le caciocavallo, le parmesan et le pecorino
- poivre noir fraîchement moulu
- 60 g de beurre défait en flocons

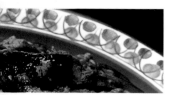

Pâtes aux artichauts, féveroles et pois

Pasta con la frittedda

- 3 artichauts
- 1 citron
- 500 g de féveroles dans leurs enveloppes
- 250 g de pois dans leurs cosses
- 1 oignon finement coupé
- 60 ml d'huile d'olive extra vierge
- sel et poivre blanc fraîchement moulu
- eau chaude (facultatif)
- Feuilles de 1 tige de menthe fraîche finement hachées
- 1 cuillère à table de vinaigre de vin blanc
- 500 g de bucatini secs

Enlever les feuilles les plus dures qui recouvrent l'artichaut, en les arrachant à la base. Couper le tiers des feuilles restantes sur le dessus. Couper les artichauts en six morceaux et en retirer la barbiche avec un couteau bien tranchant. Asperger complètement de citron. • Décortiquer les féveroles et les pois. Faire revenir l'oignon dans l'huile dans une grande poêle, à feu moyen, pendant environ 10 minutes, jusqu'à ce qu'il ramollisse. • Ajouter les pois et les féveroles, puis saler et poivrer. Couvrir et cuire pendant 15 minutes, en ajoutant de petites quantités d'eau pendant la cuisson. • Ajouter les artichauts et cuire pendant environ 40 minutes ou jusqu'à ce que tous les légumes soient tendres. Ajouter la menthe et le vinaigre, et cuire encore 1 minute. Retirer du feu et réserver. • À l'aide d'une fourchette, écraser une partie des légumes pour rendre le mélange plus épais et crémeux. • Faire cuire les pâtes dans une grande marmite d'eau bouillante salée jusqu'à ce qu'elles soient *al dente*. • Égoutter et ajouter aux légumes.

Donne 6 portions • Prép. : 30 min • Cuisson : 70 min • Difficulté : 1

Pâtes à la ricotta et au pecorino

Pasta con ricotta e pecorino

Mélanger la ricotta, le beurre, la ricotta salata, le piment et le sel dans un grand bol. • Faire cuire les pâtes dans une grande marmite d'eau bouillante salée jusqu'à ce qu'elles soient *al dente*. • Égoutter et réserver 2 cuillères à table d'eau de cuisson. Ajouter les pâtes au mélange à base de ricotta, en ajoutant de l'eau de cuisson réservée. • Bien touiller, saupoudrer de pecorino et servir.

Donne 6 portions • Prép. : 10 min • Cuisson : 12 min • Difficulté : 1

- 180 g de ricotta fraîche
- 60 g de beurre coupé en morceaux
- 60 g de ricotta salata fraîchement râpée
- 1 piment de Cayenne séché, en morceaux
- sel
- 500 g de spaghettini secs
- 60 g pecorino fraîchement râpé

Pâtes aux artichauts, féveroles et pois

Pâtes au four

PÂTES AU FOUR
Pasta al forno

- 1 aubergine coupée en fines languettes (pelée ou non)

Sauce à la viande
- 500 g de bœuf haché maigre
- 1 gros oignon rouge finement coupé
- 60 ml d'huile d'olive extra vierge
- 100 ml de vin rouge sec, plus au besoin
- 1 kg de grosses tomates pelées, pressées dans une passoire à mailles fines (passata)
- 1 cuillère à table de pâte/purée de tomate
- 1 bâton de cannelle
- 1 clou de girofle
- Les feuilles d'une petite botte de basilic frais, déchirées

Ce plat est très populaire à Palerme, peu importe la période de l'année ou l'heure du jour. On peut l'apprécier autant à la maison qu'à la plage. Aussi étrange que cela puisse paraître, il s'agit d'un élément typique des pique-niques à la plage. Si vous souhaitez servir ce plat lors d'un repas important, apprêtez-le dans un moule rond recouvert de fines tranches d'aubergine et démoulez sur un plat de service après l'avoir laissé refroidir pendant 30 minutes.

Faire tremper les languettes d'aubergine dans un grand bol d'eau froide salée pendant 1 heure. Ceci éliminera l'amertume • Sauce à la viande : dans une casserole moyenne, à feu vif, faire revenir le bœuf et l'oignon pendant environ 10 minutes, jusqu'à ce que le bœuf soit bien bruni. Ajouter le vin, la tomate, la pâte de tomate, le bâton de cannelle, le clou de girofle, le basilic et l'origan. Saler et poivrer. • Cuire pendant environ 2 heures en ajoutant de l'eau ou du bouillon si la sauce commence à adhérer au fond de la casserole, jusqu'à ce que la sauce réduise de moitié. Jeter la cannelle et le clou de girofle. • Égoutter l'aubergine, rincer à l'eau froide et tapoter avec un linge de cuisine sec.

Chauffer l'huile dans une large poêle à frire jusqu'à ce qu'elle devienne très chaude. Faire frire les languettes d'aubergine par petites quantités pendant 5 à 7 minutes, ou jusqu'à ce qu'elles prennent une couleur dorée. Bien égoutter et tamponner avec du papier essuie-tout pour les assécher. • Faire cuire les pâtes dans une grande marmite d'eau bouillante salée pendant la moitié du temps indiqué sur le paquet. Égoutter et rincer à l'eau froide pour interrompre la cuisson. • Préchauffer le four à 350 °F / 200 °C. • Huiler un plat de cuisson. • Mélanger les pâtes aux deux tiers de sauce à la viande, aux aubergines frites et au caciocavallo. • Dans un petit bol, battre les œufs avec le pecorino jusqu'à l'obtention d'une mousse. • Disposer uniformément la moitié des pâtes dans le plat de cuisson. Verser le reste de la sauce et disposer les tranches d'œufs à la coque sur le dessus. Ajouter le reste des pâtes. Ajouter les tranches d'œufs et le mélange à base de pecorino. • Faire cuire de 40 à 45 minutes, ou jusqu'à ce que la surface soit brun doré.

Donne 6 à 8 portions • Prép. : 40 à 45 min • Cuisson : 3 h • Difficulté : 1

- 1/8 de cuillère à thé d'origan
- sel et poivre noir fraîchement moulu
- bouillon ou eau (facultatif)
- 250 ml d'huile d'arachides, pour la friture
- 500 g de pâtes sèches tels des anellini ou de petits anneaux
- 100 g de caciocavallo ou ricotta salata coupé en petits cubes
- 2 gros œufs légèrement battus
- 2 œufs cuits dur en tranches fines
- 60 g de fromage pecorino fraîchement râpé, préférablement de la Sicile

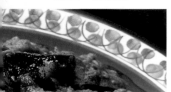

Pâtes au four

CANNELLONI À LA SICILIENNE
Cannelloni alla siciliana

Sauce à la viande
- 100 g de pancetta en dés
- 6 cuillères à table d'huile d'olive extra vierge
- 500 g de bœuf à ragoût, en une seule pièce
- 1 oignon rouge haché
- 1 tige de céleri finement hachée
- 2 gousses d'ail, hachées
- 2 cuillères à table de persil frais finement découpé
- 1 bâton de cannelle
- 1 tige de romarin
- 1 feuille de laurier
- 60 ml de vin rouge
- 1,5 kg de tomates prunes pelées, pressées

Sauce à la viande: à feu moyen, faire sauter la pancetta dans l'huile, dans un fait-tout, pendant 5 minutes, jusqu'à ce qu'elle devienne croustillante. • Ajouter le bœuf, l'oignon, le céleri, l'ail, le persil, la cannelle, le romarin et le laurier. • Incorporer le vin et ajouter les tomates et le basilic. Assaisonner de sel et poivre, amener à ébullition. Couvrir et laisser mijoter à feu doux pendant 2 heures ou jusqu'à ce que la viande soit tendre, ajoutant de l'eau si la sauce commence à adhérer au fond de la cocotte. • Retirer la cannelle, le romarin et le laurier. • Retirer du feu et hacher la viande au mélangeur ou au robot, avec 3 cuillères à table de jus de cuisson. • <u>Pour faire les pâtes</u>: creuser un puits au centre de la farine tamisée avec le sel sur une surface plane. Mélanger ensemble les jaunes d'œufs et suffisamment d'eau pour créer une pâte lisse. Pétrir pendant 15 à 20 minutes, jusqu'à ce qu'elle soit élastique. • Façonner la pâte en

une boule, l'emballer dans une pellicule plastique et laisser reposer pendant 30 minutes. • Rouler la pâte sur une surface légèrement enfarinée jusqu'à ce qu'elle soit fine. Couper en bandelettes de 15 cm x 20 cm. • Préchauffer le four à 375 °F / 190 °C. • Blanchir la pâte pendant 1 minute et disposer sur un linge humide (voir ci-dessous). • Étendre la sauce à la viande sur la pâte et former des rouleaux serrés, en longueur. • Disposer les cannelloni dans un plat allant au four et recouvrir de sauce à la viande. • Battre les œufs avec le sel, le poivre et 2 cuillères à table de caciocavallo. Saupoudrer le reste du caciocavallo sur la sauce à la viande. Verser les œufs sur le dessus. Cuire pendant de 30 à 35 minutes ou jusqu'à ce que la surface soit brun doré. • Servir chaud.
Donne 6 portions • Prép.: 2 h 30 + 30 min de repos pour la pâte • Cuisson: 2 h 30 • Difficulté: 3

- 1 tige de basilic frais
- sel et poivre noir fraîchement moulu
- eau chaude (facultatif)

Pour faire les pâtes
- 300 g de farine tout usage
- $\frac{1}{4}$ de cuillère à thé de sel
- 3 gros jaunes d'œufs
- eau tiède

Garniture
- 2 gros œufs
- sel et poivre noir fraîchement moulu
- 215 g de fromage caciocavallo ou ricotta salata fraîchement râpé

ROULER ET BLANCHIR LA PÂTE

1. Lorsque la pâte a reposé pendant la période précisée dans la recette, la placer sur une planche à pâtisserie et la rouler à l'aide d'un rouleau à pâte, en essayant autant que possible de préserver une forme arrondie.

2. Au fur et à mesure que la feuille de pâte devient plus grande, la laisser coller au rouleau et la retourner sur la planche.

3. Vous pouvez aussi l'aplatir avec vos mains pendant que vous la roulez pour la rendre encore plus mince.

4. Dans une grande marmite, amener de l'eau salée à ébullition et y ajouter les pâtes. Cuire les pâtes sèches seulement la moitié du temps inscrit sur l'emballage. S'il s'agit de pâtes fraîches, les cuire pendant 1 à 2 minutes.

5. À l'aide d'une cuillère à rainures, les retirer de l'eau.

6. Les disposer sur un linge de cuisine jusqu'à ce qu'elles soient prêtes à utiliser.

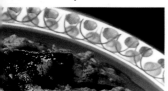

Pâtes au four

TIMBALE DE LA FÊTE DE SAINT-JOSEPH
Tiano di S. Giuseppe

- 300 g d'asperges pelées et grossièrement coupées
- 500 g de brocoli défait en bouquets et en morceaux
- 200 g de fenouil amer ou de fenouil, tiges retirées et hachées
- 125 ml d'huile d'olive extra vierge
- 3 anchois saumurés, rincés et en filets
- 1 oignon finement coupé
- sel
- 2 cuillères à table de raisins dorés sultana
- 2 cuillères à table de noix de pin
- 1 cuillère à table de pâte/purée de tomate

Dans de l'eau bouillante salée, pendant 5 à 7 minutes, faire cuire les asperges, le brocoli et le fenouil séparément jusqu'à tendreté. • Faire chauffer 60 ml d'huile dans une grande poêle, à feu doux, et faire revenir les anchois jusqu'à ce qu'ils fondent. • Ajouter les légumes cuits et faire revenir à feu élevé pendant 3 minutes, pour les faire dorer. Retirer du feu et réserver. • Dans une autre poêle, à feu doux, faire revenir l'oignon dans 1 cuillère à table d'huile, à couvert, avec 1/8 de cuillère à thé de sel, pendant 10 minutes ou jusqu'à ce qu'il soit ramolli. • Incorporer les raisins et les noix de pin et faire griller à feu élevé pendant 3 minutes jusqu'à ce qu'ils soient dorés. • Verser le mélange à base de pâte de tomate et ajouter le persil. Saler et poivrer. Faire cuire pendant 5 minutes de plus. Faire griller le pain émietté dans les 2 cuillères à table d'huile restantes, dans une petite poêle, à feu

moyen, jusqu'à ce qu'ils prennent une couleur brun doré. • Dans une grande casserole d'eau bouillante salée, cuire les pâtes la moitié du temps indiqué sur l'emballage. Égoutter et rincer à l'eau froide. Ajouter 1 cuillère à table d'huile pour empêcher de coller. • Préchauffer le four à 350 °F / 180 °C. • Beurrer un grand plat de cuisson. • Répartir un tiers des pâtes en une couche dans le plat allant au four. Recouvrir d'une portion de sauce, saupoudrer de caciocavallo, de miettes de pain, d'amandes et de légumes sautés. Continuer afin de réaliser deux couches ou plus, et terminer avec le caciocavallo et le beurre. • Faire cuire pendant 40 à 45 minutes ou jusqu'à ce que le dessus soit doré. • Servir chaud.

Donne 6 à 8 portions • Prép. : 2 h • Cuisson : 3 h • Difficulté : 2

dissoute dans 180 ml d'eau
- 1 cuillère à table de persil frais finement découpé
- poivre noir fraîchement moulu
- 3 cuillères à table de pain frais émietté
- 500 g de bucatini ou macaroni secs
- 90 g de caciocavallo coupé en petits cubes ou 90 g de pecorino fraîchement râpé (sicilien de préférence)
- 60 g de beurre défait en flocons
- 2 cuillères à table d'amandes finement hachées et grillées

PÂTES AU FOUR ET SAUCE À LA VIANDE
Pasta con la carne gratinata

- 500 g de bœuf en une seule pièce
- 1 gros oignon rouge finement coupé
- 60 ml d'huile d'olive extra vierge
- 250 ml de vin rouge sec
- 1 kg de grosses tomates pelées, pressées dans une passoire à mailles fines (passata)
- 1 cuillère à table de pâte/purée de tomate
- 1 petit bâton de cannelle
- 1 clou de girofle
- Les feuilles d'une petite botte de basilic frais, déchirées

Dans une casserole moyenne, à feu vif, faire revenir le bœuf et l'oignon pendant environ 10 minutes, jusqu'à ce que le bœuf soit bien bruni. Ajouter le vin, les tomates, la pâte de tomate, le bâton de cannelle, le clou de girofle, le basilic, le persil et l'origan. Saler et poivrer. Cuire à feu doux pendant environ 2 heures, en ajoutant un peu de bouillon au mélange s'il commence à adhérer au fond de la casserole. La sauce devrait être savoureuse mais relativement claire. • Retirer la viande de la sauce et hacher finement. Remettre la viande dans la sauce. Jeter la cannelle et le clou de girofle. Saler. • Dans une grande casserole d'eau bouillante salée, cuire les pâtes la

moitié du temps indiqué sur l'emballage. Égoutter et rincer à l'eau froide. • Préchauffer le four à 350 °F / 180 °C. • Beurrer un grand plat de cuisson. • Mélanger les pâtes et la moitié de la sauce à la viande. • Disposer un tiers des pâtes dans le plat allant au four, couvrir d'un peu de sauce à la viande et saupoudrer de pecorino. Recouvrir d'un tiers du caciocavallo. Continuer à disposer les ingrédients en couches, en terminant par le pecorino et le beurre. • Faire cuire pendant 40 à 45 minutes ou jusqu'à ce que le dessus soit doré. • Servir chaud.

Donne 6 à 8 portions • Prép. : 1 h • Cuisson : 3 h • Difficulté : 1

- 1 cuillère à table de persil frais finement découpé
- 1/8 de cuillère à thé d'origan
- sel et poivre noir fraîchement moulu
- fond ou brouillon de bœuf (facultatif)
- 500 g de macaroni secs
- 200 g de caciocavallo ou ricotta salata coupé en petits cubes
- 60 g de fromage pecorino fraîchement râpé, préférablement de la Sicile
- 60 g de beurre défait en flocons

Pâtes fraîches et pâtes au four

Pâtes maison
et sauce à la viande

PÂTES MAISON ET SAUCE À LA VIANDE

Maccaruna di casa

Sauce

- 1 oignon rouge finement coupé
- 2 cuillères à table d'huile d'olive extra vierge
- sel
- 1 gousse d'ail finement hachée
- 300 g de porc maigre haché
- 1 saucisse italienne, boyau retiré et émiettée
- 100 ml de vin rouge sec, plus au besoin
- 500 g grosses tomates pelées, pressées dans

une passoire à mailles fines (passata)

- poivre noir fraîchement moulu

Pour faire les pâtes

- 400 g de farine de semoule de blé
- $\frac{1}{8}$ cuillère à thé de sel
- 1 gros œuf
- eau tiède

Pour servir

- 125 g de fromage caciocavallo ou ricotta salata râpé

Sauce : à feu doux, faire sauter l'oignon dans l'huile, dans une grande poêle, pendant 10 minutes, jusqu'à ce qu'il ramollisse. Saler. • Augmenter l'intensité du feu et ajouter l'ail, le porc et la saucisse. Faire revenir la viande pendant 5 minutes jusqu'à ce qu'elle soit brunie de toutes parts. Verser le vin et incorporer les tomates. Saler, poivrer, couvrir et poursuivre la cuisson pendant 90 minutes. • Pour faire les pâtes : creuser un puits au centre de la farine tamisée avec le sel sur une surface plane. Casser l'œuf au centre du puits et intégrer avec suffisamment d'eau pour créer une pâte lisse. Pétrir pendant 15 à 20 minutes, jusqu'à ce qu'elle soit élastique. • Façonner la pâte en une boule, l'emballer dans une pellicule plastique et lais-

ser reposer pendant 30 minutes. Détacher des morceaux de pâte et former des billots d'environ 1 cm de diamètre. Trancher en sections de 2 cm de long et aligner 2 à 3 longueurs. Utiliser une aiguille à tricoter pour façonner des cylindres creux, appuyant et tournant en même temps pour former les tubes. Les retirer délicatement de l'aiguille à tricoter et les disposer sur un linge enfariné. Répéter jusqu'à ce qu'il n'y ait plus de pâte. • Cuire la pâte dans une grande casserole d'eau bouillante salée pendant 10 minutes, jusqu'à ce qu'elles soient *al dente*. • Égoutter et ajouter à la sauce. Saupoudrer de caciocavallo et servir.

Donne 4 portions • Prép. : 1 h + 30 min de repos pour la pâte • Cuisson : 2 h • Difficulté : 2

PÂTES AU FOUR AU FROMAGE

Pasta al graté

- 500 g de pâtes creuses courtes sèches, par exemple des macaroni ou des penne
- 2 cuillères à thé d'huile d'olive extra vierge

Sauce béchamel
- 125 g de beurre coupé en morceaux
- 100 g de farine tout usage
- 500 ml de lait
- sel et poivre blanc fraîchement moulu
- $1/8$ cuillère à thé de muscade fraîchement râpée
- 150 g de fromage pecorino fraîchement râpé, préférablement de la Sicile
- 150 g caciocavallo ou ricotta salata finement tranché

• Préchauffer le four à 400 °F / 200 °C. • Beurrer un grand plat allant au four. • Faire cuire les pâtes dans une grande marmite d'eau bouillante salée, avec un trait d'huile, pendant la moitié du temps indiqué sur le paquet. • Égoutter, rincer à l'eau froide pour interrompre la cuisson et transvider dans un bol de service. Ajouter le reste de l'huile pour empêcher d'adhérer. • Sauce béchamel : faire fondre 6 cuillères à table de beurre dans une petite casserole, à feu moyen, et ajouter la farine. Faire cuire pendant 3 à 4 minutes. Retirer du feu et ajouter le lait d'un seul trait. Bien mélanger, remettre sur le feu et amener à ébullition en remuant sans arrêt. Dès que la sauce arrive à ébullition, baisser le feu, saler, poivrer et assaisonner de muscade. Couvrir et faire cuire à feu doux pendant 10 minutes. Laisser tiédir. • Intégrer les pâtes à la béchamel avec près de la moitié du pecorino. • Répartir une couche de pâtes dans le plat de cuisson et recouvrir de caciocavallo. Garnir avec le reste des pâtes et saupoudrer de pecorino. Ajouter les 2 cuillères à table de beurre restantes. • Faire cuire pendant 40 à 45 minutes ou jusqu'à ce que le dessus soit doré. • Servir chaud.

Donne 6 portions • Prép. : 30 min • Cuisson : 40 à 45 min • Difficulté : 1

TAGLIOLINI AU FOUR

Tagliolini cotti in forno

Préchauffer le four à 400 °F / 200 °C. Beurrer un plat pour le four et parsemer de pain émietté (chapelure). • Mélanger le parmesan et la cannelle dans un petit bol. • Disposer un tiers des pâtes dans le plat, déposer 1 cuillère à table de beurre et saupoudrer du tiers du mélange à la cannelle et au parmesan. Continuer jusqu'à ce que toutes les pâtes, le beurre et le parmesan soient utilisés. • Faire cuire de 15 à 20 minutes, ou jusqu'à ce que le dessus soit doré. • Sortir du four et verser le fond de viande bouillant. • Remettre au four et cuire de 20 à 25 minutes ou jusqu'à ce que presque tout le liquide soit absorbé en veillant à ne pas assécher les pâtes. • Servir très chaud.

Donne 4 portions • Prép. : 30 min • Cuisson : 35 à 45 min • Difficulté : 1

- 60 g de chapelure fine et sèche
- 80 g de fromage parmesan fraîchement râpé
- $1/8$ cuillère à thé de cannelle moulue
- 350 g de très fines tagliolini sèches (par exemple, des capellini)
- 3 cuillères à table de beurre en flocons
- 310 ml de bouillon ou fond de viande bouillant

Pâtes au four au fromage

MORCEAUX DE SPAGHETTI GRILLÉS

Sformatini fritti di spaghetti

- 200 g de spaghettini secs (spaghetti fins)
- 60 g de beurre
- 60 g de fromage pecorino fraîchement râpé, préférablement de la Sicile
- sel

Sauce
- 125 g de pois frais ou congelés
- 3 cuillères à table d'eau, plus au besoin
- 1 ½ cuillère à table de beurre en morceaux
- 1 cuillère à table d'oignon finement haché + ½ oignon finement haché
- ½ cuillère à thé de sucre
- sel
- 150 g de bœuf haché maigre

Ceux qui se soucient davantage de leur alimentation peuvent saupoudrer les moules en aluminium de pecorino et de chapelure et cuire à 400 °F / 200 °C pendant environ 40 minutes ou jusqu'à l'obtention d'une couleur brun doré. Démouler pour servir.

Cuire les pâtes dans une grande casserole d'eau bouillante salée jusqu'à ce qu'elles soient tout juste *al dente*. • Égoutter et touiller avec le beurre et le pecorino jusqu'à ce que le tout soit bien mélangé. • Beurrer quatre moules en aluminium ou à soufflés de 6 à 7 cm de diamètre. Déposer les pâtes à la cuillère afin de recouvrir le fond et les côtés du moule en laissant le centre vide. Réserver le reste de pâtes pour sceller le moule. • Sauce : faire cuire les pois dans l'eau, le beurre, 1 cuillère à table d'oignon haché, le sucre et 1 cuillère de cuillère à thé de sel dans une grande poêle, à couvert, à feu moyen, pendant 5 à 10 minutes ou jusqu'à ce que les pois soient tendres, en remuant souvent la poêle et en ajoutant plus d'eau si le mélange commence à adhérer au fond. • À feu élevé, dans une grande poêle, faire revenir ½ oignon dans l'huile

pendant 10 minutes, jusqu'à ce qu'il soit légèrement bruni. • Verser le vin et le laisser évaporer. Incorporer le fond de viande bouillant et le mélange de pâte de tomate. Saler et poivrer, ajouter l'origan et laisser mijoter à feu doux pendant 30 minutes. • Incorporer le mélange à base de pois et laisser refroidir. • Remplir les moules d'un peu de sauce à la viande et de provolone. Garnir du reste des pâtes, en appuyant un peu et en démoulant délicatement sur une planche à découper. • Tremper délicatement les formes dans l'œuf battu, puis dans la chapelure, en veillant à ce qu'elles soient bien enrobées. (Il est aussi possible de les réfrigérer pendant une journée avant de les faire griller.) • Dans une grande poêle (préférablement en fonte), à feu moyen, faire griller les formes, en les retournant une fois, pendant 5 à 7 minutes, jusqu'à ce qu'elles soient dorées et croustillantes. • Égoutter et tamponner avec du papier essuie-tout pour les assécher. • Servir chaud ou froid, dans un buffet ou en entrée.

Donne 4 portions • Prép. : 1 h 30 • Cuisson : 1 h 10 • Difficulté : 2

- 3 cuillères à table d'huile d'olive extra vierge
- 60 ml de vin rouge sec
- 1 cuillère à table de pâte/purée de tomate dissoute dans
- 250 ml de bouillon ou de fond de bœuf bouillant
- ⅛ cuillère à thé d'origan séché
- poivre noir fraîchement moulu
- 60 g de provolone ou caciocavallo coupé en petits cubes
- 3 gros œufs légèrement battus
- 90 g de chapelure fine et sèche, de haute qualité
- 250 ml d'huile d'olive, pour la friture

LASAGNE AU FOUR AUX BOULETTES DE VIANDE

Sagna china

Pour faire les pâtes
- 300 g de farine tout usage
- 2 œufs
- 3 à 4 cuillères à table d'eau tiède

Boulettes de viande
- 300 g de bœuf haché
- 1 œuf
- 1 cuillère à table de persil frais finement haché
- sel et poivre noir fraîchement moulu

Pour faire les pâtes : tamiser la farine sur une surface de travail, puis creuser un puits au centre. Mélanger les œufs avec suffisamment d'eau pour en faire une pâte molle Façonner la pâte en une boule, l'emballer dans une pellicule plastique et laisser reposer pendant 30 minutes. • Rouler la pâte jusqu'à ce qu'elle soit très mince. Couper en bandelettes de 15 cm x 10 cm. • Blanchir la pâte (voir les étapes en page 222) et les disposer sur un linge humide • Boulettes de viande : mélanger ensemble le bœuf, le persil et le poivre dans un grand bol jusqu'à homogénéité. Former des boulettes de la grosseur d'une noisette. Chauffer l'huile dans une grande poêle jusqu'à ce qu'elle devienne très chaude. Faire frire les boulettes de viande

par petits lots, pendant 5 à 7 minutes, jusqu'à ce qu'elles soient légèrement dorées. • Égoutter et tamponner avec du papier essuie-tout pour les assécher. Préchauffer le four à 400 °F/200 °C. Huiler un plat pour le four et parsemer de miettes de pain (chapelure). • Étendre la première couche de pâte dans le plat et ajouter les œufs, un cinquième de la sauce et un cinquième des boulettes de viande. Continuer jusqu'à ce que cinq couches soient réalisées. Parsemer de fromage. • Faire cuire pendant 40 à 45 minutes ou jusqu'à ce que le dessus soit doré. • Servir chaud.

Donne 6 portions • Prép. : 2 h • Cuisson : 60 à 80 min • Difficulté : 2

- 310 ml d'huile d'olive, pour faire griller
- 3 œufs cuits dur, finement coupés
- 500 ml de sauce tomate nature du commerce
- 300 g de caciocavallo ou ricotta salata finement tranché
- 200 g de fiordilatte finement tranché
- 90 g de fromage pecorino fraîchement râpé, préférablement de la Calabre

SARDAIGNE

soleés de la partie continentale du pays, les Sardes démontrent leur indépendance jusque dans leur cuisine. Les malloreddus, de petits gnocchi rainurés, sont les pâtes traditionnelles de l'île, et sont servies avec une sauce à l'agneau. Petites pâtes pour la soupe, les fregola sont aussi populaires bouillies que cuites au four, avec des herbes et des palourdes. Le safran, que l'on cultive sur l'île, lorsqu'il est utilisé avec parcimonie, ajoute un arôme piquant aux plats les plus simples. Le long de la côte, les chefs donnent une touche d'originalité aux pâtes longues en les apprêtant des poissons et fruits de mer qui y sont abondants.

Fregola aux herbes (voir page 233)

Ravioli maison

RAVIOLI MAISON
Culingionis de casa

Pour faire les pâtes
- 250 g de semoule de blé tendre
- ¼ cuillère à thé de sel
- 1 gros œuf
- 100 ml d'eau tiède

Garniture
- ½ oignon finement coupé
- 3 cuillères à table d'huile d'olive extra vierge
- 250 g d'épinards cuits ou bette à cardes cuite, asséchés et finement hachés
- 2 gros œufs
- 4 à 6 tiges de safran écrasées
- 500 g de ricotta filtrée dans un tamis fin

Aussi appelés culurjones, cullurzones, culunzoni, culirgioni ou angiulottus, ce sont les tortelli de la Sardaigne. Normalement, on les apprête sans viande, même il existe quelques exceptions à la règle.

<u>Pour faire les pâtes</u> : creuser un puits au centre de la farine tamisée avec le sel sur une surface plane. Casser l'œuf au centre du puits et intégrer avec suffisamment d'eau pour créer une pâte lisse. Pétrir pendant 15 à 20 minutes, jusqu'à ce qu'elle soit élastique. Façonner la pâte en une boule, emballer dans une pellicule plastique et laisser reposer pendant 30 minutes • <u>Garniture</u> : faire revenir l'oignon dans l'huile dans une poêle, à feu moyen, pendant 10 minutes, jusqu'à ce qu'il ramollisse. • Ajouter les épinards et faire mijoter brièvement. • Retirer du feu et laisser refroidir. • Ajouter les œufs, le safran et la ricotta. Saler et assaisonner de muscade. Ajouter quelques cuillères à table de farine de semoule. • Rouler la pâte sur une surface légèrement enfarinée jusqu'à ce qu'elle ait l'épaisseur d'une feuille de papier. Couper

en bandelettes de 13 cm de largeur et déposer une petite quantité de garniture près d'une extrémité, soit à environ 4 cm de distance. Replier chaque bande de pâte sur la longueur pour en recouvrir la garniture. Refermer en s'assurant de ne laisser aucune poche d'air, puis couper en carrés à l'aide d'un taille-ravioli. • Répartir les ravioli sur une surface enfarinée. • <u>Sauce tomate au basilic</u> : faire revenir l'oignon dans l'huile dans une grande poêle, à feu moyen, pendant 10 minutes, jusqu'à ce qu'il soit légèrement bruni. • Ajouter les tomates et saler. Cuire pendant 10 minutes jusqu'à ce que le mélange épaississe. Ajouter le basilic et retirer du feu. • Faire cuire les pâtes dans une grande marmite d'eau salée bouillante jusqu'à ce qu'ils montent à la surface, soit pendant environ 4 minutes. Égoutter et servir dans un bol, disposé en couches, avec la sauce et le pecorino.

Donne 4 à 6 portions • Prép. : 2 h • Cuisson : 30 min • Difficulté : 3

- sel
- muscade fraîchement râpée
- 3 cuillères à table de farine de semoule

Sauce tomate au basilic
- 1 oignon finement coupé
- 3 cuillères à table d'huile d'olive extra vierge
- 1 kg de grosses tomates pelées, pressées dans une passoire à mailles fines (passata)
- sel
- 5 feuilles de basilic frais, déchirées
- 40 g de pecorino fraîchement râpé, préférablement de la Sardaigne

FREGOLA
Fregula

- 4 tiges de safran écrasées
- ½ cuillère à thé de sel
- 125 ml d'eau
- 250 g de semoule de blé tendre

Les fregola sont un type de pâtes ayant la même apparence que le couscous. Elles sont constituées de gros grains fermes.

Dissoudre le safran et le sel dans l'eau. • Saupoudrer la semoule dans une grande assiette, l'humecter de l'eau safranée, en pétrissant avec les mains pour former de petits grains. • Disposer les grains de pâte sur un linge de cuisine pour les faire sécher et les retourner à l'occasion pour en accélérer le séchage. Pour procéder rapidement, les fregola fraîchement fabriquées peuvent être mises dans un four chaud, mais seulement lorsque le four est éteint. • Une fois qu'elles sont sèches, soit après environ 10 minutes, tamiser la pâte pour obtenir des fregola fines et brutes. Vous obtiendrez environ 300 g de fregola.

Donne 6 portions • Prép. : environ 3 h • Difficulté : 2

FREGOLA AUX HERBES
Fregula stufada

Préchauffer le four à 350 °F / 170 °C. • Huiler un grand plat de cuisson. Faire revenir l'oignon et le persil dans l'huile, dans une petite poêle, à feu moyen, pendant 12 à 15 minutes, ou jusqu'à ce que les ingrédients embaument. Saler et retirer du feu. • Cuire les pâtes dans une grande marmite d'eau bouillante salée pendant 4 minutes, jusqu'à ce qu'elles soient *al dente*. • Égoutter les pâtes et transvider dans le plat de cuisson graissé, en alternant les pâtes, l'oignon et le pecorino. Terminer avec une couche de fregola. • Couvrir le plat et cuire pendant 10 minutes. • Découvrir et poursuivre la cuisson pendant environ 20 minutes. Servir très chaud.

Donne 4 à 6 portions • Prép. : 10 min • Cuisson : 40 min • Difficulté : 1

- 2 oignons finement hachés
- 2 cuillères à table de persil finement haché
- 7 cuillères à table d'huile d'olive extra vierge
- sel
- 650 g de fregola larges
- 125 g de pecorino fraîchement râpé, de préférence de la Sardaigne

Spaghetti au homard

Spaghetti à la poutargue
(caviar italien)

SPAGHETTI AU HOMARD

Spaghetti con l'aragosta

- 1 oignon finement coupé
- 60 ml d'huile d'olive extra vierge
- 1 cuillère à table de persil finement haché
- 200 g de tomates prunes pelées, pressées dans une passoire à trous fins
- sel
- 300 g de chair de homard coupée en gros morceaux (chair d'un homard de 750 g)
- 350 g de spaghetti secs

Faire revenir l'oignon dans l'huile dans une grande poêle, pendant 10 minutes. • Ajouter 2 cuillères à thé de persil et de tomates. Cuire pendant 15 à 20 minutes ou jusqu'à ce que les tomates se défassent. • Saler et ajouter la chair de homard. Laisser mijoter pendant 10 minutes. • Faire cuire les pâtes dans une grande marmite d'eau bouillante salée jusqu'à ce qu'elles soient *al dente*. Égoutter et ajouter à la poêle. • Servir dans des assiettes individuelles et saupoudrer de la cuillère à thé de persil restante.

Donne 4 portions • Prép. : 45 min • Cuisson : 45 min • Difficulté : 1

SPAGHETTI À LA POUTARGUE (CAVIAR ITALIEN)

Spaghetti alla bottarga

Faire tremper la poutargue dans 2 cuillères à table d'huile, dans un petit bol, pendant 30 minutes. • Faire revenir l'ail dans les 2 cuillères à table d'huile restantes, dans une grande poêle, à feu moyen, pendant 3 minutes, jusqu'à ce qu'il devienne doré. • Jeter l'ail et ajouter les miettes de pain; bien mélanger. • Faire cuire les pâtes dans une grande marmite d'eau bouillante salée jusqu'à ce qu'elles soient *al dente*. Égoutter et ajouter à la poêle. • Retirer du feu, ajouter la moitié de la poutargue et bien mélanger. • Servir dans des assiettes individuelles et saupoudrer du reste de poutargue.

Donne 4 portions • Prép. : 30 min + 30 min de trempage pour la poutargue • Cuisson : 15 min • Difficulté : 1

- 1 cuillère à table de poutargue fraîchement râpée (rogue de mulet séché ou de thon)
- 60 ml d'huile d'olive extra vierge
- 2 gousses d'ail légèrement écrasées mais entières
- 2 cuillères à table de fines miettes de pain sec
- 350 g de spaghetti secs

Sauces

MALLOREDDUS
Malloreddus

Pour faire les pâtes
- 400 g de farine de semoule de blé
- ¼ cuillère à thé de sel
- ¼ cuillère à thé de tiges de safran écrasées et dissoutes dans 180 ml d'eau tiède, plus au besoin

Sauce
- 300 g de fromage pecorino fraîchement râpé, préférablement de la Sardaigne
- 180 ml d'eau chaude
- ¼ cuillère à thé de tiges de safran écrasées
- sel et poivre noir fraîchement moulu

Pour faire les pâtes : creuser un puits au centre de la farine tamisée avec le sel sur une surface plane. Incorporer suffisamment d'eau safranée pour créer une pâte assez ferme. Pétrir pendant 15 à 20 minutes, jusqu'à ce qu'elle soit lisse et élastique. Façonner la pâte en un disque, l'emballer dans une pellicule plastique et laisser reposer pendant 30 minutes. • Former des billots d'environ 1 cm de diamètre. Trancher en longueurs de 1,5 cm. • Utiliser le plat du pouce pour les écraser sur une surface plate ou rainurée, les repliant sur eux-mêmes, jusqu'à ce qu'ils deviennent creux. Disposer sur un linge sec et saupoudrer de semoule. • Sauce : déposer le pecorino dans une assiette de service chaude et verser l'eau chaude et le safran en mélangeant pour faire fondre le pecorino. • Faire cuire les pâtes dans une grande marmite d'eau bouillante salée jusqu'à ce qu'elles soient *al dente*. • Égoutter et ajouter au pecorino. Saler, poivrer et servir chaud.

Donne 6 portions • Prép. : 1 h + 30 min de repos pour la pâte • Cuisson : 12 min • Difficulté : 2

MALLOREDDUS ET SAUCE À L'AGNEAU
Malloreddus con ragù di agnello

Sauce à l'agneau : préparer la cuisse d'agneau pour la cuisson en l'entaillant et en insérant des tiges de romarin et de l'ail dans la chair. Assaisonner généreusement de sel et de poivre. Déposer la cuisse d'agneau dans une poêle juste assez grande pour la contenir. Frotter la viande d'une tige de romarin trempée dans l'huile et laisser brunir à feu moyen, en la retournant pour qu'elle brunisse de toutes parts, pendant environ 10 minutes. Verser le vin et le laisser s'évaporer pendant 5 minutes. • Ajouter l'oignon vert et les tomates. Cuire à couvert, à feu doux, pendant environ 2 heures, en retournant la viande à l'occasion et en ajoutant progressivement de l'eau ou du bouillon. • Retirer l'agneau et réserver. Augmenter l'intensité du feu et laisser les jus de la viande réduire. Ils devraient alors épaissir. L'agneau doit être servi séparément. • Faire cuire les pâtes dans une grande marmite d'eau bouillante salée jusqu'à ce qu'elles soient *al dente*. Égoutter et servir avec l'égoutture d'agneau et le pecorino.

Donne 4 à 6 portions • Prép. : 15 min • Cuisson : 2 h 15 • Difficulté : 1

Sauce à l'agneau
- 1 kg de cuisse d'agneau
- 7 tiges de romarin
- 2 gousses d'ail finement tranchées en lanières
- sel et poivre noir fraîchement moulu
- 5 cuillères à table d'huile d'olive extra vierge
- 100 ml de vin blanc sec, plus au besoin
- 1 oignon vert finement haché
- 5 tomates mûres et fermes, pelées, épépinées et grossièrement coupées
- eau ou fond ou bouillon de bœuf, au besoin

Pâtes
- 400 g de malloreddus frais (voir recette ci-contre à gauche)
- 60 g de pecorino fraîchement râpé, préférablement de la Sardaigne

FAIRE DES MALLOREDDUS

1. Façonner de longs billots minces avec la pâte (voir recette ci-dessus, à gauche). Couper en petites sections de 2 cm de longueur.

2. Avec le pouce, les écraser sur un panier rainuré (ou une planche de bois rainurée) afin de les rendre creux.

3. Les laisser tomber sur une surface enfarinée.

Sauces et pâtes fraîches

FREGOLA AUX PALOURDES
Fregula con le arselle

- 1 kg de palourdes dans leurs coquilles
- 4 gousses d'ail légèrement écrasées mais entières
- 125 ml d'huile d'olive extra vierge
- 4 cuillères à table de pâte/purée de tomate
- 750 ml d'eau chaude, plus au besoin
- sel
- 200 g de fregola à gros grains
- 2 cuillères à table de persil frais finement haché
- 100 g de fregola à grains fins

Faire tremper les palourdes dans un grand bol d'eau chaude salée pendant 1 heure. • Les transvider dans une grande poêle et couvrir. Faire cuire à feu élevé pendant environ 7 minutes, jusqu'à ce qu'elles s'ouvrent. Jeter toutes celles dont la coquille ne se sera pas ouverte. • Retirer les palourdes de leurs coquilles et filtrer le liquide de cuisson (environ 180 ml). • À feu moyen, faire revenir l'ail dans l'huile, dans un fait-tout, pendant environ 3 minutes, jusqu'à ce qu'il soit légèrement doré. Retirer et jeter l'ail. • Incorporer la pâte de tomate et laisser mijoter pendant 2 minutes. • Verser le liquide de cuisson filtré et l'eau chaude. Saler. • Ajouter le fregola à gros grains et cuire pendant environ 4 minutes. • Ajouter les palourdes, le persil et le fregola fin. Faire cuire pendant 3 minutes de plus. • Servir individuellement dans des bols.

Donne 6 portions • Prép. : 20 min + 1 h de trempage pour les palourdes • Cuisson : 20 min • Difficulté : 1

FUSILLI AUX CALMARS
Fusilli con sugo di calamari

Retirer la peau marbrée des calmars et couper les corps en petits morceaux. Couper les tentacules en deux. • À feu élevé, faire sauter les calmars dans l'huile, dans une grande poêle, pendant 5 minutes, jusqu'à ce qu'ils soient transparents. Saler et poivrer. • Verser le vin et le persil, puis cuire à feu moyen pendant 20 minutes ou jusqu'à ce que le vin se soit évaporé. • Faire cuire les pâtes dans une grande marmite d'eau bouillante salée jusqu'à ce qu'elles soient *al dente*. • Égoutter et ajouter à la sauce. Servir immédiatement.

Donne 6 portions • Prép. : 30 min • Cuisson : 30 min • Difficulté : 1

- 200 g de petits calmars nettoyés
- 60 ml d'huile d'olive extra vierge
- sel et poivre blanc fraîchement moulu
- 250 ml de vin blanc sec
- 2 cuillères à table de persil frais finement haché
- 500 g de longs fusilli secs

Fregola aux palourdes

Malloreddus

SPAGHETTINI À L'AIL ET AU PERSIL

Pasta con l'aglio

- 4 gousses d'ail finement hachées
- Feuilles de 1 petit bouquet de persil frais, finement coupées
- 180 ml d'huile d'olive extra vierge
- sel et poivre blanc fraîchement moulu
- 500 g de spaghettini secs
- 125 g de pecorino fraîchement râpé

Faire revenir l'ail et le persil dans l'huile, dans une grande poêle, à feu moyen, pendant 3 minutes, jusqu'à ce que l'ail devienne doré. • Saler et poivrer. Cuire à feu doux pendant 10 minutes, en prenant soin de ne pas laisser brunir l'ail. • Faire cuire les pâtes dans une grande marmite d'eau bouillante salée jusqu'à ce qu'elles soient *al dente*. • Égoutter et ajouter l'ail et le persil. Saupoudrer de pecorino et servir.

Donne 6 portions • Prép. : 15 min • Cuisson : 25 min • Difficulté : 1

MALLOREDDUS ET SAUCE À LA SAUCISSE FRAÎCHE

Malloreddus con la salsiccia fresca

Faire revenir l'oignon dans l'huile dans une grande poêle, à feu moyen, pendant environ 10 minutes, jusqu'à ce qu'il ramollisse. • Ajouter la saucisse et faire revenir à feu élevé pendant 5 minutes ou jusqu'à ce qu'elle soit bien brunie de toutes parts. • Ajouter en remuant les tomates et le safran. Saler. • Faire cuire à feu moyen pendant 20 minutes en remuant de temps à autre. Ajouter le basilic et cuire à feu doux pendant 45 minutes de plus. • Faire cuire les pâtes dans une grande marmite d'eau bouillante salée jusqu'à ce qu'elles soient *al dente*. • Égoutter et ajouter à la sauce. Saupoudrer de pecorino et servir.

Donne 6 portions • Prép. : 20 min • Cuisson : 75 min • Difficulté : 1

- 1 oignon finement coupé
- 6 cuillères à table d'huile d'olive extra vierge
- 125 g de saucisse italienne fraîche, coupée en petits morceaux
- 500 g de tomates pelées, épépinées et grossièrement coupées
- 4 à 6 tiges de safran écrasées
- sel
- 4 feuilles de basilic frais, déchirées
- 500 g de malloreddus frais (voir page 236)
- 60 g de pecorino fraîchement râpé

Gnocchi safranés et sauce à la viande

GNOCCHI SAFRANÉS ET SAUCE À LA VIANDE

Ciciones, gnocchetti allo zafferano

Pour faire les pâtes

- 400 g de farine de semoule de blé
- ¹/₄ cuillère à thé de sel
- ¹/₄ cuillère à thé de tiges de safran émiettées et dissoutes dans 180 ml d'eau tiède, plus au besoin
- 60 ml d'huile d'olive extra vierge
- 1 oignon rouge finement coupé
- 90 g de pancetta, bacon ou lard finement hachés

Pour faire les pâtes : creuser un puits au centre de la farine tamisée avec le sel sur une surface plane. Incorporer suffisamment d'eau safranée pour créer une pâte lisse. Pétrir pendant 15 à 20 minutes, jusqu'à ce qu'elle soit élastique. Façonner la pâte en une boule, l'emballer dans une pellicule plastique et laisser reposer pendant 30 minutes. Faire chauffer l'huile à feu doux dans un fait-tout et y ajouter l'oignon et la pancetta. Couvrir et cuire pendant 10 minutes.
- Ajouter le porc et faire revenir à feu élevé pendant 7 minutes ou jusqu'à ce qu'il soit bien bruni de toutes parts. Verser le vin et le laisser s'évaporer pendant 5 minutes. • Ajouter en remuant les tomates et le basilic; saler et poivrer. Amener à ébullition et laisser

mijoter à feu doux, partiellement couvert, pendant au moins 2 heures, en ajoutant du bouillon ou de l'eau chaude si la sauce commence à adhérer au fond de la poêle. Former des cylindres d'un diamètre de 5 mm et de 10 cm de long. Les étendre sur un linge de cuisine saupoudré de farine de semoule de blé dur.
- Faire cuire les gnocchi par petites quantités dans une grande marmite d'eau salée bouillante jusqu'à ce qu'ils montent à la surface, soit environ 2 à 3 minutes. Égoutter et servir avec la sauce, saupoudrer de pecorino.

Donne 6 portions • Prép. : 1 h + 30 min de repos pour la pâte • Cuisson : 40 min • Difficulté : 2

- 300 g de porc maigre haché
- 125 ml de vin rouge sec
- 1,5 kg de tomates prunes pelées, pressées dans une passoire à trous fins
- 4 feuilles de basilic frais, déchirées
- sel et poivre noir fraîchement moulu
- 125 g de pecorino vieilli fraîchement râpé, préférablement de la Sardaigne

---

PÂTES AU PECORINO ET AU CITRON

Maccarones con pecorino e limone

- 6 cuillères à table de beurre en morceaux
- jus de 2 citrons
- 4 tiges de safran écrasées
- 250 g de pecorino fraîchement râpé
- 500 g de macaroni secs

Dans une poêle moyenne, faire fondre le beurre à feu élevé. • Incorporer le jus de citron, le safran et le pecorino. Retirer du feu et réserver. • Faire cuire les pâtes dans une grande marmite d'eau bouillante salée jusqu'à ce qu'elles soient *al dente*. • Égoutter et ajouter à la sauce. Servir chaud.

Donne 6 portions • Prép. : 15 min • Cuisson : 12 min • Difficulté : 1

PÂTES AU FOUR AUX LÉGUMES-FEUILLES

Malloreddus al forno

Casser les œufs, un à la fois, dans une eau salée frémissante. Ajouter le vinaigre et cuire jusqu'à ce que les blancs durcissent et que les jaunes soient encore légèrement coulants, soit environ 15 minutes. • Utiliser une cuillère à rainures pour retirer les œufs et les mettre de côté. • Préchauffer le four à 350 °F / 180 °C. • Huiler un plat de cuisson. • Faire cuire la bette à cardes et les épinards dans une eau bouillante salée pendant 5 à 7 minutes ou jusqu'à tendreté. Retirer à l'aide d'une cuillère à rainures. • Ramener à ébullition et faire cuire les pâtes dans la même eau jusqu'à ce qu'elles soient *al dente*. Égoutter les pâtes et transférer dans un plat de cuisson. Ajouter la bette à cardes et les épinards puis saupoudrer de pecorino. Continuer à disposer les ingrédients en couches, en terminant par le pecorino. • Garnir avec les œufs et verser la crème. • Cuire de 10 à 15 minutes ou jusqu'à ce que les blancs d'œufs commencent à brunir aux extrémités. • Servir tiède.

Donne 6 portions • Prép. : 40 min • Cuisson : 45 à 60 min • Difficulté : 2

- 6 gros œufs
- 1 cuillère à table de vinaigre de malt
- 400 g de malloreddus frais (voir page 236)
- 200 g de feuilles de bette à cardes déchirées
- 200 g de feuilles d'épinards déchirées
- 125 g de pecorino fraîchement râpé
- 125 ml de double crème ou crème épaisse

Sauces

RAVIOLI FARCIS À LA RICOTTA ET SAUCE TOMATE
Ravioli galluresi

Pour faire les pâtes
- 400 g de farine tout usage
- 1/4 cuillère à thé de sel
- 2 gros œufs
- 6 cuillères à table d'eau, plus au besoin

Garniture
- 400 g de fromage ricotta
- 2 gros œufs
- 5 cuillères à table de sucre
- 1 cuillère à table de persil frais, finement haché
- Zeste de 1/2 citron
- 1/8 cuillère à thé de muscade fraîchement râpée
- 1/8 cuillère à thé de cannelle moulue
- sel et poivre blanc fraîchement moulu

Sauce Tomate
- 1 gousse d'ail légèrement écrasée mais entière
- 3 cuillères à table d'huile d'olive extra vierge
- 1 kg de grosses tomates pelées, pressées dans une passoire à mailles fines (passata)
- sel et poivre blanc fraîchement moulu
- 1/4 cuillère à thé de persil frais finement haché
- 4 feuilles de basilic frais déchirées
- 3 cuillères à table de beurre
- 125 g de fromage parmesan fraîchement râpé

Pour faire les pâtes : creuser un puits au centre de la farine tamisée avec le sel sur une surface plane. Casser les œufs au centre du puits et intégrer avec suffisamment d'eau pour créer une pâte lisse. Pétrir pendant 15 à 20 minutes, jusqu'à ce qu'elle soit élastique. Façonner la pâte en une boule, l'emballer dans une pellicule plastique et laisser reposer pendant 30 minutes. • Garniture : mélanger ensemble la ricotta, les œufs, le sucre, le persil, le zeste de citron, la muscade, la cannelle, le sel et le poivre. • Rouler la pâte sur une surface légèrement enfarinée jusqu'à ce qu'elle soit très fine et la couper en bandelettes de 6 cm. • Déposer 1 cuillère à table de garniture sur chaque bandelette, à intervalles réguliers. Garnir d'une deuxième bandelette et utiliser un taille-ravioli pour couper les pâtes en carrés de 6 cm. Sceller en ne laissant aucune poche d'air. • Sauce tomate : à feu moyen, faire sauter l'ail dans l'huile, dans une poêle à frire, jusqu'à ce qu'il soit doré de toutes parts, soit environ 3 minutes. Ajouter les tomates et assaisonner de sel et de poivre • Cuire pendant environ 10 minutes ou jusqu'à ce que l'huile se sépare des tomates. • Jeter l'ail et ajouter le persil, le basilic et le beurre. • Cuire les pâtes dans une grande casserole d'eau bouillante salée pendant 2 à 3 minutes, jusqu'à ce qu'elles soient *al dente*. • Égoutter et transférer dans une soupière de service, napper de sauce et saupoudrer de parmesan. Servir chaud.

• Donne 6 portions • Prép. : 1 h + 30 min de repos pour la pâte
• Cuisson : 30 min • Difficulté : 3

SPAGHETTI ET SAUCE AU GIBIER MARINÉ
Spaghetti con sugo di lepre

Sauce au gibier : couper et bien rincer le lièvre, puis couper en gros morceaux en prenant soin de ne pas trop faire éclater les os. • Déposer les morceaux de viande dans un bol de verre ou de céramique avec le vinaigre et l'eau. Recouvrir de pellicule plastique et laisser mariner au réfrigérateur pendant 4 heures. • Bien égoutter la viande et la tamponner pour l'assécher. • Chauffer l'huile et le lard dans un fait-tout et faire revenir la viande à feu élevé pendant environ 10 minutes, jusqu'à ce qu'elle brunisse de toutes parts. • Ajouter l'oignon, l'ail, le laurier, la cannelle, les clous de girofle et le romarin, puis faire revenir pendant 3 minutes. • Incorporer le vin et ajouter le mélange à base de tomates. Couvrir et laisser mijoter à feu doux pendant au moins 2 heures ou jusqu'à ce que la viande soit tendre, en ajoutant de l'eau si la sauce commence à adhérer au fond de la cocotte. (S'il s'agit de lapin, la cuisson durera environ 1 heure.) • Faire cuire les pâtes dans une grande marmite d'eau bouillante salée jusqu'à ce qu'elles soient *al dente*. • Égoutter et ajouter à la sauce. • Servir chaud.

Donne 6 portions • Prép. : 1 h + 4 h pour mariner
• Cuisson : 2 h • Difficulté : 1

Sauce au gibier
- 1 jeune lièvre ou 1 lapin d'environ 1,5 kg
- 500 ml de vinaigre de vin blanc
- 500 ml d'eau, plus au besoin
- 60 ml d'huile d'olive extra vierge
- 150 g de pancetta, lard ou bacon en cubes
- 1 gros oignon rouge finement coupé
- 2 gousses d'ail légèrement écrasées mais entières
- 2 feuilles de laurier
- 1 tige de romarin
- 1 petit bâton de cannelle
- 2 clous de girofle
- 500 ml de vin rouge sec (utiliser du vin blanc dans le cas du lapin)
- 1 cuillère à table de pâte/purée de tomate dissoute dans
- 180 ml de bouillon ou de fond de viande
- sel et poivre noir fraîchement moulu

Pâtes
- 500 g de spaghettini secs

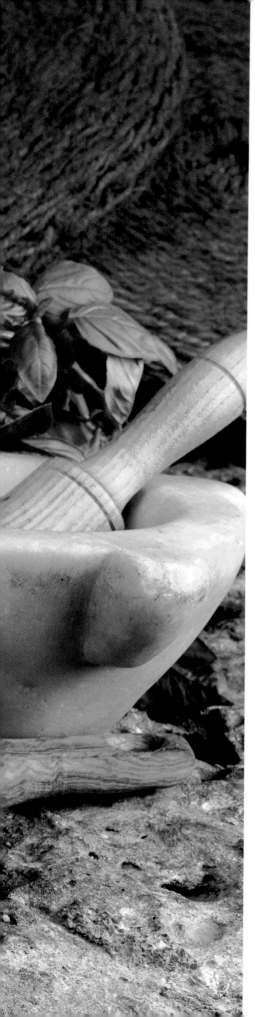

CLASSIQUES MODERNES

Les cuistots et les chefs italiens, encouragés par la popularité planétaire de la cuisine italienne, s'efforcent de moderniser certains plats très traditionnels. Le pesto fait à partir de kale toscan ou de tomates séchées au soleil est une variation de la recette qui ne modifie en rien la méthode. Les Italiens savent mieux que quiconque qu'il est inutile de changer les méthodes traditionnelles pour remettre des classiques au goût du jour. Dans ce chapitre, vous trouverez une pléiade de recettes dont des salades de pâtes savoureuses. Elles se prêtent très bien aux repas légers agrémentés de votre vin favori.

Nids de tagliatelle
(voir page 246)

Pâtes fraîches

Tortelli aux asperges et sauce tomate à l'orange

Tortelli di asparagi con pomodoro e arancio

Pour faire les pâtes
- 200 g de farine tout usage
- ¼ cuillère à thé de sel
- 2 gros œufs
- 1 cuillère à table d'eau chaude

Garniture
- 300 g d'asperges coupées en petits tronçons
- 300 g de pommes de terre farineuses
- 1 gousse d'ail hachée
- 60 g de beurre
- 1 cuillère à table de grains de nigelle
- sel et poivre blanc fraîchement moulu

Sauce tomate à l'orange
- 125 ml d'huile d'olive extra vierge
- 2 feuilles de laurier
- 4 feuilles de basilic frais déchirées
- 2 gousses d'ail hachées
- 1 tige de thym frais
- Le zeste et le jus de 1 orange
- 700 g de tomates fermes et mûres hachées
- sel

Pour faire les pâtes : creuser un puits au centre de la farine tamisée avec le sel sur une surface plane. Mélanger les œufs avec l'eau pour en faire une pâte molle. Pétrir pendant 15 à 20 minutes, jusqu'à ce qu'elle soit élastique. Façonner une boule, l'emballer dans une pellicule plastique et laisser reposer pendant 30 minutes. • Garniture : faire cuire les asperges dans une eau bouillante salée pendant 5 à 7 minutes, jusqu'à tendreté. Réserver quelques pointes pour décorer. Déposer les autres asperges dans le mélangeur ou le robot jusqu'à consistance lisse. Faire cuire les pommes de terre dans une eau bouillante salée jusqu'à tendreté. Égoutter et peler. Réduire en purée avec l'ail, le beurre, la purée d'asperges et la nigelle. Saler et poivrer. • Former des tortelli de 5 cm en suivant les instructions de la page 70. • Sauce tomate à l'orange : chauffer l'huile dans une poêle avec les feuilles de laurier, le basilic, l'ail, le thym et le zeste d'orange. • Ajouter les tomates et saler. Cuire à feu élevé pendant 10 minutes. • Ajouter le jus d'orange et faire cuire pendant 1 minute. Retirer le laurier, le thym et le zeste d'orange, puis passer au tamis. • Faire cuire les pâtes dans une grande marmite d'eau bouillante salée jusqu'à ce qu'elles soient *al dente*. • Égoutter et servir avec la sauce. Décorer des pointes d'asperge réservées.

Donne 4 portions • Prép. : 60 min • Cuisson : 60 min • Difficulté : 3

Nids de tagliatelle

Nidi di tagliatelle

Sauce aux deux fromages : faire fondre le beurre dans une poêle. Ajouter la farine et mélanger pour obtenir une pâte lisse. Cuire pendant 1 minute en remuant souvent. • Verser le bouillon en fouettant pour éviter la formation de grumeaux. Amener à ébullition et laisser cuire à feu doux pendant 20 minutes, en remuant de temps à autre. • Laisser refroidir et incorporer le parmesan, le fromage suisse et la crème. Saler, poivrer et assaisonner de muscade. • Garniture aux légumes glacés : dans une grande poêle, faire fondre le beurre. Ajouter les légumes et l'eau, puis cuire à feu doux pendant 10 minutes, jusqu'à ce que les légumes soient croquants. Assaisonner de sel et de poivre et retirer du feu. • Faire cuire les pâtes dans une grande marmite d'eau bouillante salée pendant la moitié du temps indiqué sur le paquet. Égouttez et refroidir sous l'eau froide. • Touiller avec les légumes et la sauce au fromage. • Préchauffer le four à 400 °F / 200 °C. • Beurrer un grand plat de cuisson. • À l'aide d'une grosse fourchette, réaliser quatre nids de tagliatelle. Les disposer sur le plat de cuisson préparé et casser un œuf au centre de chaque nid. Saler et poivrer. • Saupoudrer de parmesan et cuire pendant 15 à 20 minutes ou jusqu'à ce que les œufs soient cuits. • Disposer les nids dans les assiettes et servir très chaud.

Donne 4 portions • Prép. : 20 min • Cuisson : 60 min • Difficulté : 2

Sauce aux deux fromages
- 3 cuillères à table de beurre
- 3 cuillères à table de farine
- 500 ml de bouillon
- 2 cuillères à table de parmesan fraîchement râpé
- 2 cuillères à table de fromage suisse grossièrement râpé
- 60 ml de double crème ou crème épaisse
- sel et poivre blanc fraîchement moulu
- ⅛ cuillère à thé de muscade fraîchement râpée

Garniture aux légumes glacés
- 3 cuillères à table de beurre
- 50 g de zucchinis hachés
- 50 g de carottes en cubes
- 50 g de pointes d'asperges coupées en longueur
- 30 g de champignons blancs en cubes
- 3 cuillères à table d'eau
- sel et poivre blanc fraîchement moulu
- 200 g de tagliatelle jaunes et vertes
- 6 œufs de caille ou de canard
- 2 cuillères à table de parmesan fraîchement râpé

Fabriquer des pâtes de couleur

1. Battre les œufs avec la purée de légumes (par exemple, betterave bouillie jusqu'à tendreté, puis réduite en purée au robot). Tamiser la farine sur la planche à pâtisserie et creuser un puits.

2. Remuer les œufs colorés au centre du puits. Commencer à mélanger la pâte en prenant de la farine de l'intérieur du puits. Pétrir comme à l'habitude (voir Faire de la pâte maison, en page 64).

3. La pâte est prête lorsqu'elle est lisse et de couleur uniforme, après environ 15 à 20 minutes de pétrissage.

Sauces

SALADE ESTIVALE DE PÂTES FROIDES

Pasta fredda estiva

- 1 grosse aubergine (d'environ 400 g) coupée en tranches de 1 cm d'épaisseur
- 3 cuillères à table de sel
- 500 ml d'huile d'olive
- 2 cuillères à table de câpres saumurées
- 2 poivrons jaunes
- 6 cuillères à table d'huile d'olive extra vierge
- 1 oignon moyen finement coupé
- 1/8 cuillère à thé de sel
- 2 gousses d'ail finement hachées
- 2 cuillères à table de noix de pin
- 400 g de pâtes courtes (comme des ditalini rainurés)
- 100 g d'olives vertes dans la saumure, dénoyautées et grossièrement hachées
- 1 petite botte de basilic frais, feuilles déchirées
- 2 cuillères à table de persil frais, finement haché
- 1 cuillère à table d'origan frais, finement haché

Placer les tranches d'aubergine dans une passoire et asperger de sel. Laisser dégorger pendant 1 heure. • Couper en cubes de 1 cm. Chauffer l'huile dans une large poêle à frire jusqu'à ce qu'elle devienne très chaude. Faire frire les aubergines par petites quantités pendant 5 à 7 minutes, ou jusqu'à ce qu'elles prennent une couleur brun doré. • Faire tremper les câpres dans 375 ml d'eau pendant 1 heure. Égoutter et rincer à l'eau froide. Si elles sont encore trop salées, répéter le rinçage. Faire griller les poivrons jusqu'à ce que la peau noircisse. Les envelopper dans un sac de papier pendant 5 minutes, puis retirer la peau ainsi que les pépins. • Couper en cubes de 1 cm. • Dans une petite poêle, chauffer 3 cuillères à table d'huile d'olive et faire revenir l'oignon avec une pincée de sel, à feu élevé, jusqu'à ce qu'il soit doré. Couvrir et faire cuire à feu doux pendant 15 minutes. • Ajouter l'ail et faire revenir jusqu'à l'obtention d'un doré pâle. • Faire griller les noix de pin dans une poêle antiadhésive, à feu moyen, pendant 2 minutes, jusqu'à ce qu'elles soient dorées. • Cuire les pâtes dans une grande casserole d'eau bouillante salée jusqu'à ce qu'elles soient *al dente*, soit pendant environ 6 minutes. • Égoutter et rincer à l'eau froide jusqu'à ce que les pâtes aient complètement refroidi. • Transférer dans un grand bol avec l'aubergine grillée, les câpres, le poivron, l'oignon, les noix de pin, les olives, le basilic et l'origan.

Donne 6 portions • Prép. : 1 h • Cuisson : 20 min • Difficulté : 1

PESTO DE PISTACHES

Pesto di pistacchi

Faire revenir l'oignon dans 2 cuillères à table d'huile jusqu'à ce qu'il ramollisse. Retirer du feu et laisser refroidir. • Passer l'oignon, les pistaches, l'ail, l'autre cuillère à table d'huile et le pecorino au robot ou au mélangeur jusqu'à l'obtention d'une consistance lisse. Saler. • Faire cuire les pâtes dans une grande marmite d'eau bouillante salée jusqu'à ce qu'elles soient *al dente*. • Ajouter 1 cuillère à table d'eau de cuisson au pesto afin d'obtenir une consistance crémeuse. • Égoutter les pâtes et servir avec le pesto, en ajoutant de l'eau de cuisson au besoin. • Garnir chaque assiette de pistaches finement hachées.

Donne 4 portions • Prép. : 45 min • Cuisson : 30 min • Difficulté : 1

- 1/2 oignon finement coupé
- 3 cuillères à table d'huile d'olive extra vierge
- 100 g de pistaches écaillées et pelées
- 1 gousse d'ail finement hachée
- 4 à 5 cuillères à table de pecorino fraîchement râpé
- sel
- 350 g de casarecce (petites pâtes torsadées) ou penne secs
- pistaches finement hachées pour décorer

Pesto de pistaches

Pesto de tomates séchées au soleil

PESTO DE TOMATES SÉCHÉES AU SOLEIL

Pesto di pomodori secchi

- 100 g de tomates séchées au soleil
- 125 ml d'eau chaude
- 3 cuillères à table de vinaigre de vin rouge
- 30 g d'amandes écaillées et pelées
- 1 gousse d'ail
- feuilles de 2 tiges de basilic frais
- 6 cuillères à table d'huile d'olive extra vierge
- ⅛ cuillère à thé d'origan séché
- sel
- 350 g de pâtes sèches courtes

Faire tremper les tomates dans l'eau chaude et le vinaigre, dans un grand bol, pendant 10 minutes, jusqu'à ce qu'elles ramollissent. • Égoutter. Passer les tomates, les amandes, l'ail, le basilic, l'huile et l'origan au robot culinaire ou au mélangeur jusqu'à l'obtention d'une consistance lisse. Saler et poivrer en prenant soin de ne pas trop assaisonner puisque les tomates séchées au soleil sont très savoureuses.
• Faire cuire les pâtes dans une grande marmite d'eau bouillante salée jusqu'à ce qu'elles soient *al dente*.
• Ajouter 1 cuillère à table d'eau de cuisson au pesto afin d'obtenir une consistance crémeuse. • Égoutter les pâtes et réserver un peu d'eau de cuisson. Servir les pâtes avec le pesto, en ajoutant de l'eau de cuisson au besoin.

Donne 4 portions • Prép. : 30 min + 10 min pour faire tremper les tomates • Cuisson : 20 min • Difficulté : 1

SALADE DE PÂTES AU THON ET AUX OLIVES

Insalata di pasta

Cette salade peut être préparée une journée à l'avance et gardée au réfrigérateur jusqu'au moment de servir.

Couper grossièrement les tomates, les saler et les déposer dans une passoire. Laisser égoutter pendant 1 heure. • Utiliser une fourchette pour émietter le thon. • Mélanger le thon, les tomates, les olives, les oignons verts, le céleri, la carotte et l'ail. Ajouter presque toute l'huile, saler, poivrer et assaisonner d'origan. Recouvrir d'une pellicule plastique et réfrigérer pendant 1 heure. • Faire cuire les pâtes dans une grande marmite d'eau bouillante salée jusqu'à ce qu'elles soient *al dente*. • Égoutter et rincer à l'eau froide. Transvider dans un grand plat de service et mélanger avec le reste de l'huile. Ajouter les ingrédients préparés et bien touiller. Saupoudrer de basilic et de persil.

Donne 4 portions • Prép. : 30 min + 1 h pour égoutter les tomates + 1 h pour faire refroidir le mélange au thon • Cuisson : 15 min • Difficulté : 1

- 200 g de tomates cerises
- sel et poivre blanc fraîchement moulu
- 150 g de thon en boîte baignant dans l'huile, égoutté
- 10 olives noires, dénoyautées et finement hachées
- 10 olives vertes, dénoyautées et finement hachées
- 2 oignons verts grossièrement hachés
- 1 tige de céleri, en gros morceaux
- 1 carotte en gros morceaux
- 1 gousse d'ail finement hachée
- 100 ml d'huile d'olive extra vierge
- 2 cuillères à thé d'origan séché
- 350 g de pâtes sèches courtes (des penne, des conchiglie ou des tortiglioni, par exemple)
- 1 cuillère à table de persil frais finement haché
- 4 à 5 feuilles de basilic frais, déchirées

PÂTES AU PESTO DE CHOU FONCÉ

Pasta con pesto di cavolo nero

- 500 g de jeunes feuilles de chou foncé ou de chou vert, lavées et tiges enlevées
- 1 gousse d'ail légèrement écrasée mais entière
- 60 g de pecorino fraîchement râpé
- 150 ml d'huile d'olive extra vierge
- sel et poivre noir fraîchement moulu
- 350 g de spaghetti secs

Faire blanchir le chou dans une grande marmite d'eau bouillante salée pendant 3 minutes. Égoutter, réserver l'eau et laisser refroidir complètement. • Passer le chou, l'ail, le pecorino et l'huile au robot culinaire ou au mélangeur jusqu'à ce qu'ils soient réduits en purée. Saler et poivrer. • Faire cuire les pâtes dans l'eau de cuisson du chou jusqu'à ce qu'elles soient *al dente*. • Égoutter, réserver un peu d'eau de cuisson. Servir les pâtes avec les légumes en purée et de l'eau de cuisson.

Donne 4 portions • Prép. : 20 min • Cuisson : 15 min • Difficulté : 1

FUSILLI AU PESTO, À LA CRÈME ET AUX TOMATES

Fusilli al pesto, panna e pomodoro

- 3 cuillères à table de pesto à la génoise (voir page 16)
- 150 ml de sauce tomate non assaisonnée du commerce
- 60 ml de crème épaisse ou double-crème (peut être remplacé par 60 ml de mascarpone)
- 350 g de pâtes sèches, par exemple des fusilli (ou toute autre pâte courte)

Mélanger le pesto et la sauce tomate dans un grand bol. Incorporer la crème jusqu'à ce qu'elle soit bien intégrée. • Faire cuire les pâtes dans une grande marmite d'eau bouillante salée jusqu'à ce qu'elles soient *al dente*. • Chauffer les bols de service en y mettant 1 cuillère à table d'eau de cuisson des pâtes. Jeter l'eau. Égoutter les pâtes et transférer dans les bols réchauffés. Ajouter la sauce, bien touiller et servir chaud.

Donne 4 portions • Prép. : 10 min • Cuisson : 15 min • Difficulté : 1

RAVIOLI AU POISSON

Ravioli di pesce

Déposer l'ail dans l'huile, dans un petit bol, et laisser reposer pendant au moins 2 heures. Retirer et jeter l'ail • Pour faire les pâtes : creuser un puits au centre de la farine tamisée avec le sel sur une surface plane. Casser les œufs au centre du puits et intégrer avec suffisamment d'eau pour créer une pâte lisse. Pétrir pendant 15 à 20 minutes, jusqu'à ce qu'elle soit élastique. Façonner la pâte en une boule, l'emballer dans une pellicule plastique et laisser reposer pendant 30 minutes • Garniture : faire fondre le beurre à feu doux dans une casserole. Ajouter le poisson et cuire pendant 1 minute. • Augmenter à feu élevé et verser le vermouth, puis cuire jusqu'à ce qu'il se soit évaporé. • Tamiser la farine et cuire brièvement. Ajouter la crème et le bouillon de poisson et assaisonner de sel et de poivre. Faire bouillir pendant 5 minutes. • Retirer du feu et laisser refroidir complètement. • Passer les œufs, 2 cuillères à table d'huile aromatisée à l'ail et le persil au robot ou au mélangeur. • Transvider dans une poche à douille et réserver. • Rouler la pâte sur une surface légèrement enfarinée jusqu'à ce qu'elle ait l'épaisseur d'une feuille de papier. Couper en bandelettes de 8 à 10 cm de largeur et déposer une petite quantité de garniture près d'une extrémité, soit à environ 6 cm de distance. Replier chaque bande de pâte sur la longueur pour recouvrir la garniture. • Utiliser un taille-ravioli pour découper des carrés de 4 cm. • Les déposer sur une surface enfarinée pour le séchage. • Si la pâte n'est pas trop sèche, pétrir les retailles, rouler et réutiliser. Continuer jusqu'à ce qu'il n'y ait plus de pâte et de garniture. Sceller sans laisser aucune poche d'air. • Sauce tomate au thym : chauffer le reste de l'huile aromatisée à l'ail dans une grande poêle. Ajouter les tomates et le thym. • Faire cuire les pâtes dans une grande marmite d'eau salée bouillante jusqu'à ce qu'elles montent à la surface, soit environ 3 minutes. • Égoutter et réserver 2 cuillères à table d'eau de cuisson. Ajouter les pâtes et l'eau de cuisson à la sauce, puis servir.

Donne 6 portions • Prép. : 2 h 30 • Cuisson : 30 min • Difficulté : 3

- 2 gousses d'ail légèrement écrasées mais entières
- 60 ml d'huile d'olive extra vierge

Pour faire les pâtes

- 400 g de farine tout usage
- 1/4 cuillère à thé de sel
- 2 gros œufs
- 125 ml d'eau tiède, plus au besoin

Garniture

- 80 g de beurre coupé en morceaux
- 800 g de poisson à chair blanche, en filets et grossièrement haché (par exemple de la sole ou du bar)
- 60 ml de vermouth ou vin blanc sec
- 75 g de farine tout usage
- 150 ml de double crème ou crème épaisse
- 150 ml de bouillon ou fond de poisson (obtenu en faisant bouillir les os de poisson, voir page 10)
- sel et poivre blanc fraîchement moulu
- 2 gros œufs
- 2 cuillères à table de persil finement haché

Sauce tomate au thym

- 500 g de tomates grossièrement coupées
- 1 cuillère à table de thym frais finement haché
- sel

INDEX

Remerciements
Toutes les photos ont été prises par Marco Lanza et Walter Mericchi et © McRae Books, à l'exception de :

p. 8, Cape Mannu, Sardaigne © Giuliano Cappelli, Florence; p. 12, Ligurie © Diego Banchetti; p. 24, Piémont © Diego Banchetti; p. 40, Lombardie © Bo Zaunders/Corbis; p. 54, Nord-Est de l'Italie © Cameraphoto Arte, Venise; p. 68, Émilie-Romagne © Diego Banchetti; p. 90, Toscane © Marco Nardi, Florence; p. 110, Ombrie © Diego Banchetti; p. 126, Marches © Marco Nardi, Florence; p. 134, Latium © M.L. Sinibaldi/Corbis; p. 148, Porto Conte (Alghero), Abruzzes © Giuliano Cappelli, Florence; p. 162, Pouilles © Marco Nardi, Florence; p.178, Basilicate et Campanie © Sandro Vannini/Corbis; p. 194, Calabre © Danny Lehman/Corbis; p. 206, Sicile © Diego Banchetti; p. 230, Golfe d'Orosei, Sardaigne © Giuliano Cappelli, Florence; p. 244, Classiques modernes © Diego Banchetti